胡雪岩

胡雪岩
做天下人的生意

方言◎著

华文出版社
SINO-CULTURE PRESS

图书在版编目（CIP）数据

胡雪岩：做天下人的生意/方言著.--北京：华文出版社，2016.4（2019.11重印）
ISBN 978-7-5075-4452-7

Ⅰ.①胡… Ⅱ.①方… Ⅲ.①胡雪岩（1823～1885）—人物研究 Ⅳ.①K825.3

中国版本图书馆CIP数据核字(2016)第064300号

胡雪岩：做天下人的生意
HUXUEYAN : ZUO TIANXIAREN DE SHENGYI

著　　者：	方　言
出版策划：	李金水　蔡荣建
责任编辑：	胡慧华
出版发行：	华文出版社
社　　址：	北京市西城区广外大街305号8区2号楼
邮政编码：	100055
网　　址：	http://www.hwcbs.com.cn
电　　话：	总编室 010-58336239　发行部 010-58336267 58336238
	责任编辑 010-58336197
经　　销：	新华书店
印　　刷：	北京柯蓝博泰印务有限公司
开　　本：	710×960　1/16
印　　张：	17.75
字　　数：	250千字
版　　次：	2016年6月第1版
印　　次：	2019年11月第8次印刷
书　　号：	ISBN 978-7-5075-4452-7
定　　价：	36.00元

版权所有　侵权必究

前言

胡雪岩，一个晚清历史上响当当的名字。他以贫贱的钱庄学徒的身份，通过用心的经营，在短短几十年内迅速发迹，创造了中国商业史上的一个奇迹。他纵横于商场、江湖之间，出入于朝廷庙堂之上，权倾一时，富可敌国。清廷授予他获布政使衔，戴红顶、穿黄马褂——历数清朝两百多年的历史，经商获仕、戴红顶而又穿黄马褂的，唯胡雪岩一人而已。

胡雪岩之所以能够在短短的时间内积累起如此巨大的财富，内在原因在于他独特的商业谋略和令人称道的"做天下人生意"的经商思想。

胡雪岩眼光敏锐，长袖善舞，他善于利用各方势力为自己经商服务。在胡雪岩看来，只要是有利于自己商业谋利的力量，他都要争取，都要去做。官场势力、商场势力、洋场势力、江湖势力、朋友势力、民间势力，胡雪岩都一一精心培植，用心经营。他认为有了这些势力作支撑、作后盾，才能在关键时刻化险为夷、左右逢源，才能在风云变幻的局势中立于不败之地。

在几十年经商生涯中，胡雪岩始终坚守自己的生意准则，以"仁""义"作为经商的核心。他认为企图靠坑蒙拐骗做生意的人，只可能赢得一时，永远都不可能将生意做大做强。而那些心明眼亮，懂得把做人放在利害关系第一位、能够以诚待人的人，则会树立起自己的人格品牌，并且把人格作为无形的资产，最后成就一番大事业。

胡雪岩经常对下属说："天下的饭，一个人是吃不完的，只有联络同行，要他们跟着自己走。"他认为商场不单是你死我活的单行道，还有同行间必要的联合。不管你实力多么强大,也不管你的本事有多大,你一个人是无法独占整个市场的。

胡雪岩的眼光还有另外一种:"做大生意的眼光,一定要看大局。你的眼光看得到一省,就能做一省的生意;看得到天下,就能做天下的生意;看得到外国,就能做外国的生意。"这是在大处显示的商业智慧。

胡雪岩深谙钱财的真正价值,他富而不忘本,经商不忘忧国,大行义举,济困扶危,扶助洋务,救亡图强,在经商的同时,也为国家贡献了自己的一份力量,建立了卓越的功勋。

正是基于以上种种原因,胡雪岩才得以将自己的生意做大做强,使自己的生意从南方做到北方,从钱庄做到药品,从杭州做到外国,生意遍及天下角落,最终建立了自己的商业帝国。

胡雪岩从一介布衣一跃而成为富可敌国的"大清首富",创造了一个神话。尽管后来由于中外敌对力量的钳制倾轧,他的生意遭遇惨败,凄凉离世,让人扼腕叹息,但其经商绝学、处世韬略,却是留给后人的一笔宝贵财富,为世人所称道,至今看来仍不乏现实意义。

本书全面真实记录了胡雪岩经历的坎坷曲折的财富人生,不仅是一部关于胡雪岩的生平传记,也是一部剖析中国传统经商之道的生意宝典,更是一部激励人们奋发向上的励志大作。相信每一位读者都能从本书获得深刻启迪、有益的帮助,汲取一代商圣的成功智慧,为自己的人生助一臂之力。

第一章
钱庄跑街的磨砺岁月

出身生意世家 / 003

钱庄里的"胡大人" / 004

小跑街初露锋芒 / 007

第二章
先做关系，后做生意

结识未来贵人王有龄 / 017

私自借款蒋营官，出走钱庄 / 023

投桃收李，时来运转 / 027

王有龄官场发迹，胡雪岩商场发家 / 031

献计何桂清，漫天撒网 / 032

第三章
钱庄银号开遍大江南北

初触票号 / 039
承发宝钞，孤注一掷 / 044
旗开京城奠鸿基 / 047

第四章
非常时期，做非常生意

奉命赴上海置办军火 / 053
不惜重金购买洋枪 / 055
献计租用洋枪队 / 057
曾国藩得势，何桂清倒台 / 060

第五章
攀上大靠山左宗棠，开启商圣之路

杭州城诀别王有龄 / 067
涉险献粮，情动左宗棠 / 071
献媚左宗棠得宠 / 075

第六章
胡庆余堂名震天下

"胡大善人"杭州赈灾 / 081

酝酿"胡庆余堂" / 083

"赠药"打开洋人市场 / 084

善用广告,打造品牌 / 086

铁腕振兴工商业 / 089

胡雪岩官司缠身,左宗棠辟谣 / 091

第七章
在官言官,在商言商

公款私款要分开 / 097

冒险接收太平军存款 / 099

怂恿左宗棠捐官收钱 / 102

一笔意外的军饷 / 106

第八章
经商不忘忧国,为国献力办洋务

受邀离杭乘船入闽 / 113

受命主持筹建船政局 / 114

中国近代第一家造船厂诞生 / 119

鼎力出资兴办洋务 / 122

第九章
红顶商人的巅峰人生

筹饷瞄上"洋腰包" / 127

筹款获利二百万两银子 / 131

借款利息小风波 / 135

经商不忘扶危济困 / 137

第十章
交天下朋友，做天下生意

广交五湖四海朋友 / 143

投资人脉，编织财脉 / 147

交情和义气是经商资本 / 148

助人要有助人的手段 / 152

第十一章
商人四德：仁、智、勇、强

仁：要有所为，有所不为 / 159

智：熟谙人性，通权达变 / 160

勇：敢于担当，勇于决断 / 163

强：坚守困境，永不退却 / 165

第十二章
欲得天下财富，必得天下人心

胡雪岩笼络人心秘诀一：烧冷灶 / 169

胡雪岩笼络人心秘诀二：趋热门 / 171

胡雪岩笼络人心秘诀三：捧场面 / 172

胡雪岩笼络人心秘诀四：行贿赂 / 175

胡雪岩笼络人心秘诀五：讲义气 / 176

第十三章
用天下人之智,赚天下之财

人的最大本事就是用人 / 181

用人要品行至上 / 182

做大事要敢用有本事的人 / 184

智者、勇者、贪者、愚者,一个不能少 / 186

第十四章
忍天下人不能忍,做天下人不能做之事

能忍耐,肯等待 / 193

做人要经得起折磨 / 196

既要赢得下,也要输得起 / 197

第十五章
在时势节点上纵横布局生意

胡雪岩时代之大势 / 203

呼风唤雨,驾驭时局 / 209

手眼通天,打通官场 / 211

用"红顶"为生意撑起保护伞 / 213

用心栽花,培育官场势力 / 216

互为利用,结交江湖势力 / 221

有钱大家赚,做大商场势力 / 222

边打边拉,营构洋场势力 / 225

第十六章
风云再起，一代商圣悲凉离世

山雨欲来风满楼 / 231

南疆战事再起，埋下隐患 / 233

屋漏偏逢连天雨 / 234

钱庄倒闭，厄运降临 / 236

左宗棠阜康唱名 / 239

最后的时光 / 242

附录一　胡雪岩经营智慧 / 245

附录二　胡雪岩处事智慧 / 248

附录三　胡雪岩做人智慧 / 253

附录四　胡雪岩大事录 / 257

附录五　胡雪岩朋友圈 / 260

第一章

胡雪岩 钱庄跑街的磨砺岁月

出身生意世家

胡光墉，字雪岩，祖籍安徽绩溪，生于杭州。

胡雪岩祖上做河船生意。胡雪岩爷爷那一辈儿，因为沙船生意小有富足，便把家人从徽州绩溪老家迁到了杭州。绩溪全部是山地，耕地甚少。全年的五谷杂粮统算起来，也只能供绩溪人三个月的食粮。不足的粮食，只有向外地去购买补充。所以徽州人为了生计，只好脱离农村，到城市去经商。几千年来，徽州人命中注定要做生意人。

沙船这个名称，在今人看来，已经渺若云烟，其实在明清两朝，海上交通全靠这些沙船。它的最古老的名称，就是"漂洋船"。明朝永乐皇帝曾派三保太监郑和下西洋，乘载的所谓楼船，也就是沙船。在西洋轮船还没盛行之时，这些沙船对于海上游客之往来，货物之输运，曾起过很大作用。

沙船运客，也搭货。商号货物相互搭配装船，甲船中有乙船之货，乙船、丙船中也有甲船之货。船到地头，各自凭单据提取。如果中途失事，或遇匪徒袭劫，或遭风雨沉没，损失由各号分担。亦或有船货幸免抵埠，以致市面陡涨，则亦由各号分享共利。

这本是沙船业的惯例。胡雪岩的爷爷那辈人，经过几十年的经营，已经拥有大船五艘。胡雪岩的父亲也自小随船，北闯大连，南走潮汕，向西沿长江而上溯，直抵巴蜀。眼看着家业日益兴隆，不承想胡雪岩的一个表爷，贪心不足，私自破了船业的规矩，经常独载自家货物，以求暴利。不料遭了歹徒打劫，连船带货，随同船上的帮手，无一幸免。其时，胡雪岩的爷爷因病在家，闻此巨变，犹若晴天霹雳，一口气咽下再也没能回转过来。

胡雪岩的父亲变卖家产，逐一清还债务。有好心人便放他一马，也是看重上一辈人的厚道和后生的懂事。尽管如此，等债还毕，家中也就只剩二亩薄产了。

这时的胡雪岩已经上了一年私塾。这一变故来得太大，短时期也回转无望了。胡雪岩只好回到家中，帮着干些杂活儿，闲下来时就自己学上一点，总算粗通文墨。

钱庄里的"胡大人"

十四岁那年，一位亲戚介绍胡雪岩去了杭州的一个钱庄，做了学徒。

这学徒的活计其实并不太劳累，但是委屈。一个学生子（杭州人管学徒叫学生子），进门拜了店主为师傅，店主就得把他当自己的孩子一样照顾着，管吃、管穿、管住，还管他在外面的说话行事，以免招惹了是非。这是店主对学生子好的一面。不过在日常琐事上，店主可不会把他如嫡出一般供着了，扫地抹桌，打水倒尿，有什么杂务跑腿儿的事儿，就都落到了学生子头上了。

刚进门时，钱庄老板就说好了，学徒期间无薪俸，杂活儿需要排着干，有什么不对的，该打就打，该骂就骂。

其实这老板人并不坏，学徒三年，胡雪岩活儿没少干，骂是受了不少，倒没挨过一次打。

胡雪岩脑瓜很灵，手脚也挺麻利。所以钱庄的其他伙计档手待他都不错。老板用不到胡雪岩时，伙计们也常借故把胡雪岩捎上出去办事。有了小胡这个家伙，探风送信儿、跑腿打酒这类琐事，倒都可以省心了。那小胡也落得外边转悠，一边和小店伙计贫嘴，讨价还价，一边还可趁机享受一下。时间久了，小胡的嘴皮子功夫长进不少。

不过小胡从来不敢在老板面前显山露水。老板也只觉得这小胡是个少言少语，不过还算机灵的年轻人。

有一天店门口忽然来了一个小渔倌,赤着双足,手里提着个小木桶。木桶里边四条雄头雄脑的大鲤鱼,每条足有一斤多重。小渔倌点名非要见上一见店里的胡大人。店里的伙计很是吃惊,给他解释说这店里胡大人没有,只有一个小胡。小渔倌急了,嚷嚷着:"不对,他亲口告诉我叫他胡大人的。"伙计见和他计较不出个所以然,便要赶他走。这时店主出来了,询问究竟。小渔倌说:"上个月小的在东门外遇到胡大人,他见我的鱼虽好,就是没人买,就和小的聊起来。小的说家里就指靠这卖鱼的钱过活儿了,鱼卖不出,小的如何好回家交代。他就叫小的听他的话行事。小的鱼果然很快就卖光了。小的爹爹夸了小的,还特意让小的送来两对鲤鱼拜谢。"

"那胡大人是什么模样?"店主问道。

"瘦瘦的,高高的,一颗门牙还掉了。"

他这一说,店里的伙计"轰"的一下都笑了。掉了门牙的瘦高个儿不正是小胡吗?店主皱了皱眉头,让人到后院去叫小胡。

小胡正在和老板的儿子走棋,不肯出来。那伙计一急,拽着他就往外走。刚进店门,就有伙计嘻嘻叫着:"胡大人到。"

小胡脸"唰"的一下红了。小渔倌高兴地叫道:"就是他,就是他。"

老板沉着脸问:"小胡,啥辰光成了胡大人了?"

小胡犹豫了一下,心想:不老实说了,老板可真要不高兴了。

原来,因为店里常有个伙计带他去东门一带办事,在街边他注意到了这个呆头呆脑的小渔倌。小渔倌的爹爹腿脚不灵,只好自己驾船打鱼,让小渔倌来卖。小渔倌的鱼都很鲜活,可他的鱼就是卖不出个好价钱。每一个采办的人都很喜欢小渔倌的鱼,可是一问价钱,不但比别的鱼摊高出很多,还一个子儿都不能减,一个个只好摇头而去。鱼卖不出去,小渔倌急得都要哭了。小胡见了,就主动上前问他究竟。听了小渔倌的诉说,小胡忍不住笑了起来:"世上哪有不能讨价还价的买卖?你不让人家占点儿便宜,人家凭什么非要买你的?"

小渔倌说:"那是俺爹定的价!"

小胡说:"你今天就听我的,保你爹爹高兴。"

那天带小胡出去的伙计正好到都统衙门办理胡都统钱票京汇。都统衙门他们常去,所以和账房、书办都很熟悉。胡雪岩就瞅准机会,趁着账房先生和他两个人在家时,把自己的小褂袍一拎,对着账房先生行了个长喏。账房先生倒也不客气,问他有何想法。小胡道:"我表弟家世代捕鱼,那鱼个个都巴巴的。我想胡都统走南闯北,什么风味没有尝过,要是漏过了咱杭州湾这第一美味,岂不遗憾终身?"账房先生道:"咦!你小小年纪,话倒说得挺溜啊!"账房先生知道这小胡鬼机灵,对这小家伙颇有好感,就允诺他道:"我许你表弟先供衙门三月,不过价钱上你可得给采办的人体己一点儿!"小胡明白,心想:"不就是每次少卖几文钱嘛,这话好说。"

小胡回到东门外,对小渔倌说:"你跟我来,我今天把鱼全给你销出去。"小渔倌听了高兴坏了,匆匆忙忙跟着小胡走。到了都统衙门,小胡吩咐小渔倌:"价钱你就照我说的给,对买鱼的人你就说:'是胡大人爱吃这鱼,特意吩咐账房先生去订购的。'"

其实买鱼这事,如若都统真的爱吃,只需直接派人告诉采办就可以了,何必多此一举,还要让账房先生转达。小胡再精明,但毕竟年纪还小,事情上考虑不了这么深。

不过这回倒真让小胡碰上运气了。那采办也是个粗心人,心想让账房这么转告,定是都统想细水长流,备了长期开支的。想是这么想,还是觉着未尽明白,就"蹬、蹬、蹬"跑到账房先生那里去问。账房先生心想:"这小胡倒当真了,还来得这么快。不过小胡虽然人小,咱可是答应过人家的。童叟无欺,这是做人的道理。"于是就随口应了声:"没错,胡大人听说这鱼特细嫩,让我转告你好好采办,你也不必太舍不得,总得让大人满意才是。"

那采办得了这话,煞是高兴。这不明示自己可两头挤兑,抽点儿彩头吗?于是,采办乐颠颠地让小渔倌把鱼全部留下,并告诉他,衙门里的伙食是换着排下去的,每隔两天来一次就可以了。

统算下来虽然每条鱼的价钱便宜了一点,不过用不着自己再费神苦等,而且以后的鱼也有了去处,小渔倌太高兴了。回到家他跟父亲一讲,父亲也连连夸他。末了,他父亲问:"那带你卖鱼的姓甚名谁?"

这可把小渔倌难住了。他脑子本来就不怎么好使,又转悠了半天,想了半响才说道:"好像叫胡大人。"小小孩子怎么会叫"大人"呢?他爹一听就觉着不对,非让他问清不可。

也该这人走运,歪打正着,胡都统倒还真的喜欢上这鱼了。小渔倌自然得经常去送鱼,不愁碰不着小胡。他把小胡拉到一旁,问道:"你真的姓胡?"

"这还能有假?"

小渔倌不问了。这姓都是真的了,名还能假得了?他就又追问小胡家住何方,说他爹爹定要拜谢他。

小胡这厢给老板讲述原委,老板那厢心中一阵嘀咕。老板开头一听小渔倌拜见胡大人,觉着小胡定是在外边胡抢海吹,小小年纪养成这般坏毛病,自然是千不该万不该。所以他一听就沉下了脸,这其中的细节越听越清楚了,老板的心里也越来越高兴。示惠于人,似这般小小的事体,倒也算不了什么。难得的是他小小年纪,能有这种想法,并且居然靠着自己的活动把事情做成了,看来这孩子还真是块好材料。

老板心里是这么想,嘴上却不说,还有意想再考一考小胡。他问道:"你姓胡就是了,怎么就成了大人?"

小胡倒会解释:"禀告老板,小的一个堂哥就叫达仁。通达的达,仁义的仁。"

伙计们听了又都笑了。店主见小渔倌今天拎了四条鲤鱼过来拜谢,觉得这是吉利的征兆,况且小胡这事办得也煞是漂亮,心中就很高兴,命档手封了红包,赏给小胡。并让常带小胡出去的伙计,陪着档手一行,到酒馆订了一桌席,正式结束了小胡的学徒期,把他升为店里的伙计。

那时钱庄里的伙计,被称作跑街。跑街要干的事,就是为钱庄招揽生意和讨要债款,类似于今天的银行储蓄员。

小跑街初露锋芒

当时的杭州,有很多候补、捐班的官吏。所谓捐班,就是花钱买官。中国封建社会，从汉朝起是公荐贤人当官。到了隋唐，有了科举，社会上的读书人就有了正途从社会底层进入官僚上层。到了清朝中后期，国库银荒，社会上有钱的人又刚好想做官，就有大臣上了奏折建议朝廷卖官。朝廷起初还扭扭妮妮不肯，后来也架不住支出多，收入少的煎熬，终于下了准旨。不过又加了道附折，责令各地要员严加管理督促，谨防流弊横生。

话是这么说，谁都知道"一年清知府，十万雪花银"。买官的人不外两类：一类是读书不进，家中又有产业的人。到了晚年，眼看着一辈子功名无望，免不了觉着愧对了祖先。所以总欲有个官衔，也好上报祖恩，下范后生。另一类是做了生意有钱的人。因为整个社会都把官僚老爷看得很大，只是有钱仍免不了被人瞧不起。况且谁都明白，有了一个官衔，一旦补了实缺，绝不只是面子上好看。各方人等都有巴结你，用上你的时候。只要睁一只眼闭一只眼，腰包里没有不肥的。

因了这实际的好处，候补、捐班的人就不愁没有。捐班要花很多钱，捐了后又不能马上补实缺，所以在候补期间，他们中的许多人都是两手空空，只能向钱庄借贷度日；即使补了缺，上任时打点也需要钱，还得向钱庄借。

胡雪岩充当跑街，主要就是招揽这批人的生意以及督促他们到期还钱。

这可不是个好干的差使。这班人，虽然身在落魄之中，但老爷的臭架子已经摆开。他求你借钱时，拿你当爷似的。你要是问他讨债，他就会板着脸来一句："还怕爷明天就死了？"或者说："爷还赖你这几个钱儿？"遇到那脾气倔的，也倒好办，就拿这同样的话一激他就是，一准灵光。不过大部分人都是有一定背景和势力的。所以这活计要想做得圆满，既需时时小心，笑脸相陪，有时还得来点儿硬的，软硬兼施。

小胡处处小心，事情处理得都还算满意，而且还结交了几个好朋友。其中有一个姓夏的，人已中年，整日少言寡语，做事倒很稳当。小胡遇到什么难处，都拉了他到小馆子里，一边对酌，一边商量。

倒是有一件事连老夏也给难住了。

钱庄放了一笔账给一位叫蔡厚仁的。蔡拿这笔钱捐了候补知县。蔡有一个后台，是上海道的一个亲戚。据他本人讲，这亲戚也答应帮他走走京线，早日补上实缺。因为在放账时他有这么一个暗示,钱庄的档手也认为该人的信用还算可以,除了他捐班的用度外,还额外加放了他一年的生活费用,约期两年内还清。没想到一等就等了三年。

因为这账是小胡牵线放出去的,姓蔡的得到这笔款项,乐陶陶地拉着小胡去酒馆好好意思了一番。没过半年,那姓蔡的又来找小胡,说是捐班出了纰漏,需要加贷。钱庄的规矩,加贷要加息,他满口应承。

这事放了一年有余,没人再过问。等到第二年年终时,照例要盘点各项贷款,小胡满指望着蔡厚仁补缺有了消息,也好对钱庄有个交代。

等到仔细一打听,小胡却听了一惊。候补是补着了,实缺依然毫无动静。而且这姓蔡的是个色鬼,在家无聊,就大着胆子去外边鬼混。老婆拿他无可奈何,整日在家里哭哭啼啼,钱庄本来加贷了他一年的生活用度,他早就把钱挥霍一空,所以才有二次加贷。也还亏他知道不好意思,等这笔钱也用完了,他就跑到另一个钱庄去告贷。

若是这等胡花,指望按期还,恐怕是很难了。小胡找他谈了两次,他只是说快有信儿了。小胡也只好暗自着急。

果然,期满之时,蔡家人哭丧着脸,请求延期。钱庄顾念他有后台,也不便逼得太狠。

到了第三年,蔡厚仁干脆翻脸无情了。小胡一到他家,人未落座,他就吵嚷起来:"钱,我没有。要么你们就再放我一年,要么就把我抓去见官府。"

小胡心想:"咦,你倒有理了。合计着是你有后台,我们拿你没办法?"心中这么想,也就没有好气了:"蔡大人,我倒不是拿你找别扭。欠钱还债,我们是来找你探听消息的。你要真是补缺上有难处,我们钱庄也不会不替你考虑。你要是另有用度,恐怕老让我们这么为难也不好吧!"

蔡厚仁一听"另有用度"这几个字,脸便"唰"的一下红了:"我能有什么用度,还不是一心一意奔个前程?"

小胡听了后笑:"蔡大人是不是一心一意,我可不知道。"

蔡厚仁道:"你这是什么意思?"

小胡听他嗓门忽然抬高,心中就越发不快:"我是什么意思,蔡大人自己明白。"

蔡厚仁"腾"的一下站起:"我明白,我明白。我就明白我现在没钱,你们去告官府抓我吧。"

小胡也火了:"你别以为我们不敢。"

蔡厚仁一愣,嘴上却还硬:"那好,咱走着瞧,我就不信我斗不过你。"

小胡见此,也不得不硬了:"好,蔡大人,咱就官府见。"

话是这么说,不到万不得已,哪个钱庄愿意得罪这样的主顾?更何况那蔡厚仁也分明是仗了自己的后台,才敢嘴硬道"不信我斗不过你"。

心中这么想,小胡就有些后悔自己用语着急了些。黄昏时分他拉了老夏,把今天见蔡厚仁的经过都讲了一遍。老夏只是沉吟不语。等了老半天,他才说道:"小胡,你是着急了些。不过,真的是有事了,倒也不必怕事。"

老夏这是在给小胡打气儿,告诉他不必惧事。"人要一怕事儿吧,事儿就跟着你来。"几杯酒下肚后,老夏来了兴致:"嗨,小胡,我给你讲个刚发生的事儿。是讲现任广东巡抚的。"

那巡抚也真算是个"人物"。英国的舰船在珠江口岸挑衅时,他不积极备战,反倒跑到庙里求签。得到的回答是宜守不宜攻。他回去后,命令所有船只,全部掉头,船尾对着江面。"若遇夷贼开火,万万不可回击。"有部下便问了:"那我们如何退敌?"巡抚捋着胡须道:"诸公不必着急,我自有退敌妙法。"

巡抚所谓的退敌妙法,无非是在船尾绑了大粪桶。他说这夷船船坚炮利,我等惹他不过。不过他只要沾着我这大粪气,管教一个一个不得好回。

结果可想而知。等到大炮一响,站在船尾的水勇一个一个丧胆失魄,忽拉拉都跌足失水,掉到了粪桶里。

小胡听到这里,抚掌大笑:"要是换了我,宁肯迎头和那洋人去撞,也不蒙受这等羞辱。"

老夏道:"这就是了。有时人一心虚,想出来的点子就很可笑。事情办砸了不说,自己还蒙受羞辱。"

小胡道:"看来羞辱都是自讨的了。"

老夏道:"那倒也未必,有些事情,想躲也躲不掉。不过,如果自己遇事不惊,总还可以避免掉一些的。不过姓蔡的这家伙也挺讨厌,要是真像他说的那样,他和上海道台有那么亲密的关系,也真不宜太难为他了。"

正说笑间,钱庄老板来了:"哎唷,大老远就见你们说说笑笑,有什么好事吧?"

老夏道:"好事倒没有,好故事倒有。"

于是老夏就又把故事讲一遍,老板也拍腿叫绝。末了,老板说:"我也给你们讲个类似的故事。这故事是讲圣旨传递的。"

原来,清朝道光、咸丰年间尚没有现代化的通信工具,朝廷有了文件,全靠一站一站驿马传递。尤其是皇上的圣旨,必以四百里兼程的速度一站一站往下传。因为是圣旨,每站必得地方官员接了,晚间妥为保存,以防丢失。

那地方官员,知州、知府、知县,无不对圣上旨意抱着很大的兴趣。所以除了密封得严实,每到一地,必被偷偷拆开检看,看完后再放回封好。第二天交给下一程驿马继续传递。

有一天晚上,有个知县打开封套,不由得出了一身冷汗。原来圣旨不见了,里边只有一张绵纸。这一惊可非同小可,丢了圣旨是要犯杀头之罪的。

他慌忙找来了书办。书办倒不着急,告诉他原纸装上,依样封好。知县说:"这怎么可以,下一站会揭发的。"书办道:"大人你都知道是杀头之罪,下一位老爷又怎么会不知道?他要是报告了,追查不清,责任岂不要落在自己头上?"知县一听,连连称是,就依计而行,果然平安无事。

"那最后接旨的人可就傻了眼!"

"当官的人最会装糊涂,多一事不如少一事。这点儿本事他要练不出来,他这官儿就别想做得安生。"

小胡听了,开窍不少,便乘机把蔡厚仁的事向老板细述了一番。老板板着脸想了半天,问小胡道:"假定蔡厚仁这笔钱非还不可,你估计他还得起不?"

小胡道:"这个我倒注意到了。他老婆还有一笔嫁妆,另外蔡厚仁原来最怕他娘。他娘在时,也指定为蔡厚仁的老婆存一笔银两,说是不到万不得已,不能动用。"

"乖乖,连捐班这样的大事也没有能动用这钱?"

"蔡厚仁他老婆虽然不凶,但极悭吝,一有什么事,就要和蔡厚仁寻死寻活。所以蔡厚仁惹她不起。"

"那要是蔡厚仁吃了官司呢?"老板问。

小胡略一惊诧:"这怎么可能呢?蔡厚仁口口声声说有上海道台作后盾。我正为这事犯愁。"

老板道:"我看他这样拖账,也不是个办法。况且他既然口口声声要上海道台撑腰,却从来没见过两家有什么人员来往。蔡厚仁补实缺的事也一直没有消息。所以,我在想,这姓蔡的和上海道台八成是八竿子打不着的亲戚。"

"那怎么能摸清底细呢?"

"我有办法。上海道台的门下,我也还有几个朋友。回头我修书派人去打探一下,估摸着能探出个八九不离十。"

果然不出所料。蔡厚仁和上海道台是隔了四代的远房表亲,两家早就没了来往。蔡厚仁也只是在他娘在的时候,隐隐听说有这门亲戚关系。自己有心去认,那道台早已是高高在上之人,哪有心思和这个不着边际的亲戚啰唆。

小胡得了这消息,真是满心欢喜。同时对老板料事如神愈发敬佩。他跑去找到老夏:"老夏,老夏,明天就到衙门,非让这姓蔡的吃不了兜着走。"

老夏莞尔一笑:"这倒也不必。"

依老夏之见,虽说姓蔡的有些耍无赖,看他的面皮儿也没那么厚。况且当务之急是要他老婆能松口,帮忙还钱。

"所以,"老夏说,"咱只需要找衙门的兄弟帮忙,去吓唬吓唬蔡厚仁他老婆就可以了。"

于是他们就约了衙门的几个捕快,在酒店小酌一场。第二天,瞅准了蔡厚仁出了门,几个捕快带着刑具,凶神恶煞般闯进了蔡家,说要捉拿蔡厚仁。

蔡的老婆妇道人家,哪里真的见过官府中人。听说自己家里人要吃官司,早已吓得魂不附体。捕快要她赶快和家人商量,明天黄昏前再不还债,夫妇两人都要缉拿入狱。

这女人家一听自己也要一同受罪,更是吓得魂飞魄散。其实就是在大清,除了不得了的大罪,一人出事,一人承担,已经足够了。不过这女人见识短,也不管是非曲直，捕快这一上门，就觉着家破人亡在即了。等捕快一走，她倒在床上哭成了泪人。

蔡厚仁回来后，见屋里翻了个底朝天，老婆双眼红肿如桃李，也暗自吃惊，心想这姓胡的真跟我豁出去了。上海道台撑腰一事，可以骗骗外人，自己心里跟明镜似的。于是也就悲悲戚戚，抱着老婆，跟着挤了几滴眼泪。

现在老婆真感觉自己和蔡厚仁是一对同命夫妻了。蔡厚仁一把把她搂进怀中，她就哭得愈发厉害。哭了半晌，脑子终于清醒了一些，就抽抽鼻子，和蔡厚仁商量起免灾办法。"咱夫妻可不能都进了大狱啊！"

蔡厚仁一听老婆有如此同甘共苦之想，心中大喜过望。老婆也顾不了那么多了，咬咬牙，同意把蔡厚仁他娘替她私存的那笔钱拿出来，不足的部分，再从娘家带来的私房钱中抽。但是有一个条件，要蔡厚仁对他娘的灵牌发誓，再也不去胡混了。

蔡厚仁心里喜得恨不得把老婆叫娘，但他表面上还要保持一点儿面子。他往他娘的灵位前"扑通"一跪，"咚咚咚"磕了三个响头。等站起来时，额前马上就是三个青包。老婆冲着这三个青包，觉得这蔡厚仁还算有救，也就不再多计较什么了。这桩事是处理干净了，不过胡雪岩却觉着不是那么痛快。他心里隐隐觉得，自己还是做得绝了点儿。回过头细想，只怪自己一开始不够细心。要是能多了解蔡的为人，也不至于那么信任地放了款。若是一开始就看准了，以后就不会有大曲折，也不至于非要逼人于危急之中了。这么一想，就品味出眼光的重要性来。自己要是像老板那样料事如神，也就不用非要在事后费尽心思，无可奈何了。况且这姓蔡的就算是赖了点儿，无非也是想混个好前程。自己要处在那个位置，被人逼成那样，滋味也不会好受的。为人，看来还是要留有余地。

但随后发生的意想不到的一件事，着实让胡雪岩暗自高兴了一阵。

有一天晚上看店，其他几个伙计，横七竖八地睡在地上。胡雪岩因为年纪稍小，就睡在了柜台上。

半夜，胡雪岩朦朦胧胧觉着有响动，"腾"的一下坐了起来。

起来后不见有什么异常。胡雪岩直觉不对，就下了柜台推醒了老夏。

等众人点了灯,发现柜角下有一人,已经僵卧不起。那人睁开眼时,连呼饶命。众人见他也没偷着东西,便齐喝:"说清怎么回事就放你走。"

那人哆哆嗦嗦道:"我,我进门看见一个金面神,睡,睡在柜台上。"

众人以为他满嘴胡言,就追问道:"你是干什么的?"

"我,我该死,我家里太穷,我想来……"

众人见他确实短褂短衣,破破烂烂,而且也没捞着什么,就放他走了。

那人走到门口,又回头对着柜台磕了个响头。有伙计问:"喂,你小子,干什么?"

那人道:"今天我遇见金面神了,也算是我的福气。"

第二天,大家窃窃私语,都觉着小胡这小子有些不对头。因为晚上只有他睡在柜台上。

胡雪岩心中自然高兴。他在想,莫非是真神显灵了?我胡雪岩有福了?

毕竟年龄还小,就这样飘飘然了几日,事情也就渐渐淡忘了。只是那每日例行的辛苦差事,找人求人,仍要无休无止地做下去。小胡也渐渐在这差事中找到了乐趣,觉着这儿每一个人都亲切。

第二章

胡雪岩

先做关系，后做生意

结识未来贵人王有龄

太平天国起事北上之时，胡雪岩已经有了家室。清苦的日子过惯了，倒也没觉着家中用度有何吃紧。小夫妻二人夫唱妇随，每天的日子滋滋润润地溜过。

胡雪岩有一日闲逛，遇到了一个叫王有龄的人。王有龄祖籍福州，父亲在杭州客死。因为没有钱送回老家，只好就在此地择了块风水好地葬了。王有龄没了父亲的官俸，家中的日子也就日渐窘迫。闲下没事，他也常到西湖边逛逛。

胡雪岩见他眉宇间透着亮光，分明一副官相，身上的褂子却打上了补丁，所以也摸不透他身份。

王有龄倒还明白胡雪岩是干什么的。只是这钱庄向来都是向着有钱有势的人开的。借钱之先，跑街的都要拐弯抹角，先把你祖宗八辈、左邻右舍问个清楚。至于你家中有何贵重物品，能否置当贷款，即便碍着面子，不便直问，跑街的也自有他的一套办法，套出个八九不离十来。所以这跑街的最爱下酒馆，上茶馆。这种地方，花钱不多，却可以一坐一整天没人赶。聊天的、算命的、下棋的，各色人等都有。人一多嘴就杂，只要用心总可以听到想听的东西。

不过王有龄明白自己现在的处境，客处他乡，无亲无靠，想去告贷几个银子，恐怕也未必会有钱庄信得过他。当铺倒可以去，但是那地方太黑，况且家中值钱的东西也已经当了不少出去。

胡雪岩见了王有龄总是笑嘻嘻地，有意和他套近乎。王有龄却总是淡淡的，懒懒的。开头胡雪岩以为他是摆架子，假清高，就有些不以为然。见面多了，又觉得不像，倒像是有什么难言之隐。有一天胡雪岩又见着了王有龄，就叫道：

"王有龄，今天我请客，喝一壶去。"

王有龄道："不敢当，不敢当。"

胡雪岩道："这有什么，反正也不是我请客，自有人出钱。喏，这是我刚才三盘棋战来的。"

一再邀请，王有龄就只好跟了去。酒过三巡，胡雪岩道："王有龄，我心里倒有个疙瘩。我看你也不像个平庸之人，何以天天无所事事，不去做点儿什么？"

王有龄道："我能做点儿什么？做点儿什么不要点儿本钱？"

胡雪岩一听倒觉着不以为然，心想："干什么不是一步一步来的，你莫不是想一口就吃个大胖子？"口中却道："本钱也不在大，有你这一副好身材就可以了。"

王有龄心想："看来你胡雪岩倒实在。可惜只知其一，不知其二。"这么想着，就想把自己的想法讲了。不讲吧，胡雪岩也不会明白。于是他就说："那倒不一定，有些事还是得花大本钱。"

胡雪岩道："比如什么样的事呢？"

王有龄道："比如捐官补缺，本钱不够，凭你有什么好想法也没用。"

胡雪岩笑了："这个我倒明白。有些捐官的人舍不得花钱，又不能不花钱。一百两银子能办的事，他只支出五十两，结果事也没办成，花出去的钱也收不回来了。"

王有龄也笑了："看来你还真明白。你一定知道范蠡的一个故事了？"

胡雪岩皱皱眉头，惭愧地说："我上学不多，谁是范蠡，我倒真还不明白。"

"就是那个称作'陶朱公'的。"

"嗯，这个我倒还听过。什么故事呢？"

王有龄于是就给他讲了陶朱公和他大儿子的故事。

那范蠡扶助越王勾践灭吴后，就跑去找他的好朋友文种，劝文种和他一起离开越国，前去北方共同重操旧业。

原来文种曾在宛郡做过小县令，慕范蠡美名，三次前往。两人一见，相谈甚欢。文种干脆连县令也不做了，陪着范蠡一同前往吴越楚交界地带，从事边境之间的贸易交换，所获甚丰。后来勾践上台，慧眼识才，就拜了二人为相，共同重振越国实力，平了吴国，解了亡国之恨。

但在范蠡看来,这勾践只可共苦,不可同甘。所以应明智行事,早日逃走。文种不听,范蠡只好一个人逃到齐地,定居于陶,重操旧业,成为倾国首富。人称陶朱公。

故事就发生在陶朱公的儿子身上。

陶朱公有三个儿子。二儿子在楚国杀了人,被捕入狱,要处极刑。楚国的宰相庄生是陶朱公的好友。陶朱公就派三儿子带了千金,前去说情营救。

这时大儿子在家里不干了。他觉得父亲这是瞧不起他。家中出此大事,理当是大儿子出面办理。于是他就去向他娘诉说心中的不快。

他娘也觉着这大儿子说得有道理,就去劝范蠡改变主意。范蠡不允。这大儿子犯了倔,以死相威胁。范蠡就没再说什么,派了大儿子去楚国。

大儿子走后,范蠡长叹了一口气,说道:"吾二子必死无疑矣!"

这等丧气话,怎么能随便说呢?范蠡这么说却自有其道理。

大儿子到了楚国后,见了宰相庄生。那宰相念起范蠡英名和昔日交情,就许诺办理这件事。他对范蠡的大儿子说:"知道了,请你马上离开楚国,你弟随后就可以出狱回家。"

这大儿子听这宰相说得那么轻巧,心里犯嘀咕,心想:"死罪轻易就能免了?要是轻易就能免了,这罪肯定不重。这千金未免花得太过不值。"

有了这层想法,他就另外又买通了一个狱卒,告诉他自己在一个旅店二楼,有什么消息,随时来通知他。

那楚国的宰相庄生让范蠡的大儿子马上离开楚国也有自己的考虑。他不希望让人知道自己收受了重礼。一等范蠡的大儿子离开,他就上朝对楚王道:"臣昨晚观察星象,发觉昴星云集,此乃不祥之兆,还望大王能大赦冲灾。"

楚王对这位重臣言听计从,于是道:"爱卿忧国甚深,既能体察至此,我这就宣布大赦。"

大赦令还没传出,狱卒就跑去告诉了范蠡的大儿子。大儿子一听,心想:"这宰相太不地道,这等重要的事你还能不知道?明摆着是想白白捞我一把嘛。"

这么一想他心中不是滋味,"蹬蹬蹬"又跑回宰相家,对宰相道:"我为救我二弟而来,现在楚王已经大赦了,我这里来给您道个别就回家。"

那庄生是个何等聪明的人，听了这话明白他有想法，就告诉他："黄金千镒还在那里，你就带回去吧。"

换一个人，明摆着是为办事而带的钱，既已送出，就绝不能收回。那陶朱公的大儿子不然，他来就是为了讨回这千镒黄金，所以也就不客气地拿走了。心里还暗自庆幸呢。

他这么一做，庄生可真不是滋味了，觉得好像被别人耍了似的。就入朝见了楚王，说："臣前两天讲到星象显凶，大王您说要以行德事免凶。臣退朝后听到处都在盛传，陶朱公的儿子也杀了人囚禁在监，他们家里人带了很多金子，贿赂大王左右。大王实行大赦，人们说不是为了楚国，而是因为陶朱公用了钱。"

楚王听了大怒，于是派人杀了陶朱公的儿子，到了第二天才宣布大赦。

胡雪岩听到这里，笑起来："这大儿子只好拖着他弟弟的尸首回家了？"

王有龄道："这就是做人不地道的坏处了。"

"陶朱公怎么会知道自己儿子是这种德性呢？"

"陶朱公一向料事如神。他知道大儿子是跟了自己创业的人，知道积财的艰辛，这本身倒不是什么坏事。不过这等事上，过于怜惜财宝就办不成功。"

"他怎么又知道他三儿子办起来要妥当些呢？"

"这老三是他的小儿子，从小娇生惯养，整日在游乐场中混，挥霍起钱来眼都不眨。"

"我也听说过好多捐班之人，事到中途撒手，没有下文了。"

胡雪岩心想，你的意思是自己也去捐个班。半大不小的年纪，放着功名正途不走，未免让人有些想法。于是就问："你觉得捐班不错？"

王有龄沉吟了许久，不知该不该告诉实情。闷着头喝了半晌酒，才狠一狠心，仰了仰头："小胡，实不相瞒，先父在时，已经替我捐过一个'盐大使'。"

胡雪岩愣了一下，见王有龄不像在打诳语，也正色道："哎唷，失敬，失敬，我该叫你王大人才是。"

王有龄脸一红："小胡，别奚落我了，我现在这个样子……"

胡雪岩道："那你怎么不去打点一下，补个实缺？"

王有龄长叹了一口气："唉，我现在这处境，到哪里去，也不会有人给我放款。"

胡雪岩心想也是，一个异乡人，举目无亲，两手空空，就是我，也不会放心放款给你的。不过补了缺的"盐大使"，一转眼就有可能捞个小"知县"，这么好的差使放着不用，也未免可惜。

王有龄见胡雪岩没了下文，自己心中也略略失悔告诉他太多。这样不免让人轻看了自己。

两人就这样各想各事，慢慢地呷着酒，夹几根空心菜下酒。渐渐地天色黑了下来。

胡雪岩忽然抬头问道："打点，补实缺，连同来回盘缠，满打满算，要多少钱呢？"

王有龄沉吟了片刻，方道："五百两吧！"

余下的时间，两人再也没说什么。直到出了酒馆，分手之时，胡雪岩才说道："王有龄，明日下午，你一准在这里等我，我有话对你说。"

王有龄心想，反正明日也是没事，来就来吧。

第二日下午，王有龄早早地来了，左等右等，仍不见胡雪岩。他只好给酒馆的伙计留了话，自己出去，看别人下棋。

王有龄把脖子都看酸了，回到酒馆时，仍然不见胡雪岩来。

天色眼看着要黑下来了，王有龄早就潦倒得没了在外边饭馆小阔一把的钱。回去吧，又怕失约。正犹豫间，胡雪岩拎了个小包，匆匆忙忙赶过来了。他一把扯着王有龄，到酒馆角落里坐定。

"小胡，你找我有什么事？"

胡雪岩打开蓝布包，抽出一叠东西来，递给王有龄："喏，这是你做官的本钱，总共五百两，可以在京城票号兑现。另外还有一些碎银。"

王有龄一愣："你哪来的这么多钱？"

胡雪岩道："你放心用吧，反正不是偷的，也绝不会是抢的。"

王有龄终于忍不住了，拉着胡雪岩的手道："小胡，你为什么待我这么好！"

胡雪岩道："把银票收好了。王有龄，我也是看你虎落平阳，英雄末路，不像是一个没出息的人，所以一直想帮你一把才是！"

王有龄"唉"了一声,两行热泪扑簌簌落了下来。

两个人要了酒菜,慢慢地喝着。胡雪岩规劝王有龄及早动身,趁年节前赶到。这种时节去,若是侥幸,年后就能捞上个差使。

王有龄道:"雪岩,我这该到你府上拜访一下才是。"

胡雪岩笑道:"你就省了吧,早去早回,等你拜了官位,再用八抬大轿来接我也不迟。"

王有龄北上之时,太平天国军队已经克武昌、下九江,直取金陵。一时举国上下为之震惊。清廷慌忙调度了向荣率满汉大军,从南北两面夹击金陵,力图制太平天国于金陵以西。

双方都很清楚,江南乃膏腴之地,谁占住了这块地盘,谁的粮饷财力就不用发愁。所以太平军并没有放弃努力,不断派出军队向苏杭一带进逼。一时间清军纷纷运动,在浙西、太湖平原间筑起了一道道封锁路线。

杭州城内也不断有陌生的军队在调度。除了原有的旗兵,各地都在尝试着举办乡练。

由于曾国藩操办团练有方,圣上下旨,命他原地收买人马,就地操练。不断有新操练过的湘军开入长沙、武汉、九江一线。不久,左宗棠奉命率湘军一部,在南昌、上饶一带活动。这就奠定了湘军入浙之格局。不过,暂时还不必全部用到湘军。因为圣上对向荣所率的江南江北大营还充满信心。他还是有些顾忌汉人势力,须要等到南北大营被太平军捅得稀里哗啦之时,圣上才能痛下决心,彻底信任汉人操练的军队。不过这已是几年后的事了。

王有龄能幸运地得到胡雪岩的资助,也是事出有因的。

原来,胡雪岩做跑街已经十余年。而跑街的行当不好做,这点我们在前边已经讲了。不过这行当结识人。要说做事,本来就是结识人。干巴巴的事情本身,有什么好做的?人缘熟了,人的关系处理好了,事情也自然好做了。

出于这一层考虑,能有十余年的跑街经验,也算是钱庄里的老牌伙计了。胡雪岩脾气好,对于这等琐碎事情,做上十余年,一点儿也不觉着枯燥。钱庄老板看中了胡雪岩的经验和耐性,就升他做了档手。

王有龄遇到胡雪岩之时,刚好赶上胡雪岩升迁。升迁之时,办理移交。老

第二章 先做关系，后做生意

档手把店内他所管辖的账目一一清对，新档手也一一核实。两相核明无误，手续也就办成。也合该这王有龄运气来了，胡雪岩刚好发现一笔呆账，欠账的人是一个老营官。那营官武夫脾气，店里别的人屡次催要都不得，店里已经把它看作是死账了。可是他独和胡雪岩谈得来。当然，或许也是胡雪岩既能来软，也能吃硬的缘故。胡雪岩听说那营官退职之时，很是阔了一把，就上门催要这笔债款。那营官话也说得漂亮："别人谁来，我都不给；唯独你胡雪岩来了，我才给。"胡雪岩自然是十分受用。回过头想了想，就想到了王有龄。于是就把这笔钱转给了王有龄。按时人的说法，胡雪岩对王有龄说的是："吾尝读相人书，君骨法当大贵，吾为东君收某五百金在此，请以速去，速入都图之。"

反正是在交接手续之时，况且也是因为胡雪岩的能耐才收回来的，胡雪岩觉着自己做得并不算过分。他就让王有龄打了借契，记入账中。

钱庄老板每隔一段时间是要检视存贷的。见到这么大一笔账，胡雪岩没有和他商量就借了出去，心里老大不高兴。他寻思半天，把胡雪岩叫了来："小胡，对这个人的家底有了解吗？"

胡雪岩道："这人家里一般。"

"他有能力按期还清吗？"

从处境看，当然没有这个能力。胡雪岩没了托辞。总不能说，我就看这个人有出息，靠得住吧？

不过新升的档手，老板也不便太多责难。事情是不过问了，老板却总觉着胡雪岩办事太冒失了点儿，怀疑自己是否用错了人。

胡雪岩见事情过去了，也就没有特别挂在心上。

私自借款蒋营官，出走钱庄

有一天来了一位姓蒋的营官，说是湘军。托了杭州旗营的账房支使约胡雪岩出去。胡雪岩听说湘军已经打到了浙江，惊讶得半晌说不出话。

"这么说，太平军要兵临杭州城下了？"

蒋营官道："那倒还很远，不过我们已经开到了江西、浙江交界地带。"

"你估计这次要打上几年？"

蒋营官道："这却不好说了。要是按我们湘军的打法，不出五年。要是还是这帮贪生怕死的烂污兵在打，十年也未必够。"

胡雪岩在盘算，这仗要十数年打下去，钱庄的生意要往外扩张恐怕就不那么容易了。这么想着，就问了："依老兄的想法，这仗一打起来，搞我们这一行当的，受影响会有多大？"

那蒋营官十分老成，想了半天，慢吞吞地说："这得看你怎么做了。"

"你的意思是有好的方面，也有坏的方面？"

"是这意思。要说你们开钱庄的，最怕的是什么？"

胡雪岩道："最怕的就是市面不靖，钱收不回来。"

"要是从这一面考虑，这一打仗，对你们自然不利。"

胡雪岩道："那有利的一面呢？"

蒋营官压低声音："胡兄，你只考虑到钱庄怕不靖，你有没有考虑有钱的人更怕市面不靖呢？"

胡雪岩稍稍有些困惑："那和钱庄生意好坏怎么联系起来呢？"

蒋营官诡秘地一笑："这就要靠你们动脑筋了。依胡兄这般聪明的脑筋，决计不会想不到的。"

胡雪岩绞了半天脑汁，忽然拍了拍额头："咳，老兄，你的意思是说，钱庄替有钱人做后盾？"

蒋营官拍桌道："着，胡兄。你想想，哪一个有钱人不想让自己的钱平平安安的？你要能做到这一点，战事一起，这兵荒马乱，舍了他不要利息，他也会把钱往你这里抬。"

胡雪岩也激动起来："老兄，真有你的，来，干杯。"

其实那蒋营官也是走南闯北，听别人议论得多了，自然而然有这想法了。这番营官来，事实上另有目的。账房支使约胡雪岩出来时，胡雪岩已经知道。

原来这蒋营官得了湘军秘传。那湘军招募兵勇时，只招农村来的，每人每月二两饷银，打一胜仗，加赏五两；每杀一敌，加赏十两；若战场阵亡，五十两厚敛，除发放家属二百两抚银外，还保证永远养育家属。有此重赏，湘军个个奋勇杀敌，成了一支横扫东西的劲军。

这蒋营官本来在湘军干得好好的，因为左宗棠入江西，就把他们这支部队调到了浙西、赣东战场。他指挥部下打仗，从来都是不惜银两重赏，所以部下个个踊跃赴敌。

不巧陈秀成军西征，把左宗棠军围困在赣西。军中饷银一时无以为继。刚好蒋营官和杭州旗营的账房支使是拜把兄弟，就约了胡雪岩来，想先转借一下饷银。

"你要多少？"胡雪岩问。

"四千两。"

"四千？"一听这数目，胡雪岩登时给难住了。

首先是数额较大。钱庄的规矩，超过一千两的，必须和老板合计。也真不巧，老板去了上海，需要十天后才回来。

"能不能少一些？"胡雪岩问道。

蒋营官见胡雪岩有些为难，就直告他说："胡兄，我们湘军打仗，一个在严，怯阵逃跑者杀无赦；一个在赏，'重赏之下，必有勇夫'。这军饷不继，必影响士气。与其济予杯水，倒还不如没有。"

这倒也合了胡雪岩的思路。前一段和王有龄聊天，讲的不也是这个意思吗？胡雪岩也听过一位知名的老中医讲，他能给人以神医的印象，经验无非有二：一曰准，症状要看准；二曰狠，下药要够分量，保证一次根治彻底。老中医还说，"有些中医，不能说他医术不高，但是他心里边打了拐，算计的是：每一次我少给你一些，让你病情有好转，就是不能根治，下一次你还得来我这里。这样的作为，先在医德上就欠了一筹。加上人生病这东西，一次要不根除，拖的时间久了，免不了有别的疾患挤进来。这样陈陈相因，真是害人不浅。"

看来做什么事都是这道理。想到这里，胡雪岩道："老兄，我理解你的意思。不过你也明白，这么大的事我做起来也很为难。容我好好想一想。"

三个人闷坐了半天，胡雪岩终于下定了决心："老兄，兵马未动，粮草先行，我充分理解你的心情。咱们这样吧，二五折一，我把利息放高些，一厘八。"

一般的贷款，找尖了也就是一厘五，决计没有一厘八之说。胡雪岩心想，我这跟高利贷似的，你行了，给店里捞个好处；不行，我也省了麻烦。

不承想蒋营官接口道："胡兄，二厘一，准定五月内还清。多出的就归胡兄了。"

胡雪岩没想到他这么痛快，自己禁不住也就受了感染："好，准定这个数。利息全归钱庄，我胡某一个子儿也不捞。"

放款出去，胡雪岩觉得自己给店里做了一件好事。所以等钱庄老板一回来，就兴冲冲地去找他，要把这事的经过好好讲一讲。

老板的反应却大大出乎胡雪岩的意料。他没料到胡雪岩的胆量越来越大，这样大的一桩款子，说放出去就放出去了，没有商量，也根本不考虑对方是一个武夫。这种人冲锋陷阵没问题，讲起信义来也没问题，只是这兵荒马乱，谁能料着自己不会遇到三长两短？这样的款子有上三五笔搭进去，一旦泡了汤，钱庄还指靠什么支撑？

他又想到胡雪岩悄没声息地放款给王有龄，既不问他有何家产作保，也不问他有何朋友作维系。看来这小胡留不得，要让他再留上年儿半载，我这店老板给人做伙计都没人要了。

这么想着，就没有什么可缓冲的了。他把店里其他几处的几个老档手召了来，把情况向他们讲清了，走人，走人，你胡雪岩马上走人。

胡雪岩听钱庄老板条分缕析地给大家讲几桩款子的风险毛病，自己就补充了一句道："我原来以为这是咱们钱庄扩充生意的好路子呢。"

墙角有另一个挡手"嗤"了一声，不屑地讲了声："小小年纪，还没学会爬，就想走了？"

胡雪岩没再争辩，也许自己真的给钱庄带来了风险，好男儿，自己做事自己当。

就这么一不小心，胡雪岩离开了他待了十几年的钱庄。

投桃收李，时来运转

接下来发生的事，就跟做梦似的。

胡雪岩离开了钱庄，靠了自己的一点儿积蓄，一时生活还能维持下去。

不过新升了档手，一转眼就又被换掉了，这事在钱业同行中可真是一个大新闻。大家都说胡雪岩也太胆大了些，要不是换得早，恐怕整个钱庄都要被他毁了。

有了这个不好的名声在，就没有钱庄再愿意雇胡雪岩了。

胡雪岩在钱庄时十分规矩，从来没有过拆烂污的念头。放贷出去，也从没有自己掺水分。既然没有外快，家里的日子也就一天一天困顿下来。

回头讲那蒋营官。

因为有四千两的饷银，军中士气一下子鼓了起来。遇到太平军的营寨，个个都跟见了仇敌似的，不顾一切地往里冲。这样连下了几个营寨。蒋营官做梦也没想到，自己的部队踩到了太平军的金窝里。

原来太平军做了灭清建国的准备，就不断把从广东起事起，沿途搜罗来的金银财宝分散地隐匿于浙赣交界的大山地区，派了几支小股部队，一方面守边瞭望，一方面守卫财宝。太平军原以为这一带山路崎岖，地广人稀，绝对没有人会注意。然而，蒋营官带的湘军应当时的浙江巡抚黄宗汉的请求，由左宗棠从江西分出一拨来探视情况，无意中发现这大山中还有小股太平军，就擅作主张，灭了几股。

这样一来，这股小部队肥了。二十余万两的白银，一下子落到了蒋营官他们手里。蒋营官也是见过世面的人，知道为人最忌一个"贪"字。他召集手下把情况讲明了，根据职守功绩，人人都分了该得的一份儿。

但是去往湖北的路途，正是太平军与湘军僵持的战场。虽然得了一大份财富，却没有人敢出面往回押运，也没有别的门道往回汇兑。

蒋营官讲话了："我有一个想法，兄弟们要是信得过我，就交由我妥为保管。"

蒋营官挑了几名精壮军人，以护送军中秘档的名义，逃过了一道道检查，顺利地把十几万暂时用不了的白银运进了杭州城。

他径直去了胡雪岩所在的钱庄。钱庄老板没想到事隔四个月，借期未满，蒋营官就把钱连本带息，一毫不差地返还。蒋营官要见胡雪岩，老板为难了，只好推说胡雪岩病了，已经半个多月没来。蒋营官留了下榻旅馆的地址嘱咐老板，见着了胡雪岩，一定要他来见一面。

钱庄老板没见着胡雪岩，蒋营官倒先见着了。

蒋营官闲下无事，便携了几个兄弟，雇了一只小船，在湖上慢慢漂游。一抬眼，隐隐看见一个瘦长的身影。"嘿，胡雪岩！"蒋营官扯了嗓门叫起来。

这人正是胡雪岩。一连几月没找到差使，他急得团团打转。人突然瘦了许多，也老成了许多。眼看内人要生孩子了，胡雪岩遵了母命，前来寺院敬上一香。

因为心里有事，胡雪岩显得有些恍恍惚惚。他隐约听到有人叫了一声，不过那声音不甚熟悉。茫茫然四周扫了一眼，岸上人来人往，水上游船如织，不像有什么特别。

那蒋营官见胡雪岩回了头，就起劲儿地打手势，还以为胡雪岩见着了。等胡雪岩一扭头又往前走，蒋营官急了，命手下兄弟帮着船夫，一桨快似一桨地往岸边追来。

胡雪岩刚上完香，转身出门时，蒋营官几人笑盈盈地拦住了他。

"胡雪岩，你病了？"

胡雪岩眼圈一红："没有。"

蒋营官道："走，走，咱们找个馆子坐下慢慢说。"

等胡雪岩把蒋营官走后，钱庄里发生的变故讲完，蒋营官狠狠地擂了一下桌子："胡兄，是我害了你！"

沉默片刻，蒋营官道："胡兄，你有什么打算？"

胡雪岩道："这里如果真是由我胡某做坏了几笔，我也只好他乡另谋生路了。好在我家上辈子也是这么闯荡出来的。"

蒋营官略一思量，鼓劲儿道："胡兄，我上次和你初打交道，以你的行事看，恐怕绝不愿意做一个池中之物。"

胡雪岩道："多谢蒋老兄夸赞。"

蒋营官道："这倒不是我的溢美之词。实话说吧，这件事上，你胡雪岩绝对没有做错。不是因为我有甜头在里边，也不是因为我没有坏了你的信用。"蒋营官顿了一下，呷了一口酒，接着说道："而是因为你，胡兄，你的思路和行事绝非循规蹈矩的一般人所能比的。你能想人所未想，察人所未察，行人所未行。你在这里处处不顺手，无非是这帮人理解不了你的思路和手腕。你既然受制于人下，不免投鼠忌器，感到碍手碍脚。依我看，只能让你独当一面，你才能从心所欲，做出一番事业。"

胡雪岩听着蒋营官的分析，心里不知哪里的神经痒痒的，感到甚是舒坦。他想理出个所以然，一时又找不出头绪。一想到自己两手空空，不由得叹了口气："没有不要钱的饭可吃呀！"

蒋营官"咦"了一声："胡兄，像你这样的人，也还担心这些？"

"人总要有根据才能做事吧？"

"根据？胡兄，上一次的谈话就是根据，你做事的手腕能力就是根据。我问你，胡兄，要是你来开钱庄，需要多少本钱？"

"我来开钱庄？"胡雪岩觉着自己耳朵听错了。

"对。就假定我的一个朋友要开吧。依你的经验，估个数！"

"这要看周转范围有多大了。小了看，只在这杭州城内周转，三万两银子也就打住了。"

"再大些呢？"

"初开始起店，有五万两也就够了。"

"好，胡兄，我请你代为打理十万两银子……"

"十万？"

蒋营官道："嘘！低声。胡兄，我这是看你依靠得住，就把实话告诉你。相信你能替我守住秘密。"

这么大笔的银两，虽然是从敌营搜罗过来的，要是官府知道了，怎么也要充了公。不过蒋营官理解大家伙儿的心思，兄弟们出来卖命，谁不是为了讨个活路？再说回来了一介莽夫，不知书，不谙商，做官无门，发财无路，一朝战死疆场，谁来体恤亲属？靠官府？能靠得住吗？所以这么一笔外财，勉强还能充个定心的丸药。

"胡兄,上一次咱们聊到了钱庄生意,你问这兵荒马乱的,钱庄没了市面保证怎么办。我说要看你怎么看了。当时你一开口回答,我就觉着你果然有头脑。我这事,你明知有风险,还是办了,让我也领教了你的手腕和信义。人嘛,靠个什么?不就是靠个信用?这样吧,就照上一次说的,我这钱借了你,不要利息,五年为期。五年后,我们兄弟谁来取,就给谁的那份。"

胡雪岩道:"蒋老弟,承蒙你看得起,我胡雪岩也就不再客气了。你们这笔钱,期限由你定,利息跟着市面走。每位兄弟一折……"

蒋营官连连摆手:"不、不、不,回头我给你个单子,每个兄弟谁该多少,上边都写得清楚,存折就不必要了。我保证没有哪个兄弟敢冒领。"

胡雪岩道:"有你这话,我也就放心了。不过,折还是立上,你们要是带着不方便,我这里替你们保存。每年一结,第二年连本带息,作本翻息。"

蒋营官道:"这样也好,兄弟们的事,就拜托胡兄了。"

这掉下来的好事,真需要费神斟酌。首先是缺人手。胡雪岩想来想去,觉得还是把老夏先挖过来,然后由老夏出面,又从其他几个钱庄挖来了几个有经验的跑街。

等到万事俱备,就又请了胡都统来为开业揭新。其他几个钱庄的老板早就听说胡雪岩有这奇境般的经历,也都改变了态度,表示开业之日,一定多多堆银,为他装点门面。

钱庄起名"阜康"。日后,这小小钱庄一跃而成为江南第一大号,与山西的票号分庭抗礼,隔江对峙,形成了北票南庄的格局,并且主宰了江南金融市面。1883年,当"阜康"盛极而衰时,引起了中日近代史上不小的金融风波。这一切成就,正应了蒋营官的看法:胡雪岩非池中物,必得独当一面,方能舒展飘逸,做出一番世人皆为之瞠目的成就。

王有龄官场发迹，胡雪岩商场发家

胡雪岩门面开张之日，王有龄也已经尽抒胸臆，衣锦归来了。

王有龄迤逦北上，在仓州遇到了江苏学政何桂清。何桂清是军机大臣穆彰阿一门的弟子，年少得意。早先，何桂清也曾客居云南，家贫。王有龄父亲见他年少俊逸，口齿伶俐，就起了爱才之心，命他与王有龄同窗共读。后来两家各奔西东，断了音信，不承想异地相逢。相见之后，交谈甚欢。

得了何桂清的帮助，王有龄一扫晦气，一路关节打得通顺。正好赶上何桂清的同门黄宗汉在浙江做巡抚，何桂清便修书一封，叙起旧情和新恩。王有龄有此大帽托庇，顺顺当当地当上了海运使，旋又发派湖州知县，代理知府。

念及胡雪岩的旧恩，王有龄极力在各方面给胡雪岩提供方便。初在海运使时，即委胡以僚属，一切唯命是从。后浙抚保王有龄为粮台、积功保知府，旋补杭州府，升道员，陈臬开藩。不出几年，王有龄就已经放为浙江巡抚。

王有龄升为浙抚时，胡雪岩已经替自己捐了官，于是王有龄就委任他接管粮台。胡雪岩的本领，正是嫌少不嫌多。有了这么好的差使在手，胡雪岩如鱼得水，无往而不利，逐渐奠定了他在杭州发展的基础。

王有龄发迹甚快，从捐班到升为巡抚，到最后太平军攻陷杭州，王有龄自裁身死，这前前后后，总共也不过十年时间。王有龄能这么快地升迁，得益于胡雪岩的甚多。先是胡赠五百金，给了他摆脱潦倒，走上仕途的机会；随后有了胡雪岩的"阜康"钱庄作后盾，上下打点，也使得各方人言，尽附于王有龄。

当然，胡雪岩之得益于王有龄的也甚多。有了王有龄的庇护，胡雪岩事事能够占先机，处处处于主动。胡雪岩深谙官场人心，王有龄也深知商场对他的利害。两相配合如鱼得水。

献计何桂清，漫天撒网

有了自己的钱庄，胡雪岩觉着做事的感觉大不一样。

他生性就是个漫天撒网的人。遇到英雄好汉，一时潦倒这种事，他总是忍不住想帮上一把。原来在别人手下，替别人兼差，就没有这份自由。

做了江苏学政的何桂清意犹未尽，总想在仕途上有个大发展。就派人急招了王有龄。王有龄匆匆忙忙赶了去，何桂清将自己的想法毫无保留地讲了。因为王有龄是自己人，口又紧，又有恩于他，所以何桂清用不着担心会走漏了风声。

不过，何桂清的目的是让王有龄帮忙出个主意，王有龄的脾性却让他稍稍有些失望。因为王有龄为人拘谨，做事一板一眼有条理，是个官声不错的好官。但是在场面上，他从来都没感到能掌握自如。对于人心里的弯弯绕绕，他也看得不甚通透。

好在王有龄有个好处，就是对世故人情之事并不反感。自己看不透没关系，有人看得透。这个人就是胡雪岩。

胡雪岩念书不多。从做学生子起，就是在跟人打交道。而且做跑街的那两年，全是跟一帮热衷于功名仕途的人混在一起。哪一位官老爷什么脾性，怎么样才能投其所好，这帮人每天扎堆在一起，琢磨的也就是这个。

能有什么事让王有龄专程去给他何桂清出主意？王有龄不明白，胡雪岩明白。回来后王有龄把胡雪岩叫去，细谈了两个时辰。胡雪岩见王有龄不解，就笑了："雪轩（王有龄字雪轩），这事就委托给兄弟我来处理了。不过你得修书一封，把你我的关系略略介绍一番。"

等王有龄写好了书信，胡雪岩拿了回店，让老夏打了张一万两的银票，一并封好了。上海办完事后，雇了个小划子，咿咿呀呀地摇到了苏州。

王有龄在信中对胡雪岩的能力大大吹捧了一番，何桂清也早知胡雪岩囊助王有龄一事。两个相见，交谈甚洽。寒暄之后，何桂清对胡雪岩道："我不久就可能要放仓州侍郎了。"

胡雪岩忙起身道："恭喜，恭喜！"

第二章 先做关系，后做生意

仓州侍郎是管理南北漕运的总管，因为这关系着京城的天粮正供，所以位置一向特殊。历来任仓州侍郎之后，必委以方面要职。

"不过我现在还有几个麻烦，"何桂清对胡雪岩道，"雪轩兄对你处事推崇备至，我也早已略知一二。你和雪轩的关系，雪轩和我的关系，大家都很明白，有什么事我就直说了。"

胡雪岩道："何大人，只要我能帮到的，你尽管说。"

"这两年漕运不正常，雪轩北上那年，还因为漕运，逼出了一条人命。"

原来，何桂清的同年黄宗汉任浙抚时，和管漕运的藩司麟桂不和，就故意刁难藩司。

江南粮食，自隋代以来，就成了供应京城的重点，所以隋炀帝才不惜本钱修了条大运河。大运河初开通时，着实红火了一阵。但是年代久了，免不了有破损，影响正常的粮食供应。历代皇帝，都费了不少心思整治运河。

清中期以来，河道更是破败不堪。所以每年的粮米北运，都要提前做准备，动员沿途民工开挖运河。开沟挖泥的工程十分浩大，免不了就有耽误的时候，历任的官员都明白这一点，一向包涵就是了。

不承想黄宗汉对藩司有了意见，就使了两面手法。他把藩司叫了去，和颜悦色地询问漕运情况。藩司自然如实讲了，说恐怕要耽误三五个月。

当时黄宗汉没说什么，回头却上了道密札，竟诬诉藩司官风不正，任人唯亲，致使上下沆瀣一气，积弊难改，不能按时完成漕运。

朝廷得了地方大员的控状，自然下旨严办。但考虑到尚属积弊，责令该藩司将功补过，今年务必如期完成漕运，以表悔过之意，否则必严惩不贷。

这札是九月底上去的，下旨也就是在十月半以后。藩司接了这么一道密旨，真若五雷灌顶，情知巡抚没安好心。因为按往年的情况看，一般漕运完成都要拖到来年5、6月份。现在离年底只有两月有余，要想完成七八个月的任务，真是痴人说梦。假如这巡抚是好心为了公事，只需早早催促就是。起码密札早上半年，也显其公心。不早不晚，偏偏留下短短两个多月，这就分明是给小鞋穿了。

那藩司一怒之下，要找巡抚讲理。手书了上去，却回称巡抚生病，不能接客。

一连几月，都是如此。那藩司又羞又恼，一气之下，竟想不开，吞烟自尽了。

何桂清担心，这种事如果在他任内出现，对他的官声影响不好，这是一层。另有一层，南粮北运，虽说积弊已久，若陈陈相因，总显不出何桂清办事的作风来。可是要想兴利除弊，这兴除的法子还一时拿不出来。

胡雪岩听他分析了这么多，也觉着这何桂清倒真是想有番作为。不过路道不熟，从何做起，是个难题。胡雪岩只好说道："何大人，远的我不太明白，不过浙江这一面，有雪轩兄在海运使，这全省的漕米每年一粒也不会少。"

"时间上呢？"

"现在眼看着漕米漕运，可能性已经不大，每年摊在整修运河上的钱，起码也有六十万。这还只是浙江境内的。何况，投进去了银两，也未见得效果会好。前边历任官员都对这事一筹莫展。依我之见，还不如干脆改弦更张，不走河道走海道。"

"走海道？"何桂清既感惊奇，又觉新鲜。

"其实这也没什么新鲜，明中时候就有人试过海道运输。本朝乾隆、嘉庆两朝，因为黄河泛滥，淤塞了河道，也有人试过海道运粮。"

"那为什么没能成功呢？"

"一是河道运输历史已久，沿途有几十万人靠漕运吃饭，他们早就和官府串通一气，一旦更改起来，这帮人的饭碗就丢了。二是海道有风险，前有倭寇，后有海贼。"

"现在为什么就可以走海道了？"

"现在形势已经大不同了。首先运河河道败落，漕帮的人早就拿它没办法了；何况这几十年，漕运哪年也没按时交过粮，因为这产生的矛盾已经够多了。其次是太平军东逼……"

"暂时还到不了这里。"何桂清道。

"太平军是到不了，和太平军串通一气的流寇可是能到。劫粮劫商船的事，这两年，河道恐怕比海道更厉害。"

"照你这么一说，海道运粮是可以考虑考虑了。"

胡雪岩道："不是我说泄气话，照我看，这河道运粮，早晚都要禁绝。"

第二章　先做关系，后做生意

"漕帮要闹起来怎么办？"

胡雪岩想了一想，反问何桂清："你觉得应该怎么办？"

何桂清想了半天："那只好弹压了。"

胡雪岩摇了摇头："倒不一定要这么做。首先漕帮就没有理由闹，可以把他们的头领叫来，让他们和沙船帮比一比，看看谁先把粮食运到。你要真是办得好，我就还用你。"

何桂清道："倒也是，那浙江的粮运就交给你和雪轩了！"

然后又问道："现任藩司和雪轩合得来吗？"

胡雪岩颔首微笑道："没有合不来的。"

这么一说，何桂清来了兴致："这个藩司据说脾气可是很怪的。"

这个"怪脾气"还真是有名。原来此藩司没有别的嗜好，平生最大的乐趣就是数金叶子。只要有了银两，他统统兑成金叶，每到睡觉前搬出来，一叶一叶地仔细抚摸，那模样倒真像在抚摸一个爱妾。最可笑的是他的一个小妾偷了他一叶金子，拿出去兑成银子花了，他一怒之下，居然把这小妾痛打一顿，赶出了家门。

胡雪岩没想到何桂清也知道这种事，而且这么感兴趣，就乘兴把他的几桩轶事讲了。

"至于他和雪轩嘛，我自有办法让他服帖。"

什么办法，当然不便问，也不必问。

何桂清没再讲什么，胡雪岩也就起身告辞了。回到杭州，胡雪岩给王有龄仔细讲了会面经过，独独略了一万两银票的事。王有龄听了大惑不解："没有什么呀，没有什么呀，这些事我们不是早都筹划了，可以完成的嘛！"

胡雪岩笑而不语，起身回家了。

过了些时日，何桂清来了封信，信内尽叙旧情，又把胡雪岩着实夸奖了一番。末后附了一笔：兄弟甚有恩于我，一切尽在不言中。

丈二和尚摸不着头脑的王有龄，做了海运使不到一年，就接到了升任知府的委札。据说有要员在上奏中说："王有龄为官勤正，才堪大用。"

原来，何桂清想入京活动，苦于没有费用，听说与王有龄关系密切的胡雪岩开了个钱庄，生意兴隆，就起了想法。与王有龄漫无边际的谈话一无所获，不承想随后一万两银票，悄无声息地随信送来。何桂清碍不下面子，就又不着边际地与胡雪岩神侃了一通，方才心情归宁。待升了仓州侍郎，何桂清念起旧情，就在上奏中着实褒奖了一番王有龄。

第三章

胡雪岩

钱庄银号开遍大江南北

初触票号

旗营的账房支使带来了一个坏消息：蒋营官不幸身亡。

太平军像是突然感受到了来自西边湘军的压力，更加重视东面战场，誓死要打破南北大营的夹攻。官府也倾注了大批人马，拼命要保持住这个圈子。蒋营官所在的人马也被调去拦截太平军。在一片混战中，蒋营官身死异乡。

听到这个消息，胡雪岩悲痛了几天。生死虽有命，人生却无常。当初蒋营官把兄弟们舍命夺来的钱交给胡雪岩时，怕的就是这种日子突然来临。

王有龄署理粮台时，往来度支都交由胡雪岩代理，兼之胡雪岩在丝茶方面的生意往来，阜康账下也已经有了五十余万两的现银可以支配。听到蒋营官身亡的坏消息，胡雪岩嘱店里的伙计，把蒋营官和他手下兄弟的账目，连本带息结算清楚，务要备足现银。胡雪岩还为每人特地加了一份薄礼，以示谢意。

这样结算下来，数目惊人。连本带息，一共要备足十六万五的现银。店里的档手一下子感到吃紧，跑来向胡雪岩诉苦。胡雪岩也感到一下子这么一大笔款项支在那里，寸头调度上明显是个问题。回头再看一看自己的业绩，至今仍然局限在杭州—湖州之间。本来还以为业绩不错，没想到仍是这么薄弱。看来，这件事情过后，还需另有考虑，从长计议了。

不过眼下这笔款不能动。因为这款是蒋营官一手经营的，手下的兄弟和胡雪岩并没有太多的交道。依着胡雪岩的估计，他们肯定很快要来取走这笔款子。

果不其然，等战事稍稍间歇，这支人马从战场上撤后休整时，蒋营官的部下派了几人，前来接洽取款。

胡雪岩给他们接风洗尘后，命伙计把折子取来，一一给他们核实。

这几人没料到短短几年，现银又溢出了将近一半。听了伙计的报账，都面面相觑。

他们避了胡雪岩商量了一番，由一个较为年长的老兵出面跟胡雪岩谈。

"胡老板，我们是最为信靠得过蒋营官的。不过我们没想到你能把我们的账目管理得这么有条理。我们也想过了，马上我们还要开赴战场。所以，我们还是有事相求于胡老板。"

胡雪岩道："各位兄弟有什么想法，尽管给我胡某讲，我也是尽我能力，想办法办到。"

那位老兵道："蒋营官和我们另外几位弟兄都死于战场。我们原来有过约定，生还者负责抚恤死者的家人。这次我们来取钱，主要就是为了死去的几位兄弟。不过胡老板你也明白，浙江到湖南，沿途战火不断，往回运送大批银两，也是很有风险。如果胡老板能帮我们想个万全之计……"

既有所托，胡雪岩倒为难了。脑子一闪间便想到了王有龄提到的京城票号和镖局。

原来，王有龄几次去京城，回来后就对胡雪岩讲到，京城里的老字号钱业，称作票号，均出自山西祁县、太谷和平遥。那票号在山西、京城和西安、武汉等地均设有分号，若客户有银两汇兑，只需拿票号所出的传票送往另一地分号，就可在该地就近取出现银。传票这种做法，不易更改，即便遭了劫，也可及时通知各地分号，拒绝兑现即可。

想到这一点，胡雪岩便有了主意："各位仁兄，办法是有一个，而且保险。不过，需要稍费时日。"

胡雪岩如此这般给他们一说，几位湘勇都面露喜色。为首的老兵这时却又插话了："胡老板，我们几位的想法是，只把几位战死身亡的弟兄们的钱汇兑回去，至于我们自己那一部分，我们想，只把利息汇回去，本钱仍交由胡老板代管。"

胡雪岩稍稍一愣："你们不怕我黑了你们的钱？"

几位湘勇乱纷纷地嚷嚷道："胡老板，你要想黑我们的钱，早就可以黑了。蒋营官怎么信靠你，我们也就怎么信靠你。"

胡雪岩起身揖首道:"多谢几位老兄信任,我胡雪岩定不辱没了几位兄弟。"

事情就这样定了下来。也有好多担心汇兑仍有风险的,干脆连一个子儿也不取,全部又存了阜康,说是要等到把"长毛"打败了,再平平安安地往家扛。最后统算下来,居然还有十二万两银子没有动窝。

而且有更大的好事跟着来了。有一天晚上,那位出面说话的老湘勇风尘仆仆地带来了几位陌生人。除了老湘勇,每个人都扛着小麻袋。麻袋打开后,居然全都是白花花的银子。

"胡老板,我们这些银子,不是偷的,也不是抢的,都是兄弟们拼命从'长毛'手里夺过来的。有这位老兄作保,我们都愿意把这些银子存到你这里。"

这倒是胡雪岩没想到的。半夜醒来想想,无凭无据,连这些人是干什么的都不知道,怎么敢保证这钱不是黑钱?一旦真是黑钱,官府追查下来怎么办?不过回过来又想了:我胡雪岩开钱庄的目的是干什么?不就是吃进放出,让它生息吗?除此之外,辨别忠奸的事,生来就不是开钱庄的人该考虑的。这倒不是说不负责任,问题是我能不能负起这个责任。我要是每天忙于在这方面费脑筋,开钱庄的目的岂不是变了?

想来想去,也没太想仔细,就又想到了票号。

这一次为蒋营官等阵亡的兄弟汇兑,算是真的接触了北方的票号。那山西也和徽州类似,土地十分贫瘠。而且山西这地方奇特,一眼望去,全是峁峁梁梁,沟沟坎坎。主粮是粟,一亩地收不上一百斤。一遇三年两旱的天气,颗粒不收。自古以来,山西人都不得不肩提手扛,东走阳谷,南下豫鄂,西出西口。

"走西口"的信天游唱得甚是凄凉:

哥哥你走西口,

小妹妹我实在难留,

手拉着哥哥的手,

送哥送到大门口。

走路你走大路,

莫要走小路,

> 大路上人儿多，
> 可以拉话解忧愁。

所以晋商在北方十分活跃。尤其是康熙、乾隆年后，祁县、太谷、平遥的商人逐渐垄断了北方和南方之间的中转交易，在北京等地建立起了记账形式清楚，管理形式严密，汇兑形式简便的票号。整个淮河以北的钱业流动，几乎全部由票号一手操纵。

最让胡雪岩羡慕的是他们把整个北方的官府度支，全部拢到自己手中。单是这一项，就足以使票号处于无可动摇的地位。

这几年，胡雪岩也在这方面有所收获。整个浙江的粮运度支，全部委派给阜康钱庄。不过，胡雪岩并没有往下深想或深做。

为了探明究竟，胡雪岩不惜周折，亲自去了北京。到京办完蒋营官的银钱汇兑，他特意备齐了杭州四色特产，登门拜访了浙籍京官夏同善。

胡雪岩是在夏同善返乡省亲时，在巡抚黄宗汉的宴席上认识他的。夏是翰林编修，皇太子侍读，人虽有翰林之高贵，却无清议之清高。此人不但熟读经书，而且深谙人情和世风。听说胡雪岩去了山西票号，便很有兴致地问："胡老兄，也想打进京城了？"

胡雪岩连连摆手："不曾敢想，不曾敢想！"

夏同善道："嘿，这有什么不敢想象的。有你阜康这几十万家底，先在京城设个分号也不是不可以嘛。"

这么一说倒让胡雪岩颇为心动。一阵闲话扯过后，胡雪岩忍不住又绕回来。"夏编修，依您之见，这山西票号何以这么红火？"

夏同善踱着碎步道："这也没太大诀窍。没人敢做的事，他们敢做。嘉庆年陕甘大旱，他们扯了血本替官府往里边垫钱，圣上感念他们能为朝廷分忧，御笔为他们书写了'大德恒'牌号。地方要员也感激他们雪中送炭，特意嘱托往来押解度支，均走票号。这一下，他们就开始走红了。"

胡雪岩心中想："这倒也真不是什么诀窍。要是我遇到这种事，也会这么做，而且只会比他们做得漂亮，不会比他们做得差。差就差在离圣廷太远，做了好事上面也未必知道。这么考虑，倒真得在京城做一番打算了。"

夏同善又道："他们还有一大支柱。天子脚下，来来往往，求相拜官的，络绎不绝。这帮人求官要花钱，票号贷给他们。因为是京城之地，能来的人无不是自认为门路极广的，所以那银子用起来也是哗哗如流水。票号向这帮人放贷，从来不手软，都是高利。这些人居然都还愿意贷。"

胡雪岩笑道："这里边的道理我倒明白，反正他们马上就可以走马上任，利息再高，最后自然有出处，不会使自己为难。"

夏同善道："这就对了，所以在京城开钱业，真是黑了天地赚。"

"他们就不怕这伙人赖了账去？"

夏同善没有解释，却问道："你看呢？"

对京里的情况，胡雪岩倒真不太熟悉，所以就老老实实说道："这个还要请教夏大人。我虽然在杭州时也有这方面的放款，不过遇到坏账，还是挺棘手的。"

夏同善见胡雪岩真的不明白，也就不再难为他了："其实也很简单，这帮拜官求职的人是拧在一块儿的。大家排成队巴望着票号能早早放款，也好让自己能早早打点，早早有个结果。要是有一个人赖账不还，坏的是这一帮人的名声。票号见有人赖账不还了，就推说账面吃紧，倒霉的是后来者。所以票号不用担心，自然有人会拼了命催。"

胡雪岩恍悟道："原来还有这种事情，这么说京城里边的事倒比下边要好办了。"

夏同善道："有好办一些的，也有不好办一些的。下边人做事总要迟缓些，遇到障碍，避起来也困难。这么一比，京城里还是好办事。不过下边也有下边的好处。你就说这做官，京城里人人眼巴巴盯着你，稍有些异样，不说和你不对的人挑刺儿了，单是那清流参上一本，就够你吃不消的。"

这是在讲做官的难处了，和胡雪岩的心思不在一处，听起来也就有点儿心不在焉。夏同善忽然问道："胡老弟，假如有一笔款子，进了你们钱庄，你能不能变成无形的？"

胡雪岩吃了一惊："什么样的款子？"

夏同善道："也就是一些私房钱。"

胡雪岩道："完全变样恐怕不可能。不过钱庄的流账如果大了，只要不深查，一般人是看不出来的。"

夏同善道："这样就好，这样就好！"

一连两个"这样就好"，倒让胡雪岩觉出有些什么了。"夏大人，有什么需要帮忙的，尽管吩咐。"

夏同善又在室内走了两圈，站在了胡雪岩面前："胡兄，你我乡谊，虽相交不深，但我也早听何侍郎讲起过你的为人，黄宗汉也在我面前着实夸赞过你。依我之见，你倒不妨考虑在京城有所发展。"

到了口边的话没有再说下去，胡雪岩也就不再多问。回到杭州，胡雪岩再三盘桓，仍委决不下。

承发宝钞，孤注一掷

王有龄来找他，说朝廷因为"长毛"之乱，国库渐虚，就听了疆吏之奏，准备发行宝钞。

这宝钞就是纸印的钱。那时候，只有金银才是畅通无阻的硬通货币。人们对一张纸上随便写出一个数目能够当钱使表示怀疑。但是朝廷下了狠心，强使各地通行使用，而且给每个省分配了份额。

浙抚的手下因为省城内各家大钱庄都无人认购，就约了王有龄，请求他代为帮忙。因为王有龄办的几件事很漂亮，巡抚觉着王有龄"很有办法"。

王有龄倒真的没了办法。胡雪岩仔细查问了发行宝钞的数量、目的，以及朝廷自圆其说的办法，心里有了谱。

宝钞发行后，因为持钞的人都放心不下，所以个个都急于兑换现银。问题就出在这"不信任"上。要想宝钞能够顺利流通，除非有足够的现银，或者任何时候使用宝钞购买物品，都不至于有人拒付。

问题事实上还出在官府身上。因为发钞的目的是充国库之急需，自然，使用宝钞的人首先仍是官府。当然，最主要的用途是在与作战有关的地方，比如军营。只要这一帮人不强行兑现，一般民间流散的那一部分，整个浙江加起来，就是阜康现有的银两也足以支撑。

往细讲了，宝钞能否发行，关键看它的信用如何。它的信用如何，又要看使用的人对官府、朝廷的信心有多大。只要人人都觉得朝廷发行的纸钞不会烂在手里，人们就不会挤兑，市面也就会平稳。

再往深想，这做钱业，在眼下，也就是做出对朝廷的信心来。

胡雪岩因为有山西票号为例子，对这纸钞的发行面和使用情况又有了详细了解，觉得这是一个千载难逢的好机会。他让王有龄约了巡抚书办，请求书办草拟一文。

"我只希望巡抚帮我争取了两个条件，我就愿意吸纳浙省全部份额。"

书办道："哪两个条件？"

胡雪岩道："其一，与浙省有关的粮食采购，军械供应，都由我一手操办。"

书办道："是指省内，还是省外？"

"当然是指省内外。谁都知道，太平军节节东逼，江苏已经失去了金陵、苏州、扬州，现在常州以东，及上海至杭州一带的军事供应，基本上都得靠了浙江。"

"那第二条呢？"

"其二，省内各项库粮押解，官府度支，都经由阜康账号。"

书办道："胡老弟，你胃口不小嘛！"

胡雪岩笑道："我这也是替官府做信用。不这样不足以建立起信用来。"

巡抚看了书办拟好的条陈，略加沉吟，觉得这胡雪岩思路倒还真的开阔，也就爽快地递送了上去。

不出两月，批文下来，同意了胡雪岩的两个条件，另外还特意指示，把江南大营的全部采办，也均交与他一人。

这么一来，整个苏淞杭地带的军事采办全部集结于一人手中，从一地的调度到另一地的调度也就只需在账面上划拨即可。最有可能强兑现银的危险去掉了，胡雪岩吸纳的全部宝钞也就慢慢在整个省境有了信誉。

由于省内各项度支也都走阜康账号，阜康的账面陡然暴涨。全部结算下来，一共有二百五十万两的记录。

有了这一成绩，胡雪岩心思活了起来。他从钱庄的新分号中选了几位年轻精干的伙计，带着他们一同去了上海。

江苏布政使薛焕，原是和何桂清同门，与王有龄也颇为投机。近些年来，胡雪岩每次路过上海，必登门拜谒，以至薛焕对胡雪岩其人也深有了解。

这一次胡雪岩以小小五十万两的财力，竟有胆略把浙江全省的宝钞份额全部吃掉，薛焕也觉得甚堪钦佩。

"胡老弟，你的识略过人呀！"

胡雪岩谦谦道："哪里哪里，光墉也只是希望替官府做信用。"

这话薛焕倒没听说过："哦，难得你有这份心思，想必对时局有独到见解喽！"

"独到见解倒谈不上。我只是想，这信用是大家做出来的。你不信，我不信，这市面必定恐慌。"

薛焕点了点头："这倒是。胡老弟，你和有些商人可不同。有些商人两面作派，既想赚官府的钱，又想赚'长毛'的钱。"

胡雪岩道："容我说句冒昧的话，身为一个商人，'长毛'的钱不是不可赚。只是这种做法不足取，我认为这些人没眼光。"

薛焕来了兴致："什么眼光！"

"他们没想到这'长毛'不长久。"

"喔，你倒说说为什么'长毛'不长久？"

"薛大人，这道理我可真讲不出。不过我总觉得，一群人总要有一群人遵从的东西。要是乱了这种东西，这一群人就黏不到一块儿，大家谁也没有好日子过。而朝廷就是这黏合的东西。没了朝廷，任凭'长毛'横行，不说那当官的没好日子过，就是平民百姓，想安生也恐怕不可得。"

薛焕听了连连点头："胡老弟，虽然你没上过学，分析起来，倒真比那饱学之士有见识得多了！"转而愤愤道："我就见有些读书之人，不知操守为何物，'长毛'一来，就随附着过去了，把纲常伦理都丢得一干二净。"

胡雪岩没有插话。等薛焕讲完，胡雪岩道："薛大人，上次你提到置办军械的事,是否可以再议了?"

薛焕道:"我还正要和你合计呢。这一阵子我见你来去匆匆,是否有什么新生意在忙啊?"

胡雪岩道:"不瞒薛大人,我准备在上海开一阜康分号。"

薛焕定睛道:"好啊!马上开吗?"

胡雪岩答道:"马上就开。"

薛焕道:"我还刚好有一批八万两的银子,回头就存在宝号了。"

胡雪岩忙作揖道:"多谢薛大人捧场。"

此番胡雪岩出来,是做了两个打算的。一是在上海设一分号;二是趁了今年的沙船粮运,在仓州交付后,再进京筹设一个阜康分号。他也逐渐意识到,没有分散各地的分号,就不足以与北方的票号并肩抗衡。

旗开京城奠鸿基

京城的分号开得很是风光,因为胡雪岩接收到了两笔意外的大户头。

胡雪岩前去拜谒夏同善时,正好遇到福州将军,后来的协办大学士、刑部尚书文煜。文煜是个有名的和事佬,身为旗人,却深谙"四书""五经"。他和夏同善一样,喜书而不执于书,做事极为中庸圆滑。

夏同善把胡雪岩介绍给文煜,文煜显得极为有兴致,辟首就问道:"听说你们做钱业的替'长毛'隐匿了不少钱嘛!"

初见面就来这一句,胡雪岩一时不知该如何作答好。夏同善看出胡雪岩的窘迫来,就圆上一句:"看来文尚书倒有不少这一类做钱业的朋友嘛!"

"子非我,安知鱼之乐也?"文煜反问道。

"子非我,安知我不知鱼之乐也?"夏同善也反问道。

说毕二人都哈哈大笑。胡雪岩起初不知文煜底细,也不知他与夏同善是何关系。听他二人一来一往逗趣，心中也就有了底。等二人笑声落定，胡雪岩道："此番来时，我也正和薛焕大人谈到过这事情呢！"

文煜道："定是合谋黑吃黑了？"

夏同善道："莫非文将军也想掺上一份？"

文煜连连摆手："玩笑，玩笑。不过我听夏大人说，你敢以自己钱庄做基底儿，把分配给浙江的宝钞份额全部揽了下来。你倒是做何想法，才有这番举动的？"

胡雪岩一五一十道："我希望自己能做个榜样，大家都来帮着朝廷打败'长毛'。"

文煜坐正了，道："要是所有商人都像你这么想就好了。"

胡雪岩道："那'长毛'注定是不长久的。我若贪图一时之利，不光以后得不偿失，也违背了为人的基本信义。"

"这么说，商人也不都是见利忘义之徒了。"文煜一边思索，一边浅浅地问道。

胡雪岩也来了想法，就正色道："文大人，我们那地方也算是世代行商了。我不知道您过去怎么看待商人，不过我知道，商人从来都是讲信义的。有人说，商人本性就是见利忘义。我倒不这么看。见利忘义的商人有没有？有，我们家就出过一个。我表爷破了沙船帮的规矩，只图自己赚大钱，结果死于刀斧之下。我们杭州人信佛，有一句佛家口偈，叫作：'不是不报，时候未到；时候一到，马上就报。'文大人，商人无信，也是要遭报应的。所以要我说，有些商人趁着乱糟糟的世面，替'长毛'出力打官府，早晚也是逃不过报应的。"

文煜道："怪不得夏大人夸你有眼光，有见地，我倒问你，要是有一个在逃的'长毛'，要在你那里存一笔款子，你做何处置？"

胡雪岩迟疑道："允许我实说吗？"

夏同善道："文大人面前，不必小心客气。"

有了这话垫底，胡雪岩就胆大了些，"文大人，要是我遇到这种情况，我就接了这笔款子。"

文煜追问道："你就不怕官府追查？"

胡雪岩道："我们商人，最看重的就是信用，信用要对什么人都讲。首先，我开钱庄，不是为了辨别忠伪。"

"那谁来辨别忠伪呢？"

"这是官府和朝廷的事。我们钱庄只管你钱本身来得是否合路,不管存钱的人身份如何。打个比方吧,要是这'长毛'的钱本来就是他们祖上传下来的,他只不过是被逼做了'长毛',现在他不甘心这些钱白白被'长毛'征用了,他就把钱偷存到我这里,我怎么处置呢?向官府报告他是'长毛'?让官府收去这笔钱?"

文煜听到这里,哈哈而笑:"歪理,歪理!"

胡雪岩道:"文大人,不是歪理。这种情况,在苏皖一带多得很。我也曾想了,真是官征用了倒也无不可,只恐怕助长了下边那帮不义之人。"

"这倒做何解?"

"文大人,想你也了解下边属员的人品。你要他们去抄一个一万元的大宅,只怕有七千元先被他们私吞了。"

夏同善道:"至于吗?"

文煜却点头道:"有些道理。在上边的人只知照着规矩去办,却不知好多规矩都被下边的人坏了。"

胡雪岩道:"所以,我们做钱业的,只管把我们的信用做好。至于做官的,自然会管他们分内之事。这样下来,大家也省了枉费脑筋。"

文煜道:"胡老弟,有些道理。我未必同意你的,不过,你做起事来,倒也确实有一套自己的原则,实堪佩服!"

胡雪岩忙起身道:"不敢当,不敢当。"

夏同善这时问起胡雪岩:"你的分号选好地方了吗?"

胡雪岩道:"选好了,在东四口。"

文煜一听来了劲儿:"哎,今天遇到个财神了。"

胡雪岩不敢唐突,只好欠欠身道:"还望文大人多多包涵。"

文煜却认真道:"你要开业,我可也要在你那里立个户头了!"

胡雪岩审视了他一眼,见他不像开玩笑,就势作揖道:"多谢文大人关照,回头我就派人到府上去送帖。"

夏同善笑道:"恐怕还得胡老弟亲自上门吧?文大人可是对你情有独钟啊!"

胡雪岩不明白他们两个葫芦里卖的什么药,便应承道:"隔日我一定亲自登门拜访。"

等文煜辞谢回家，夏同善把他送出门外，转身又回到客厅，满面春风地对胡雪岩道："恭喜，恭喜！"原来，文煜听了夏同善对胡雪岩的褒奖，也就来了兴趣。待亲自和胡雪岩谈过后，他觉着这是一个可以信靠的人物。文煜历任道员和督抚，主管税员，得了不少肥水。逢年过节，凡有所求之人，必有重重的礼节往来。二十多年下来，手头足足有六十多万的进项。

他本来想把这笔款子放在大德恒票号，不想书办却告诉他，和他有宿怨的几个京官在大德恒均有眼线，万一被他们察知了，参一本上去，一时半会儿恐怕解释不清。有了胡雪岩这么一个新进，为人又热心，事业上又极持隐秘之想法，很让文煜放心。所以文煜决定把这六十多万银子全部存入阜康。

刚进北京，店还没开就有这么一个大头进项，胡雪岩觉着这是个好兆头。有了这六十多万银子，胡雪岩用不着从南边带过来钱就足以把分号先撑起来。

夏同善也存入了二十万银子，并鼓励胡雪岩，多多拜访浙籍京官。胡雪岩也突发奇想，让伙计买通了各家门房，把浙籍京官家中的妻妾、账房、书办等数一一统计下来，每人先开了一个二十两的存折，挨家挨户送了去。这一来，在京的浙江人马上都知道了有一个叫胡雪岩的，在京城开了家阜康分号。一有往来支借、汇兑等，自然马上就想到了阜康。

另外一笔秘密款子，更是让胡雪岩感到兴奋。原来文煜和恭亲王相处甚洽，二人在朝廷中一唱一和，从来都是联合出手，共图朝政的，所以二人无话不谈。胡雪岩的阜康分号一开张，文煜就把这事聊给了恭亲王听，至于胡雪岩的办店原则，文煜更是推崇不止。两人都觉着，难得是有眼光的商人，更难得是有持守的商人。至于胡雪岩坚持钱业中人只管钱业，这一点让文煜感到放心，也让恭亲王感到放心。文煜这样为胡雪岩树口碑，恭亲王也毫无顾虑地把手头的二十多万闲款存入了阜康。不过叮嘱，万不可透漏这钱是属于恭亲王的。

经过一年多的经营，胡雪岩开的钱庄银号已遍及南北各主要城市。在杭州，除阜康钱庄外，另设阜康银号；在上海，设阜康银号，阜康雪记钱庄；在宁波，设通裕银号，通裕钱庄；在福州设裕成银号。鉴于蒋营官银款汇兑之难，一俟武汉收复，他又在汉口设了乾裕银号，加上北京的阜康雪记银号，形成了一个以南方为主，辐射南北的钱业网络。

第四章

胡雪岩

非常时期,做非常生意

奉命赴上海置办军火

因为有何桂清等人的密保，王有龄不久即升任浙抚，与两江总督何桂清，江苏巡道抚台薛焕三人一起，牢牢控制着苏淞杭这一锦绣之地。

胡雪岩听从王有龄的安排，替自己捐了功名。有了候补知县这个衔，王有龄也就可以毫不困难地把浙江粮台一职委任于胡雪岩。

不过浙江境内也已经不得安宁了。太平军大肆东进，占领了浙西、浙北七县。

湖州这样的富庶之地，自然也成了太平军窥视的目标。地方绅商就联合起来，自募乡勇，举办团练，意在保境安民。

上海却出了大变故。小刀会的刘丽川等人，早就暗中和太平军串通一气，筹划着里应外合，一举拿下上海。不曾想一个会员口松，无意间走漏了风声，被官府察觉，挨街搜捕。

情急之下，刘丽川等人临时决定提前起事。他们攻下了上海县，杀死了县令，就以县城为基地，轮番向上海城内攻击。

上海城内各国租界占去了近一半，洋人一看自己的利益要受到损害，就出动吴淞江口的舰船，炮轰上海县。刘丽川的人马抵挡不住，退了回去。

他们找到了个通事，陪着一起去见洋人，说小刀会和洋人是井水不犯河水，决不会损害了洋人利益，只要洋人不干预，保证不动洋人租界。

洋人一听就撒手中立了。这一下急坏了薛焕，他一面增派官府力量围剿小刀会，一面与洋人交涉，晓以利害，恳求他们万不可误信了小刀会，那样只会损害自己的长远利益。因为洋人是和大清帝国打交道的，虽说太平军占领了内地的几十个县，不过帝国的龙脉还在，洋人也不可能等到和太平军长久打交道的那一天。

利害关系讲完，还许以厚利，洋人终于改变了中立立场，答应帮助官府镇压小刀会。

此时适逢小刀会内部出了叛徒，刘丽川被捕牺牲，其余人马，边打边撤，向西投靠太平军去了。

小刀会起事，给薛焕的震惊不小，洋人的实力，他亲眼目睹。于是他听从幕僚的建议，上书朝廷，主张借洋师以助剿"长毛"。

洋人自泰西而来，船坚炮利，道光年间就已经历次攻击了广州、宁波、镇海等地，兵船直抵大沽口，胁迫清廷签订了屈辱的《南京条约》。咸丰年间更是直闯京师，纵火焚烧了庞大的皇家园林圆明园。

朝廷对洋人又恨又怕，薛焕这奏折一上，招来一片责骂之声，也只好搁置不议了。

胡雪岩就在这时节，奉了王有龄之命，前去上海置办军火。

小刀会起事，胡雪岩最担心的是他的蚕丝，没想到塞翁失马，焉知非福。上海局势一吃紧，洋人也担心断了货物来源，纷纷抢购蚕丝。

胡雪岩的蚕丝倒是奇货可居了，一下子稳稳当当赚了四十万。

不过市面不靖，对钱业的威胁可就更大。胡雪岩觉着，蚕丝这样的小利自然该赚，不过还是不能忘了本。钱业是本行，保证本行赚钱的最好办法就是帮助朝廷打"长毛"，稳局势。这样做才是大做，这样考虑才不至于糊涂。

所以当王有龄问他对薛焕的"借师助剿"有何看法时，胡雪岩道："这倒未尝不是一个好办法。"

不过胡雪岩不明白朝廷为什么不支持。王有龄叹了口气道："朝廷这也是被吓坏了。"

胡雪岩道："要是洋人主动，我们被动，当然不可以。不过，借师助剿在于一个'借'，是我借了你来用的，用完后再把你还回去就可以了。"

王有龄道："朝廷里边那帮人要是都像你这么考虑就好了。"

胡雪岩道："你说薛大人会就此罢休了吗？"

王有龄道:"岂止是他不肯罢休,就是我和何根云也都不肯罢休。当务之急是先灭'长毛'。'长毛'是想要朝廷老命的,命都不保了,还怕与洋人打交道的些许得失?"

不惜重金购买洋枪

　　一讲就讲到举办团练上来。这一段时间,王有龄与何桂清、薛焕书信往来频繁,薛焕力劝王有龄试着给团练装备洋枪。薛焕出身上海,与洋人来往甚多,知道这洋枪的准头极大,不用近身,半里之遥就可置人于死地。如果有了洋枪这种武器,团练的威慑作用就大了。

　　胡雪岩去置办枪械,钱是不用带的,直接从自己钱庄分号里垫支就是。他找到了通事古应春。这古应春也是个热心肠人物,祖籍广东,小时候因为家贫,在一个洋人办的教会学校里念了几天洋文。后来随一个远亲来到上海,在一家洋行谋了份差使。

　　古应春虽然人在洋行,替洋人做事,却打心眼里痛恨那些不争气的通事。这些人利用自己两面通的优势,联合了外人来骗中国人。胡雪岩在一次生意中认识了他,两人一见如故。

　　胡雪岩向古应春说明了来意,古应春说他刚巧听说有一个洋人手头有一批长枪。

　　那洋人见有人主动找上门来,就摆起架子,说每支枪要三十银元。胡雪岩心想,你洋人也是做生意的,做生意总该公平待人才是。那洋人却说,我们洋人从来就是看你的需要来定价钱。胡雪岩一听发了火,你这意思是我越着急要,你出价越高?

　　古应春见胡雪岩着了急,忙告诉他,不是这个意思,洋人也不是漫天要价。他回头又跟洋人"哇里哇啦"讲了一通,回过身对胡雪岩说:"他说已经有人出高价买了这批枪。"

胡雪岩道:"你没问是谁?"

古应春摆摆手道:"他不会告诉的。不过听他口气,好像是有'长毛'偷偷来这里接洽购买。"

胡雪岩道:"你问他来中国,是跟官府打交道,还是跟'长毛'打交道。"

古应春又问了一通,回头对胡雪岩说:"他说他们不管这,跟谁打交道都一样,只要他给钱。"

胡雪岩心想:这倒也真是商人的路数了。看来要想把枪买到手,只好晓以利害。于是就对古应春说:"你问他对方交钱了吗?"

回话说没交钱,"长毛"那里答应由洋人运到太湖以西地段,货到交款。

这就可以吓他一吓了:"你告诉他,这一带飞贼横行,一不小心可就遭劫。"

洋人的蓝眼珠转了两转,让古应春问胡雪岩你怎么知道。

胡雪岩笑了笑:"你告诉他,就说我胡雪岩也是半道出身的,我的拜把兄弟都还在江湖。"

那洋鬼子怀疑地看了胡雪岩两眼,没再说什么了。

胡雪岩心想,光吓唬他也不是事,还要显示显示我是以诚相待。他转过身对古应春道:"你告诉他我买五百支。要是做得好,以后还会更多。"

洋人听了这数字,来了兴致,追问古应春这胡雪岩到底是什么身份。古应春问胡雪岩给不给他讲,胡雪岩想,讲就讲,也好让他放心。

洋人听说胡雪岩一人就有上十家大钱庄,而且协办浙江全省的军备,对胡雪岩的看法改变了,说:"可以谈一谈,可以谈一谈。"

胡雪岩向他保证,五百支枪的银两一次交割清楚。洋人觉得这样爽快,就答应价码上可以往下调。五百支枪一万两银子,每支二十两,另外派一个技师陪同胡雪岩前往浙江调试,费用另给。

交易成功,洋人觉得这胡雪岩是个大买家,就另送了他两支小手枪,每支外带五十发子弹。胡雪岩雇人装了枪,运回浙江地面,自己把一支枪包束好,作为礼物,去拜会薛焕。

献计租用洋枪队

那薛焕见胡雪岩也办起了洋务,甚是投机。他把那手枪摆弄了许久,回头对胡雪岩道:"我看你也可以向他们购买开花炮了嘛!"

这个胡雪岩倒没有想到。开花炮威力极大,远在几十里外就可以打中目标,而且无坚不摧。道光和咸丰年间,洋人两次威胁中国,靠的就是船上的这种炮作后盾。小刀会起事,洋人在舰上一炮打来,几十人都血肉横飞,身首异地。不过这种装备极为复杂,要买了它,非得专门雇了洋人技师才行。

胡雪岩知道薛焕十分看重洋人,就说:"我看官兵倒确实可以考虑购买这些洋玩意儿。"

薛焕道:"朝里都是些蛮不开化的人物。我上折请求拨款购买,他们说洋枪可以,洋炮耗银太大,搞不好被'长毛'掳了去,倒霉的是我们自己人。"

胡雪岩道:"可以聘请洋人长枪队嘛。"

薛焕道:"你也这么考虑?"

胡雪岩说道:"洋人的玩意儿,咱们也确实用不熟练。"

薛焕接话道:"就是用熟练了,发挥出来的效果也没有洋人亲自使用好。为什么呢?我专门去看过洋人的军队,他们训练军队的方法很不一样。每天早晨要出操,踢正步,还要传口令,训练听从统一指挥。"

踢正步在中国军队是很新鲜的。中国的军队大都直接从农村招募来,在当时根本没有系统的军事训练。

四十余年后,袁世凯小站练兵,才首次引进西式训练。当时所谓的西式训练,也就是出出操,踢踢正步,这还是事隔四十余年后的事。即便这样,在当时也轰动不小了。

胡雪岩的那个时代,国门初开,西方人的练兵技巧真如天方夜谭一般。

"为什么我们不可以在官府的军队里也这么搞呢?"胡雪岩问。

"谁会请洋人教?这帮老朽又不肯。"

"那也可以招一批人混在洋人的军队里边学呀!"

薛焕脑瓜一拍："对呀！我怎么没考虑到这一点。官兵没法训练他，可以借用洋兵。只要有人在洋人那里学会了，不愁他不往外传。看来我还得出奏，请圣上准我雇用洋枪队。"

胡雪岩道："王巡抚也很关心雇洋枪队的事，你们可以联合出奏嘛。"

薛焕道："是极，是极，我可以会合何根云、王雪轩联衔出奏，非把这帮朝中庸员说动不可。"

"他们也是久居京城，不谙世事。要是让他们亲自来看一看，保管他们会同意。"

薛焕一听，拍手叫好："胡老弟，你这一说，我倒真有了个好主意，何不请一位都老爷来上海走上一走，让他亲眼看一看，也好回去替我们讲话。"

胡雪岩补充道："我看倒是应该多请几位，让他们住上几月。这样一面看了，一面也可以让他心想着这边。有了那么几个人，早晚都用得着。"

薛焕道："着！我准定就这么办。这里我就给根云、雪轩写信。不过，京里的老爷，请谁好呢？"

胡雪岩也用心考虑了半天，对薛焕说道："我看夏同善夏大人倒很合适。他是杭州人，'长毛'的厉害他很清楚。在京城中，他又是皇太子伴读，和一帮都老爷都说得上话。要是薛大人同意的话，我可以去见他弟弟，让他修书一封，找个借口，夏大人准定会来。"

薛焕点点头道："嗯，你不妨试试看，此事宜早不宜迟。回头我也再邀几位过来。"

胡雪岩回了杭州，把采置军械的事向王有龄仔细讲过了，又把与薛焕见面的情形以及薛焕的想法都一一讲过了。

王有龄连声道："好，好，雪岩，我已经接到薛道台的信，回头咱们好好议一议，非把这帮都老爷们说动不可。不过眼下你得去一趟湖州。"

派胡雪岩去湖州，是要胡雪岩把采置的五百支长枪全都押送了去，配备那里的团练。其时，太平军已经兵临湖州城下，眼看着整个浙省要一点一点被蚕食。

胡雪岩先去找了夏同善的弟弟。他一口应承，并当面修好书信，交与胡雪岩。其实胡雪岩和夏同善已经关系相当密切，只是出于谨慎考虑，胡雪岩才不厌其烦地步步做到。

夏同善来浙后观感不错，回京后极力撺掇一帮郜老爷，向他们讲借重洋人的必要。薛、王、何三人的奏折随后也递了上去，此时恭亲王一班人马已经稳稳把持朝政。

朝廷眼看着太平军节节进逼苏淞杭，终于感到危机临头，不行非常措施已经不足以破心腹之患，加之几位要员均上折备述大、小、轻、重利害关系，说废全身不若断一肢，至此存亡之际，若再不决断，重小节而轻大节，必后害无穷，遗恨终生。朝廷终于下了决心，准薛、何、王之请，命上海道薛焕就近招募合用之才，务求稳住苏淞杭。

其时，苏州已经不保。何桂清身为江苏巡抚，眼看太平军大兵压境，慌了手脚，把平日所念忠义之道一股脑抛到了脑后，逃出了苏州。

苏州陷落，舆论大哗。不过何桂清临行前仍煞有介事，召集地方士绅，说奉了朝廷之命，移地上海，协同办理借师助剿事宜。

冠冕理由，却不能自圆其说。保疆守土，乃朝臣之重任。若在平安年代，巡抚出游，方有可原；然而在兵临城下，疆土不保的节骨眼儿上，匆匆离开，这种行径，如果还要辩解，无异于掩耳盗铃。

王有龄闻听何桂清有此不耻行径，不免也暗自为他感到羞耻。不过念起同窗旧谊，世代恩友，以及自己升迁途上，何桂清对自己的帮助，也就只好屈委大义，先报恩情了。

他起了奏折，一面重申借师助剿，保境安民之必要；一面为何桂清委婉庇护，说值此多事之秋，多一位人才，就多一分希望。士不到不得已不屈就，将不到不得已不轻生。屡败，屡战，终不掩对圣上的一片忠心。

薛焕对何桂清的匆忙撤离稍感意外，不过他还是妥善安置这位愚公，一方面为他在僻静处寻了宅子住下，避免官场之人与何桂清打照面，不让何桂清感到尴尬；另一方面一切与洋人接触的活动，都尽量安排了何桂清参加。

这也是做出样子，一方面哄不明事理的洋人，让他们见见朝廷大员，显示朝廷对借师之决心；另一方面也算给何桂清找了份差事，让他逃出苏州时那句哄人的话不至于落空。同时也好让朝廷知道，何桂清的确是为勤侍王政而动的。

不过花架子再怎么做，何桂清心里也恐慌得很。他深知自己的花招只能骗得了一时，却骗不了朝廷重臣。他一面在上海这么拖着不见官府，一面暗中运动京中同僚旧属，上下运动，巴望着老天开眼，能把他这件事由大化小，由小化无。

人们倒确实暂时忘了何桂清。因为战事吃紧，薛焕租募的洋枪队终于派上了用场。太平军连连出击上海近郊县城，多亏了戈登率领的洋枪队，才使得太平军不至于马上威胁到上海。

曾国藩得势，何桂清倒台

湖南方面的曾国藩却早就对何桂清、薛焕和王有龄有了意见。矛盾之所以出现，是因为军饷。

胡雪岩吃进宝钞，控制整个苏淞杭地区的军事采备时，这一地区的军饷来源已经出了问题。

有清以来，苏淞杭地区一直实行轻徭薄赋。康熙朝颁旨，声明"永不加赋"。

和平时代，这一做法没有问题。因为苏淞杭地沃物丰，人丁兴旺，农工商发达，虽照原有基数征税，仍绰绰有余地保证了清廷用库。

但是战事一开，这一办法就行不通了。大片面积被太平军收去，原来土地上大量人口卷资逃亡上海。这样一来，原有的人口不在原地了，整个人口管理就出现了混乱，新流动的人口又无法按原来的标准征税。

本来战事需要更多的税源，可是原有的税源却已经被大部分破坏。

苏沪松一带，自从战事发生后，已经接连四五年没有人员了。朝廷考虑到战事吃紧，管理混乱，也就只是下文严征，却并没做太多实际的动作。只要苏浙协银能保证南北大营的军事供应，朝廷已经感到满足了。

可是战火东延，太平军加强攻势，南北大营土崩瓦解。这时候胡雪岩已牢牢把握了这一带的财货运度，何、薛、王为了讨好圣上，便把原来供给南北大营的协银，源源不断地押往京城。

后来为了保境安民，办起了团练，度支一下子又紧张起来。那时何桂清还在苏州，一见胡雪岩，便愁眉苦脸道："雪岩兄，这笔银子可到哪里去筹？"

胡雪岩感到不解："咦，不是说好地方自筹，办团练保境安民吗？"

何桂清道："要是只是为了保境安民，倒也罢了，现在的势头，非得学一学湖南的曾相，练出一支可以抵挡住'长毛'的人马来。"

曾相是指曾国藩。因为他做过协办大学士，相当于入阁拜相，所以称曾相。太平军起事之时，曾国藩正因母亲去世，丁忧在籍。旧时代以儒家之孝道纲常为本，家中父母去世，做儿女的须守孝三年，就是做官也不能免。

不过大敌当前，朝廷急于用人，也就管不了那么多。守丧日期未满，朝廷就命曾国藩就近招募人马，训练之后，投入战场。

清朝的军队，除八旗兵外，汉人招兵，均是没有定则，谁报录谁的，所以良莠不齐，素质甚差。

曾国藩练兵却极有思路，他以县为单位，专招诚实农民，施行严格训练，投入战场后，又实行重赏制度。因为其编营皆以乡土地域为单位，所以人心极齐；兼之重赏重罚，所以军纪严明。训练出来的人马，称作湘军，作战极为勇猛。

要练出曾相的人马，就得有曾相的手段。能否募到优良的人马，这是下边的事。现在何桂清担心的是，能否募到足够的银两。

原有协银，因为已成惯例，上边也有了定数。何桂清不想在这上面打太多主意，以免几年巴结的功劳付诸东流。这样就只好另外想办法了。

"临时借用，我倒可以先垫支一部分。"胡雪岩对何桂清这样说道。

"不是这个意思，我希望你帮忙出出主意，找个固定的财路出来。"何桂清道。

"那就得开源，"胡雪岩道，"开源之途，无非加征，或者向上要。"

"向上边要，恐怕未必合适。"何桂清道。

"加征税赋呢？"胡雪岩问道。

"这恐怕与定规不合。"

"咳，什么定规？定规不都是人制定出来的？何大人，你听说过曾相的一句话吗？"

何桂清道："什么话？"

"曾相有一句话，叫'无非常之手段，无以行非常之事'。"

这个何桂清倒早听说过。这话本来是从一句古语"以非常之志，行非常之事"套过来的。在曾国藩那里，经此一变，却有了新内容。

那曾国藩的新内容，全表现在这"手段"二字上。曾国藩是以读"四书""五经"起家的，自他在家乡湖南亲眼目睹了太平军对整个社会伦常的破坏后，心思突然起了大变化。

他痛斥太平军以西洋邪教冲击中国长幼尊卑之秩序。所以他对太平军的镇压，从来毫不手软。曾经有一秀才，因为阅读和藏匿了太平军的告示和"拜上帝会"的宣传小册，为曾国藩所查知，便不容辩解，将该秀才一刀两段。地方乡民，凡窝藏'长毛'的，一经曾国藩抓获，必杀无赦。一时间乡人见了曾国藩，无不胆战心惊；那地方心慈手软之乡绅，也对曾国藩的做法感到震惊。

不仅如此，曾国藩自夺了九江之后，因为饷源不继，便派人在大小关卡，层层征税。他这么做，并没向江西巡抚打招呼，更没想到通知地方官一下。

有了这两条"非常手段"，曾国藩惹恼了不少人。于是弹劾之文纷纷飞京。其中就有何桂清一位在京同年的弹劾。

咸丰帝倒还明理。他知道在这非常时期，若以一言定进退，必不能得非常之才，也无以迅速靖天下。所以他把劾文一一压下，充耳不闻，一任曾国藩放手去做。

何桂清在京城之时，早已经听自己老同年谈起过这事，所以胡雪岩一讲，他马上明白了胡雪岩的意思。

"你是说加税？"何桂清摇摇头，"恐怕不甚妥帖。"

胡雪岩隐约听王有龄说过，何桂清的同年参劾曾国藩，何桂清当时也是同意的。这么说来，何桂清的白面书生气倒亦属太足。

"何大人，如今圣上最担心的是什么呢？"

何桂清不解道："圣上宿夜忧虑的，就是'长毛'何日得除，天下何日太平。"

胡雪岩笑道："这就是了，你若帮圣上完成了这一大业，圣上还会在乎你的小节？"

何桂清左右思量，此理也对。于是他沉默了半晌，才慢悠悠地问道："那要加征，应该怎么个做法呢？"

"增设厘局。辖内水路要口，增派税员，把可能漏掉的税额收上来。我还有一个主意，就是在与'长毛'交接地带，层层设局。凡与'长毛'做生意的商人，都课以辖内各境六倍之税。"

何桂清却道："那与'长毛'通商的，却该没收才是，怎么可以征税放人？"

胡雪岩心中暗笑何桂清不明就里，便道："何大人，与其杀鸡取卵，不若养鸡接蛋。"

那何桂清却沉默不语，胡雪岩见说他不通，也就起身告辞了。

过了两日，胡雪岩办完事情，正在收拾行装，准备回杭州，却有人匆匆忙忙上门投帖，说何桂清何老爷有请。

何桂清盘桓了这几天，扳着指头算了算，觉得如果按照胡雪岩的办法去做，新开的税额十分可观，不仅可以保证筹办乡勇，还可结余，用作向上提解的饷银。这等于政声有利的事情，何桂清着实放舍不下。

不过要做就得联络了薛焕、王有龄一块儿做。何桂清请胡雪岩来，就是委托他绕道上海见一见薛焕，商定这一大事。

其实那薛焕倒不必劝，一听胡雪岩出此上好主意，一口应承照样施行。不过何桂清要他和王有龄一起，三人先联名出奏，待皇上批准了再照办。

薛焕笑着对胡雪岩道："我看何大人这倒是过虑了。我们先征了上来，圣上不会不准奏的。"

果然，税卡增设增加了一大笔收入。朝廷见有实效，也就准如所请。不过再三叮嘱，要征有所用。

三位老爷的想法倒也没有大的分歧，除留作团练装备和饷银费用外，多余之数，均如实押解。

这时却出了岔子。那曾国藩在西边战事正紧，饷银需费大增。现在听说何、薛、王有了辟财新法，就上请直接押解湖南，以充军需。

朝廷对曾国藩早已十分倚重，但朝廷惯例，对汉人大臣从来不委以要职。

现在战事吃紧，没有办法，才依了曾国藩，由他扩展。其实朝内早有非议，担心曾国藩尾大不掉，难以驾驭。有此担心，在饷银分配上，朝廷总是有所保留。

现在曾国藩要求饷银直接押解，那朝内有看法的大臣是断然不肯的。朝廷再三考虑，眼看着太平军势头正炽，恐怕因小失大，就准如所请。

这薛、何、王三人和朝内大臣本就是沆瀣一气的。现在自己辟的财源，白白用作湘军扩充的费用，这样岂不是帮助湘军从西边把太平军往东追赶？这无异于引狼入室。所以他们心照不宣，迟迟不肯押解。

后来曾国藩上了折奏一本，说这几人不听圣命，延误军机。朝廷下旨严词指责薛、何、王。这时他们才慌了手脚，公事公办。

曾国藩对这三人从此有了看法。借师助剿一事，朝廷考虑到此事关系重大，曾下旨征询过各位重臣的意见。曾国藩上书说，虽我帝国断无惧怕夷人之理，却万不可有引狼入室之举。

在曾国藩看来，薛、何、王三人的做法，就好比不谙事的孩子，只知野果味甘，一味贪吃，却不管可能腹泻以致中毒。

待到何桂清弃城逃走，朝野上下一片非议。以曾国藩之做人原则，断不容这等事体发生。他上书朝廷，称"疆吏以城守为大节，不宜以僚属之一言为进止；大臣以心迹定罪就不必以公禀之有无为权衡。守土有责，自古乃为臣之必然"。

因为这句话，何桂清不久便被朝廷下旨拿办，押往京城，在秋后斩于菜市口。

第五章

攀上大靠山左宗棠，开启商圣之路

胡雪岩

杭州城诀别王有龄

杭州城也终于陷于太平军的层层包围之中。

王有龄亲自在城头督战。由于事出突然,杭州大部分百姓都一下子被压回了城内。旗营的兵力也都被压在了营寨内。

随后几天,王有龄派出了暗探混出城外,前往旗营联络,约定日期,两边一齐动手,夹击太平军。

太平军措手不及,退避三十余里。胡雪岩见闪出了一条通路,便派了几名伙计,把老母亲和妻子一齐送到了西边山中隐匿。

不久太平军再度围逼上来。王有龄派人去了上海求援。上海的兵力也并不很多,太平军慑于洋枪队的威力,考虑到洋人有租界在上海,一旦围攻上海,必遭洋人报复,所以才转而南下,围攻杭州。

上海方面接到王有龄的求援信后,根本无力做太多努力,只好答应速奏朝廷,增派兵力。

不承想太平军围攻半月后,便突然悄无声息地全部撤走。王有龄长长地舒了一口气。

此时,整个浙西浙北都陷于太平军的控制之中。失去了浙西北,杭州城的给养一下子困顿起来。王有龄把胡雪岩找了来:"雪岩,'长毛'突然后撤,你认为是怎么回事?"

胡雪岩想了半天,回答道:"莫非是其他地方战事吃紧?"

王有龄道:"没有听说呀!曾相那边,在安徽境内,也一直打得十分艰苦。"

胡雪岩道:"这就怪了,不会有什么花招吧?"

王有龄道:"耍花招一两个月时间就够了,现在一撤就是三个月了。"

胡雪岩道:"无论如何,总是早做准备才是。"

王有龄连连点头:"说得极是,有备无患。我看你还是早一点儿去上海,置办一些军械,再看一看那里的粮食……"

胡雪岩道:"上海市场的粮食已经有些吃紧。不过我认识漕帮里的人,要是有什么万一,他们还是可以帮上一把的。"

到了上海,胡雪岩住进自己的钱庄。因为要购买一批西式火枪,就约了通事古应春在一家茶馆里会面。

古应春还没到,胡雪岩却碰见了漕帮里的郁二。寒暄之后,郁二道:"胡老爷这一段生意可好?"

胡雪岩没有留心,一边掀了茶盖喝茶,一边"嗯嗯"道:"还凑合,还凑合。"

郁二探头道:"胡老爷没听到什么风声?"

胡雪岩一惊,茶也不喝了,手托着茶杯,警觉地望着郁二:"郁老弟有什么消息?"

郁二却低了头,眼盯着地,牙咬着唇:"也没什么,不过是帮里兄弟的一些闲话。我以为胡老爷已经知道了呢!"

胡雪岩没有接腔,等着他的下文。

"'长毛'在天目山一带活动得很厉害。据我兄弟们讲,他们看样子要在那里长期扎寨。"

这话让胡雪岩吃惊不小。天目山离杭州不远。要是"长毛"真的那么认真地在那里做窝,其意图肯定不在上海,而是在杭州。

那一天胡雪岩一直在猜测太平军的行动可能。想来想去,终于有了主意。回到店里后,他把档手老宓叫了来:"老宓,上海的钱号该和杭州的钱庄联一联手了。"

老宓不解其意:"怎么个联手法?"

胡雪岩道:"老宓,此事事关重大。你我一定要保守秘密。"

老宓也紧张起来:"请老板指示。"

胡雪岩道:"现在上海银号账面上有多少?"

老宓道:"统共有四十多万。"

胡雪岩道:"那我就让它变为一百万!"

老宓惊讶地问道:"你是说要把杭州那面的钱全抽过来?"

胡雪岩点点头:"老宓,这事关系着我们阜康钱业的前途,一定要想办法办好!我今天才得到消息,杭州恐怕迟早要变成一座危城。"

胡雪岩一五一十地向老宓交代了注意事项,老宓也一五一十默记于心。好在公务在身,购置军械,采办粮食,都需要大笔银款,这样倒也好把杭州城内阜康钱庄的钱分几次转移过来,不至于过于引人注目。

回到杭州,胡雪岩提醒王有龄:"雪轩,杭州的防备看来还得加紧一些,太平军的势头甚猛啊!"

不久,传来消息说,李鸿章的人马已经从北边向南行动了。太平军的注意力向北转移。杭州城里的人一下子感到轻松了许多。

可是第二年的酷夏刚过,太平军的人马从三个方面同时压了过来。整个杭州城顿时与外界隔绝,只剩下东门外靠海的一段长堤没有围死。

开始的时候,人们还能到城外五六里以内的地方活动。随后,官兵与太平军每天恶战一场,留下几具死尸,便各自后撤。再过半月,太平军的人马干脆在城外半里之遥的地方安营扎寨。派出的哨探说北面和西面都已经被太平军占领,只有南面还可隔江与清军的一支部队遥遥相望。

一月有余,城内闹起了饥荒。王有龄和胡雪岩商量,办起了施粥厂。这样断断续续又坚持了月余,一清点库里的粮食,光供给军队都已经只能再坚持半月了。

王有龄这下慌乱起来,他又叫来了胡雪岩。

"雪岩,这样下去不行呀!"

城里的士兵每顿只能发放二两粮食,普通老百姓已经断了炊。于是开始吃野菜,不久野菜也吃完了,只好再啃树皮。有的人已经饿得只剩了一把骨头,走动起来就像幽灵。人一推,倒下去就再没力气爬起来了。

王有龄让胡雪岩想办法逃出城去。胡雪岩摇了摇头道:"不行,我得跟你在一起。"

王有龄顿足道:"这都什么时候了,你出去也好为城里人想点儿办法,待在这里大家只能一起等死。"

这么多年来，胡雪岩与王有龄互相依赖，谁缺了谁办事就跟没了依靠似的。胡雪岩不想让人说他是个没心肝的人，到了关键时刻舍了朋友逃走。

"雪岩，你明白，我是决计不能走的。"

他这是指何桂清，因为舍地弃城，落得大家都弃之如粪土。看来王有龄到了不得已的时候，非要殉节而死了。

胡雪岩叹气道："唉！君臣名节要毁了你的性命。"

王有龄道："雪岩，你也绝不是那种迂腐之人。你知道'赵氏孤儿'这个故事吧。那程婴为了大义，自己牺牲了，把孤儿留下了。我今天求你出城，就好比托孤。你出去想出办法来，也能多救出几个杭州的老百姓！"

说毕，王有龄把长褂一掀，重重地给胡雪岩磕了一个头。

胡雪岩惊得连忙也跪下，抚摸着王有龄那深陷下去的面颊，涕泪涟涟："雪轩，我这就出去买了粮食来，你在城内可一定要坚持住。"

王有龄叫来书办，取出十万两银票："雪岩，杭州城里的老百姓，可都在等着你！"

两人抱头痛哭。等到半夜，胡雪岩换了身破破烂烂的夹袍，把银票缝在袍子内，打扮成普通老百姓模样。王有龄派了一小队官兵，突然打开城门，飞马往敌营冲去。趁着一阵混乱，胡雪岩逃出杭州。

一路上太平军盘查甚紧。胡雪岩只得择了僻静小路，白天睡在破庙里，晚上偷偷赶路。

这时的杭州已经变得骇人听闻了。有营官跌跌撞撞地冲进来，上气不接下气地向王有龄报告："王，王巡抚，有人，有人在吃我们弟兄。"

原来，一位士兵在城墙上巡逻，不小心中暗箭死亡，营官上午派人把他埋了，下午路过时却发现人已不见。附近的一位老头哆哆嗦嗦地说："有人挖去熬汤了。"

果然，循了老头告诉的线索，营官找到了偷尸人的住家。一打开门，就看见大锅里正煮着一锅肉。

王有龄忍不住就要呕出来。这样下去，杭州城守不住了。

胡雪岩总算到了上海，找到了郁二。郁二也被胡雪岩描绘的情形吓住了，答应想办法帮忙募足十万石粮食。

粮食不难找，运输却成了问题。眼下情形，也只有走海道运输。但是没人愿意冒这个险。

耽误了几日，胡雪岩心急如焚。他明白粮食如若早到一日，王有龄或许就有希望。情急之下，他想到了沙船帮。

因为胡雪岩的爷爷和父亲是经营沙船生意的，和他们共过事的沙船主大都年事已高，在沙船帮中也算有威望，能说上话。

可是胡雪岩的表爷曾经坏过帮里的规矩，所以没有一个人觉得有把握答应这事。

胡雪岩自知祖上造下来的孽，无可辩解。情急之下，他也只好委屈自己了。他"扑通"一声跪了下来，向聚在屋里的沙船帮船主们恳求道："各位仁兄，今天我胡雪岩是为了杭州城里的百姓才跪下的。我也相信你们不会眼睁睁地看着自己的骨肉饿死。救人一命，胜造浮屠七级。"

满屋的船主见名震沪杭的大财神跪了下来，个个都傻了眼。胡雪岩又道："我知道大家创业不易，都希望有个平安日子。今天我愿意以我在上海的钱庄作抵押，恳请诸位仁兄速做定夺，救生灵于涂炭。"听他如此说，船主们也只好应允了。

二十艘货船日夜兼程地向杭州开航。为了预防万一，胡雪岩专门雇了支洋枪队，每人二百两银子。

船到江口，城内却传出了坏消息。王有龄久等援军不至，已经自缢而死。其他的几位满汉将军，也都自杀身亡。杭州城内，已经被太平军占领。

胡雪岩不曾想这么快就与王有龄永别了。他站在船头上，望杭州城方向磕了三个响头，浇了三碗酒，算是祭奠。

涉险献粮，情动左宗棠

杭州去不了，胡雪岩茫然没了方向。他派了跟随的伙计到南岸探听消息。

太平军虽然攻占了杭州，但是钱塘江以南大部分地区仍在清军手中。这里的清军数量虽小，但由于地势复杂，太平军一时也难以将其尽皆赶走。

湘军的左宗棠部在赣西也已经站稳脚跟。杭州失陷，朝廷大为震惊。便五百里加急，派了左宗棠为浙江巡抚，命他速由江西进军浙江，剿平太平军。

胡雪岩听了消息，觉得这粮食既已运至浙境，断无再回上海的道理。于是征得船主们的同意，继续沿江向西航行。

太平军见江西大批船只，便放箭拦截。胡雪岩命洋枪队一齐开火，登时太平军倒下一片。太平军全是大刀长矛，无法近身，只好眼巴巴看着船队迤逦而去。

首先接到他们的是蒋益澧的人马。蒋是左宗棠入浙的先头人马，他见胡雪岩在这危急关头，居然冒险运来这么多军械粮食，不由得又激动又佩服。

胡雪岩先向他自报家门道："我是奉已故浙抚王有龄王大人之命前去采办军械与粮食的。还望蒋大人帮我先交了公差。"

这是要求见新巡抚的表示。蒋益澧对胡雪岩早有所闻，他明白左宗棠也早知道胡雪岩。不过左对胡的印象并不好。

首先是曾相对薛、何、王印象不佳。在饷银押解一事上，双方闹得很不愉快。左宗棠还不同于曾相，一听说薛、何、王不愿直解，便嚷嚷道："这分明是想搭着梯子往上爬嘛！"

其次是何桂清弃城逃跑一事。再加上早有人把消息报告左宗棠，说胡雪岩在杭州城最危急的时候，把王有龄撇在城内，独自一人去了上海。去上海干什么，报告消息的人也不甚了了。这一行径，显然与胡雪岩、王有龄之间的密切关系不太协调。给人的感觉，胡雪岩是个轻义重利的商人。

还有一点没漏过左宗棠的耳目：胡雪岩出杭州前，王有龄曾托付他十万两官银。

这时左宗棠刚刚走到赣东。胡雪岩既有所求，蒋益澧也就只好派了马弁，陪同胡雪岩前去见左宗棠。

胡雪岩把二十船货物交与蒋益澧，星夜兼程地去了赣东。

左宗棠是出了名的犟脾气，人称"左骡子"。因为事先对胡雪岩有了看法，所以一进门，连座也没让，便冷冰冰地问："你就是胡雪岩？"

胡雪岩见座也不让，站在那里甚是不知所措。心想，得先想办法坐下来。于是便作了揖道："浙江粮台胡光墉参见左大人。"

　　左宗棠道："听说你还是个商人。"

　　胡雪岩道："光墉闲下来时也做些小买卖。"

　　左宗棠又冷冷道："听说你很阔嘛。"

　　胡雪岩道："阔倒说不上，只是比一般人稍舒服些。"

　　左宗棠鼻子里"哼"了一声，让胡雪岩坐了下来。他突然问道："你和王大人关系甚好，为什么现在一个人活着？"

　　这话极不友好。胡雪岩只好说："左大人，容我如实相告。"

　　胡雪岩把杭州如何被围，他在城里办施粥厂，以及后来城里断粮，王有龄如何以"赵氏托孤"为喻，跪求他出城，要他想出办法多救些杭州百姓的事——一道来。及至讲到王有龄下跪，左宗棠也微微动容。

　　"这么说，你还是为了杭州百姓，才这么委曲求全的了？"

　　胡雪岩道："光墉虽无学识，却也知道人心骨肉。绝不敢为了私利，忘了恩义。"

　　左宗棠道："这个也罢，我倒问你，可有王大人交你公款一事？"

　　胡雪岩道："左大人，光墉正是为了交代这份公差才来。"说完起身，从怀中掏出两万银票，"这是采办军械、粮食后的余款。粮食、军械共二十船，我已经运到。"

　　左宗棠一愣："你说你运来了二十船粮食？"

　　胡雪岩道："正是。"

　　左宗棠忙召来随同的马弁："可有二十船粮食之事？"

　　马弁道："有的，已经交由蒋大人代管。"

　　左宗棠拉长了声音："来人啊，给胡大人上茶。"

　　胡雪岩曾经听王有龄讲过，宋朝的苏东坡一日去了寺庙，庙里的和尚开始不知道来人是谁，便冷冰冰地道："茶。"过了一会儿，和尚发现是个要人，便恭恭敬敬地道："敬茶。"最后发现来人居然是大名鼎鼎的苏东坡，便非常热情地招呼："敬香茶。"苏东坡于是作了一副妙对，曰："坐，请坐，请上坐；茶，敬茶，敬香茶。"用来挖苦这个和尚。

没想到今日让自己碰到了这种事，胡雪岩心中觉着好笑。不过同时对左宗棠的脾气有了一点儿把握。

左宗棠道："胡粮台此举可真是出人意表。此番军务正急，有了你这二十船粮食，我也就没有后顾之忧，可以放心打仗了。"

胡雪岩道："还望左大人早日光复杭州，解救杭州百姓于水火之中。"

左宗棠道："哦，你还是个热心肠的汉子。我还以为商人都是只知索钱，不知仁义之人呢。"

胡雪岩淡然道："那是不知情的看法。人皆父母所生，谁无骨肉亲情？"

"你这话却合了圣人之言，看来胡兄读书不少呢！"

胡雪岩忙摆了手道："左大人见笑，小人不曾读过什么书。只是心有所感，随口讲出来罢了。"

左宗棠点头道："也是了，人同此心，心同此理。天下的道理，原本是相通的。我且问你，你没读过什么书，你的生意是怎么做的？"

"全在用人。左大人，光墉何能，要不是一帮兄弟在那里支撑着，我什么也不可能做出来。"

左宗棠道："嗯，用人，全在用人！这又合了领兵之道。胡兄，我看你虽没读过书，却也是满腹韬略呀。我倒想问你，杭州城一旦光复，你认为第一件应该做的事是什么？"

胡雪岩不假思索地答道："赈济贫民，恢复工商。"

左宗棠道："好！我正缺一个得力之人去办理这件事。听你这么一说，我也就不必费力去另外找人了。"

胡雪岩明白他是要委派自己管理这件事，忙欠身推辞道："光墉不才，恐不能胜任此职。"

左宗棠摆了摆手道："你也不必谦虚，我看没有比你更合适的人了。"

胡雪岩道："承蒙左大人夸赞。为了杭州城里的百姓，光墉也就不再推辞了。"

左宗棠道："这就是了。刚才我听你说杭州城内缺粮，我打算把你送来的二十船粮食拨出一部分，留给杭州城。"

胡雪岩道："我替杭州城的乡亲们谢过您了！"

左宗棠道："这也不必，本来这粮食就是你送来的。不过如此一来，军中粮食就不足了。你是否能利用这段时间想一想办法？"

胡雪岩道："我可再回上海一趟，不过还希望左大人能派兵护送。"

"这个没问题。不过，本巡抚现在还没入浙，恐怕没有太多的公款划拨给你。"

胡雪岩道："我从我的钱庄里支出十万两银子，就算光墉报效军中的。"

左宗棠怀疑自己听错了："报效？"

胡雪岩道："对，报效。光墉愿意拿出十万银两，捐给军中。"

左宗棠动情道："胡兄，似此侠义之风，世上不闻久矣！来人啦，留胡大人用膳。"

献媚左宗棠得宠

留下来用饭，只有对亲近的同僚才会如此。胡雪岩心里甚是感激，一面又激出了好多想法。

更衣落座，左宗棠问起上海洋枪队的事："那洋人真的就那么管用吗？"

胡雪岩因为事先已经知道左宗棠对雇用洋枪队有看法，所以回答起来就很小心。

"在上海附近管用，用在别处就不一定管用了。"

"为什么在上海附近就管用？"

"上海离他们的租界很近，补给起来非常容易，他们自己对上海附近的地形又很熟悉。还有一点，'长毛'对洋人心存顾虑，尤其是洋人的武器非常厉害。"

"这我明白，"左宗棠道，"胡林翼胡大人就曾经见识过洋枪洋炮。所以他对洋人感到非常忧虑。有一次他见到江上来来往往的洋人轮船，情急之下昏了过去。醒来后他对周围人说：'毁我中华者非长毛也，必洋人也！'"

"还有这种事？"胡雪岩从来没听说过，感到甚是惊讶。

"所以曾相和我对洋人都心存戒备，总不希望我大清被洋人所灭。"

这也就怪不得薛、何、王的奏折屡次被驳回来了，看来说话还得再小心才是。小心归小心，也得委婉地让他明白自己的想法。

"不过雇用洋枪队，那洋人等于是买过来的利器，我们拿来可以无坚不摧，主动权是在我们手里。"胡雪岩仔细分析道，"何况这洋人的军法和我们不一样，慢慢学过来了，也可再用来对付洋人。"

"主动权在我，这倒也有一些道理。"左宗棠道，"这洋人听我们的话吗？"

"洋人士兵，跟着船来中国的，大多也都家境不好，为了找一条出路才跑出来的，所以他们都是只认钱，不认人的。"

"这倒听着新鲜。你怎么知道这些的？"

胡雪岩笑了笑："这次我这二十船粮食，也都是雇的洋枪队护送的。而且我还有几个通事朋友，他们和洋人打交道多了。洋人拿他们当朋友，就把这话给他们讲了。"

左宗棠听后，沉默了老半天，最后说："要真是这样，洋人倒也不是不可用。"

胡雪岩见他心思有些活动，便又说道："其实依光墉之见，洋人是对我有利，还是对我有害，全在于我们自己。"

左宗棠有了兴趣："你倒讲讲你的道理。"

"要是把洋人当个爷一样捧着，处处依着他，顺着他，看他脸色行事，那他一定会拿架子。"

"你是说，洋人耍威风，是我们自己人惯出来的。"

"不错。要是把他和一般人一样看待，怎么和一般人打交道，就怎么和他打交道，情况就不一样了。"

左宗棠夹了一筷菜，送进口中，边嚼边说："讲下去，讲下去。"

"洋人是来和中国人做生意的，生意人认钱不认人。只要互相有利，他就会和你来往。可恨的是有些人见了洋人腿发软，洋人才专拣了软的地方捏。要是你该硬的地方硬，该协商的地方协商，他也会拿你当对手看，这是一层。还有一层，像洋枪队，是我雇了你来给我干活儿，你拿了钱，自然得听我的。我让你向东，你不得向西。"

左宗棠连连点头："有道理，有道理。胡兄，能像你这般去看洋人，也算是把洋人看透了。"

第五章　攀上大靠山左宗棠，开启商圣之路

这时的左宗棠对胡雪岩的看法已经大为不同："实话说，我最初痛恨洋人，是恨他们欺人太甚。道光年间炮轰我城镇，用刺刀大炮逼我朝签订不利于我们的条约。前两年就更不得了，公然到京城，把圆明园里的财宝掳掠一空。这还不算，一把火把整个园子毁了。现在听你这么一讲，这问题有好多是出在我们自己不争气。"

胡雪岩道："人善被狗欺。对待洋人，就像对待恶狗，该打就打，该哄还要哄。"

左宗棠拍手道："讲得好，讲得好。回头我还真要考虑和洋人打一打交道，到时候老兄你可不要推辞。"

胡雪岩见左宗棠的想法已经完全变了过来，便也敢大胆说话了："洋人要是见了左大人这种脾气的人，还不个个服服帖帖！"

左宗棠虽是个倔脾气，却是倔在他生性高傲上。听胡雪岩这么一捧，心里不免得意，端起杯一饮而尽，道："你这么看？"

胡雪岩乘机道："谁不知道左大人骁勇善战，说一不二？我早在上海就听人说：'想败了长毛，非曾相、左季高二人不可。'"

把曾相排在前边，拿曾左并夸，左宗棠听了十分舒坦。要是只提左宗棠，不提曾国藩，未免太过。就是左宗棠这么刚愎之人，也不得不承认曾国藩治军有方，无他不足以成事。现在胡雪岩以曾、左并举，显见得现今之势，非二人无可收拾。

"真的有人这么说？"左宗棠故作惊讶道，"那淮北的李少荃呢？"

他这是指李鸿章。因为李鸿章以曾国藩嫡系自居，简办淮军，战功日累，功名日隆，左宗棠颇不服气，才故意这么问。

胡雪岩道："李大人怎么能和左大人您比？"

左宗棠却道："你也该听说李少荃战功赫赫，所向披靡。"

胡雪岩道："李大人虽打了几场胜仗，却是因势而作。他后备充足，无后顾之忧；曾大人又时时相援，还派了自己几个得力的部下去帮他；江北的太平军势力又较弱。哪像左大人深入敌腹，四面迎敌，仍能指挥若定，力克毛贼。"

一席话分析得颇有道理，左宗棠听了甚是顺耳："我吃亏就吃亏在手下能员太少，又是周遭强敌。这赣东浙西，山高林密，行军打仗，都甚为困难，不过朝廷有令，为帅的无论多么困难，都要迎敌上前。"

胡雪岩见他稍显抑郁，便又补充了一句道："何况论及人品，左大人远在

李大人之上。"

这倒正合了左宗棠的胃口。他关切地问道:"何以见得?"

"左大人你是个只知做事,不知做官之人。"

"好一个只知做事,不知做官。"左宗棠兴奋之情溢于言表,连饮了三碗白酒,鼓励胡雪岩道:"说下去,说下去。"

"其实左大人也不是不会做官,而是不屑于做官。"

左宗棠连声叫好。他一向瞧不起李鸿章的为人,认为他一门心思升迁,每做一事,功名心毕显。现在胡雪岩这么痛快地讲了出来,左宗棠感到真是莫逆于心,犹如三伏天覆了冰,感到甚是熨帖。

"不过那李少荃也是个会用人之人,他没有笼络过你去?"左宗棠也不想显得对李鸿章过度轻视,便转而这么问道。

胡雪岩道:"在上海时,他倒也找过我。但是我不能去。"

"为什么?"

"因为他和王有龄王大人不合,我是王大人的朋友,自然不宜背友投靠。那样也显得太没骨气。"

"这倒也是。"

"况且我对李大人的为人也有看法,所以我就借故走掉了。"

左宗棠想,这胡雪岩倒真是注重朋友情谊,是个有信义之人。

"那我委托你帮我署理浙江全境的善后的事呢?"左宗棠故意这样问。

"那就不一样了。左大人一心为公,光明磊落。我胡雪岩跟着左大人干事,心情也觉着畅快。更何况左大人是为了浙江全省,浙江是我的老家,左大人有何吩咐,光墉我在所不辞。"

左宗棠和胡雪岩深谈半日,对胡雪岩的做事手段,为人襟怀都已经有了一个了解,感到这是一个值得信赖之人。

胡雪岩自王有龄去世后早就在盘算着来日的依托靠山。今日见了左宗棠,觉得左宗棠也确实是个能够成就大事之人,心中的一块石头也就落了地。胡雪岩原来就准备了一大堆的想法,准备待价而沽。现在见了左宗棠这样的人,对自己十分看重,他也就没有保留,条分缕析地把自己的想法讲给了左宗棠。

第六章

胡雪岩

胡庆余堂名震天下

"胡大善人"杭州赈灾

曾国藩的弟弟曾国荃率兵包围了金陵。李鸿章的淮军也趁势向南压。左宗棠明白,这太平军的失败,已是迟早的事了。于是他力促蒋益澧不要错过时机,立上几个战功,这样才好替他请职。

蒋益澧受此暗示,便率了军队,日夜不停地攻打杭州。杭州城内的太平军上援既失,支持不久,城便被清兵攻破了。

胡雪岩策马入城,受左宗棠的委托,负责善后事宜。

第一件是掩埋尸体。战事一年有余,杭州城横尸遍野,如果不妥善处理,必招致瘟疫。其实太平军杭州城失守,原因之一就是瘟疫肆虐,死了的和染病的人无以计数,失去了战斗能力。

大灾之后必有大疫,还在上海时,漕帮的郁二就提醒过他。所以杭州刚一收复,胡雪岩便首先置办了大批散丸药,随船运到了杭州。

一进城,他便先派人把杭州城的老中医都请了来。其中一个叫刘善财的,胡雪岩对他尤为恭敬。刘中医就是以"神医"闻名的那位曾经告诉胡雪岩,行医无非是一准二狠的老中医。

胡雪岩还选了几十个精壮小伙子,由老中医监督,日夜不停地炮制成药。然后把这些成药分送城内各处,或发放,或熬成药汤,任人索取。杭州城内染了瘟疫的人数,果然渐次减少,人们的气色也渐渐好起来。

其次是设粥厂,赈济贫民。胡雪岩拿出几万两银子,从上海等地源源不断地把粮食购来,在城内各要道口设了大小二十几个粥厂。一时贫民皆知有一个叫胡雪岩的老板，广行义举，便有人称他为"胡大善人"。不久，这个名号便传了出去。

此时却出了问题。有人传言，胡雪岩强留民女，以供己享。

原来，杭州收复后，有好多在战乱中与父母失散的孩子无处安置。胡雪岩把他们集中到一起，派专人监管。伺时贴出告示，希望孩子的父母亲戚前来认领。

骨肉能够团聚，这自然是件好事。可是偏偏就有人打坏主意，想法把孩子冒领了，送出城卖掉。

有一个小孩儿机灵，趁冒领的人不备，偷偷又溜回了收容院。胡雪岩闻听有这种事发生，便嘱咐一定要小心核对，以免苦了孩子。

刚好有一个淮南人，在杭州城做小生意，膝下没有儿女，便想领养一个，以享天伦之乐。

他若是讲明了领养，也还罢了。偏他脑子多了一窍，担心收容院里的人不许收养，于是就在院门口逗留几日，看中了一个模样齐整的小女孩，继而用小东西哄小女孩，让她答应认己为舅父，隔日把她领回去。

也该这人运气不好，领养那天，两相对质，回答得都天衣无缝。正要走时，刚好胡雪岩有事路过。

胡雪岩听到，一个是皖南口音，一个是苏中口音，便起了疑心，仔细盘问，一问自然露了馅。那人也怪，觉得自己跟做了贼似的，扭头便要跑。

胡雪岩哪里能容他跑掉，只当他又是存心拐卖人口的贩子，便让官府抓了他去，一顿毒打。

这人无端吃了哑巴亏，把胡雪岩恨得牙痒痒的。回头就散布谣言说，胡雪岩荒淫无度，连十岁左右的小女孩也不放过，要留作己用。

这谣言很快传开，原因就在于胡雪岩委实是个荒淫无度之人。自从他钱庄生意做红以来，一口气娶了七个姨太太。这事全城的人无人不晓。

谣传有了一半是真，由不得别人不相信另一半。便有士绅上书左宗棠，希望他撤换了胡雪岩，以免坏了杭州的民风。

左宗棠战事正紧，哪有闲工夫管这等闲事。况且有了胡雪岩，省去了采备军械、粮食,安抚光复地区的心思。要是撤了胡雪岩,到哪里去找这样一个能干之人?

酝酿"胡庆余堂"

  胡雪岩也并没把谣传放在心上。他现在的心思,全在考虑如何筹办一个药店。

  杭州受瘟疫之苦不浅,多亏了胡雪岩早有准备,才使得瘟疫没能进一步蔓延。

  由杭州之事想到了各处战场。左宗棠曾在军营中向胡雪岩诉苦,说瘟疫一来,肥的拖瘦,瘦的拖垮,整个人马就跟丢了魂儿似的。

  而且战场必多有死伤。由于战事吃紧,受了伤不能及时医治,一拖下去,免不了发炎化脓,小毛病变成了大毛病。

  要是有了既简便又有效的药,兵士岂不就少受痛苦?

  胡雪岩找到了刘中医,刘中医答应试一试。不过,刘中医说:"要是平时民用,还可慢慢炮制。要是供应军营,人数多了,恐怕赶制不及。"

  胡雪岩征询他道:"多少人才算够呢?"

  刘中医闭目想了半天,道:"要供应二十万一支的人马,起码得四十人。"

  四十人,四十人可就相当于一个钱庄的人手了。而且这帮人是不可能赚钱了。赔钱归赔钱,这事意义重大,不能不搞。于是胡雪岩道:"刘先生,要有这么多人,我看干脆开个药店算了。这样既可供应行军,又可造福乡里。"

  刘中医道:"这样倒也妥帖。"

  胡雪岩乘机道:"我想请求刘先生出来主持。"

  刘中医说容他考虑两天。两天后,刘中医来告诉胡雪岩说:"我主持可以,但是得按我的原则去办。"

刘中医的原则，胡雪岩知道。刘中医一向瞧不起医术不错，医德不行的医生。嫌他们用药不狠，不顾病人死活。

胡雪岩对这种医生也瞧不起。所以他很爽快地答道："好，刘先生，一切都按你的原则去办。"

药店起名"胡庆余堂"。药店尚未建成之时，胡雪岩已督促店内伙计，在刘中医的指导下，配制出了"红灵丹""辟瘟丹""诸葛行军散"等，送呈曾国藩、左宗棠军中，作为行军间防暑药剂。

刘中医因为胡雪岩十分敬重自己的医术和医品，故而十分快意。他邀请了远近好友，齐集杭州城。各位中医也都视刘中医为楷模，现在听说有了报效朝廷、广济众生的机会，个个都鼓足了劲儿，拿出自己祖传秘方，精心研制。

不久左宗棠来信，说所送成药，效果奇佳，军中将士，有此药在身，个个没了后顾之忧。最让胡雪岩得意的是，左宗棠在信中提到，曾相也来信盛赞此义举，希望胡雪岩多多赶制，送往军中。

胡雪岩受此鼓励，愈发觉得老中医重要。他对刘中医说："刘先生，我有一个想法，专门拿出十万两银子，广征天下古方。"

刘中医道："雪岩兄一番古道热肠，我定拼了这把骨头，尽力配制出好药。"

"赠药"打开洋人市场

这时节，有洋人来到杭州，指定要见胡雪岩。胡雪岩忙迎了出来，一看，原来是驻扎在宁波的"常捷军"中法籍军官让内。

攻打杭州城，"常捷军"立下了汗马功劳。

左宗棠与胡雪岩初次见面后，经过胡雪岩的解释，终于明白了洋人之真相，尤其是胡雪岩所说的要"以我为主，为我所用"的提法，让左宗棠感到耳目一新。

所以蒋益澧进军杭州之时，左宗棠把胡雪岩叫了来。

"雪岩兄，我想让你去代募一支洋枪队，帮助蒋益澧攻打杭州。"

胡雪岩没料到左宗棠转变如此之快。"需要多少人？"

"合用就可以了。"左宗棠道，"人数多少由你定，最好让他们多带些开花炮。"

胡雪岩明白左宗棠的意思，杭州城城高墙坚，如果硬冲，枉耗人力。

不过这时候去招募洋枪队，也确实不是时候。因为在上海，太平军与洋枪队屡次交手，逐渐熟悉了他们的作战特点，便趁了一次大雨天，突然发起进攻。洋枪队匆忙出击，火药尽皆被大雨浇湿，只好拔刀拼杀，却哪里是太平军的对手，不足一个时辰，死伤了十多个士兵不说，领队也被太平军一刀砍成两段。

这一惨败，让洋枪队第一次对太平军感到害怕。胡雪岩如实相告："上海这面，恐怕一时募不到人了。"

"那有别的办法吗？"左宗棠问。

胡雪岩略一沉思："我看只好到宁波去。"

宁波是个天然良港，宁波人自古善商事。道光年间西洋船北上时，便强行在宁波设了租界，以致各国商旅杂居。太平军一度打到宁波，宁波的中国商人很快就撤到了外国租界。外国人为了自己租界的安全，便纷纷派驻了本国武装。

胡雪岩因为有钱庄在宁波，和那里的洋人素有往来。现在奉了左宗棠之命，到了宁波，找到了法国人让内。

只要中国人出钱，洋人是没有不答应的。况且胡雪岩向他们保证，杭州城的太平军早已成惊弓之鸟，只需借重他们的洋枪洋炮一吓，自然土崩瓦解。

于是组建了一支约有二百人的洋枪队，各国人都有，由法国人让内带领，号称"常捷军"，开到了杭州城下。

老天保佑，这支洋枪队果然没有伤亡，只是多耗了几十箱弹药，便把杭州城给拿下了。让内欢天喜地，开回了宁波，在胡雪岩的钱号里支取了全部佣金。

天有不测风云，宁波城流行起瘟疫。让内也一连几日高烧不止。

因为胡雪岩有嘱在先，让内为光复杭州立了功，只要他在中国一日，在宁波的钱庄就要尽可能帮助他。宁波钱庄的档手，听说让内感染了瘟疫，就带了"诸葛行军散"等丸散药去看他。

让内服药一日，居然能下床走动。到了第二日中午，让内坐不住了，精神头十足地跑到阜康钱号，问档手送他的是什么神药。档手如实相告，说是胡雪岩请了老中医，用了祖传秘方，炮制出来的中国成药。让内一定要档手再给他一些，好拿回去送给其他同胞。档手答应了，让内欢天喜地把店里所存的药全部掳去。

那洋人，凡是服了药的，个个精神，于是就派了让内到杭州来，向胡雪岩多多索要一些。

外国人也看中了此药，胡雪岩这一得意非同小可，就结结实实地送了两大箱。让内一定要留下钱，胡雪岩说这是送你的，不要钱。

让内不解，追问胡雪岩："你不要钱岂不是要赔本？"

胡雪岩笑了笑，没有回答。其实他心中已经有了想法，他要利用这外国人替他做个活广告，让将来的"胡庆余堂"的药物不仅国人知道，而且外国人也知道。这样的话，生意才能做大做远。

果然，让内回去一宣传，加上用药的人互相转告，"胡庆余堂"还没建起来，"胡庆余堂"的药却已经名扬四海。胡雪岩刚到上海，便有洋人找了来，说在宁波服过"胡庆余堂"的药，药效奇佳，现在他要随船回国，希望胡雪岩先卖给他一部分成药。他还留下订金，说下次来时，还要采购。

善用广告，打造品牌

胡雪岩见到古应春，便向他讲了这些事。古应春夸赞胡雪岩这一招不错，还向他介绍说："我听那洋人讲，他们卖货，除了靠信誉外，还经常把货物的规格、花色、品质等印在固定散发的报纸上。那留心想买的人见了报纸，就会找上门去。"

胡雪岩道:"这和咱们的商家在门前挂着招牌是一个道理。"

古应春道:"道理一样,效果可大不同。为什么呢?因为报纸经常有,而且随人走,这样一来,就是很偏远的地方,人们也都知道了。"

胡雪岩接嘴道:"这一点确实不一样。要是咱们这里也有这东西就好了。"

古应春道:"你还真别说,最近上海就开了这么一家大报馆。除了在上海报道消息外,还在京城、武汉、广州等地都派有人,一面搜集那里的消息,一面代为发售报纸。"

胡雪岩听他这么一说,就来了主意:"我可不可以在它上边加消息?"

古应春道:"我有一个朋友在报馆,我可以打听一下。"

回话说,非常欢迎在上边发消息,不过必须隔一段时间一次,以免冲散了版面。

胡雪岩于是就让人拟了草稿,把药的品种、功效、监制人都写了上去,送到报馆,第三日报纸就出来了。胡雪岩甚是高兴,就特意多买了两份,回去后送给刘中医看。

刘中医看后也连连叫好。不过他对胡雪岩说:"这样一来,恐怕还得加人。"

旁边有中医说:"不光得加人,药材供应也得考虑了。"

胡雪岩道:"不是说有药农固定给店里送吗?"

那中医道:"送是送,可是今年老天不作美,有几户药农觉得种草药歉收,就改种别的了。"

胡雪岩将心比心,觉得药农也有自己的苦衷,便说道:"他们是不是怕生活没了保证?"

那中医道:"胡老爷明察。"

胡雪岩道:"这也不难,回头你告诉他们,要是遇到灾荒,或者生活上有什么困难,可以到阜康钱庄来预支,来年药材交过来时,再统总算账。"

有了胡雪岩的这个保证,药农们都放了心,药材供应的问题也顺利解决了。

报纸的效果果然很好,连直隶一带的人都知道了。有一天,来了一位张家口的商人,指定要"诸葛行军散",说北京"同仁堂"药虽齐,却没有行军散见效快。

刘中医听到来人拿"同仁堂"的药作比，喜得合不拢嘴："你是说我们的药有'同仁堂'不及之处？"

来人道："没错，我们也是从别人手中弄到你们的药，发现确实有几样药，'同仁堂'无法比，你们的药够劲儿，去病快。"

刘中医捋着胡子道："这就是了，我的药都符合两个标准。一个是准，保证对症下药，你看我的药，没有一样向你吹嘘包治百病。什么病能治，什么病不能治，区分得清清楚楚。另一个是狠，保证药量下够，让你一剂见效，不花冤枉钱。"

商人夸奖道："老先生讲得极是。药是济贫之物，富人不怕买不起，穷人却有这种担心。有的医生，一剂接一剂，剂剂不能见效，真是坑了穷人。"

胡雪岩在一旁听着，对自己办店的方针也有了准备。不久"胡庆余堂"建成，胡雪岩亲自手书了"戒欺"两个大字，让人拓在匾上，挂到了药店正堂。

"戒欺"大字旁边，附了几行小字："凡百贸易均着不得欺字，药业关系性命，尤为万不可欺。余存心济世，誓不以劣品弋取厚利，唯望诸君心余之心，采办务真，修别务精，不致欺余以欺世人，是则造福冥冥，谓诸君之善为余谋也可，谓诸君之善自为谋也可。"

开张之日，胡雪岩身穿官服，头戴顶戴，亲自在店内招揽客人。

有一位农民手捧着药，和店里的伙计嘟囔了几句，随后又悻悻地挤出人群，站在了大门口。

胡雪岩赶忙挤了出去，走到农民身边，问道："这位大伯，为什么不甚高兴？"

那农民把手中的药包窸窸窣窣地打开："胡老爷，你自己看一看。"

初看上去，包内的剂药各自色泽纯正，没有异样。仔细分辨，那桔梗上边分明有些斑点儿。

店伙计说这小斑点，不碍药效，老农说不过他，只好在一旁闷站着。

胡雪岩忙叫来管事，要他赶快替老人换药。

这可是那老农没想到的。回到家，药到病除。"胡老爷这样的大官，还能过问这么琐碎的事。胡老爷的店可真是天字第一号。"老农逢人便夸。

天字第一号倒说不上，北边还有历史更长的"同仁堂"。不过在整个南方，"胡庆余堂"确实声名不菲。两堂一南一北，俨然又是"北票南庄"的格局。

后来左宗棠西征，胡雪岩转运输将之外，更兼送行军成药，为左宗棠人马平叛胜利立下了汗马功劳。

胡雪岩善用广告，商人辐射不到的地方，便搞邮寄。在药品的生产与销售上，自设胶厂、鹿园，另设饮片、参燕、切药、丸散、采选、炮制、细货、储胶、配制、细料、邮寄十一个部门，实行一条龙配套作业。

铁腕振兴工商业

其时，曾国荃攻破南京。洪秀全已在半年前归天，李秀成携了年幼的福王，匆匆夺路而逃。出城不远，李秀成即被人认出，为清兵捕获。

护送福王的太平军残部，拼命向浙江方向逃去，左宗棠率部堵截。太平军见浙江不得入，便边打边退，一直退到福建。

曾国荃攻下金陵，立了头功，左宗棠也不甘示弱。当初，曾国藩未到金陵，误信探报，上奏朝廷，说长毛头目，或死或俘，已一网打尽。及至幼福王逃走的消息确实，左宗棠志得意满，上书攻讦曾国藩谎报军功。朝廷知道左宗棠的脾气，也不以为意，下旨命他率军猛冲。等捕获逆贼幼福王之后，再行加赏。

左宗棠率部一路追到福建，他也不急，慢慢悠悠地打。按照他给胡雪岩的讲法："只要在打仗，就不怕没饷银。"

胡雪岩也深知左宗棠诡计多端，也就慢慢悠悠配合他购置军械。一晃，几年又过去了。

在闽的左宗棠这时却又接到了几封指责胡雪岩的信。看来，与胡雪岩结怨之人还真不少。

胡雪岩拒绝冒领，痛打了那位商人后，就已经招来人怨。

后来胡雪岩设善局，自己报效的银两不够，便又想出了歪点子，实行强捐。

杭州城有好多富户，太平军来时，他们投顺了太平军；太平军失利，杭州光复，他们又跟着回来了。

左宗棠要处置他们，把他们的财产全部充公。胡雪岩觉得不妥，认为伤了富户，地方工商要恢复起来就很困难。左宗棠曾经问过胡雪岩，杭州光复后，当务之急是什么。胡雪岩曾回答说，一是赈济贫民，二是振兴工商。

振兴工商当然不能光靠胡雪岩一人。胡雪岩之外，杭州的大户有上千家。他们各详一业，是地方就业和税源的可靠保证。

出于这种考虑，左宗棠听了胡雪岩之言，没有没收这几百家投顺过太平军的富户的财产。

等到胡雪岩设善局，自己垫进去的银两不够了，就派人挨家去劝捐。有些富户感念胡雪岩保护之恩，又觉着善局的确得由众人支撑，就爽快地捐了银两。

也有那不明理的，还怪胡雪岩多事，装聋作哑，不肯认捐。

胡雪岩心想，这种见风吹两面倒的人，不给他一点儿厉害，他就不知所以。一催再催之后，胡雪岩运动了官府，上门抓人，要他们从实交代投靠太平军时候所干的坏事。

其实这些富户中哪有几家真的投靠过太平军？他们不过是逃避不及，又不甘家产被掳，表面投顺而已。

不过衙门这一抓一打，也真打怕了一些富户。一个个都乖乖交出了应捐之数。这些人背地里恨透了胡雪岩，于是就怂恿有些头脸，又没有坏名声的士绅联名写信，向左宗棠告状，说胡雪岩串通歹人，横行乡里。

另外一件事是因为胡雪岩设"义渡局"。

胡雪岩做跑街那会儿，手头还十分拮据。那时他经常得渡过钱塘江，到南岸去催收贷款。钱塘江上全是私人备船，满一船人后摆渡过去，每人出若干银两。

有一天船到江心，船夫停桨，把船稳在了那里，要挨个儿收钱。胡雪岩一摸口袋，坏了，忘了带钱。那船夫收钱收到胡雪岩面前，站着不动了。胡雪岩忙向他解释，自己今天是事急昏头，把钱忘在了家里。

船夫一脸横肉，无论胡雪岩怎么解释，总是不听，非要逼着胡雪岩跳江。

那江面足有四五里之宽，胡雪岩哪里有那么好的水性。情急之下，胡雪岩说把上褂留下来做抵押。那船夫却不依不饶，说拿衣服做抵押可以，你的褂子太烂，早就不值钱了，除非你把裤子也一并留下来。情急之下，胡雪岩便要跳江。

这时有一个人实在看不过去，就自己掏了银子，要替胡雪岩垫上。

那船夫分明是要把胡雪岩欺负到底，说别人的钱他不收，非得要胡雪岩的不可。

这下动了众怒，众人一齐呵斥船夫。船夫见人多不好惹，这才收了那人代垫的钱。

受此羞辱之后，胡雪岩暗自下了决心，有朝一日自己有了钱，一定要买只船摆在那里，义务渡人。

胡雪岩官司缠身，左宗棠辟谣

一等就等了十年。在胡雪岩的事业稍稍有了基础，刚有了设渡船的念头时，'长毛'的人马打到了杭州。

又经几年战乱，胡雪岩稍稍安顿下来，即派人订购了大小船十只，雇了船夫，义务摆渡过往行人，称作"义渡局"。所有开支，均从自己蚕丝生意的红利中垫支。

不过胡雪岩做这事却欠考虑。

钱塘江有几十户人家，世代都靠摆渡行人为生。义渡局一成立，虽然船少了些，人们只要没急事，宁可等上几个时辰，都愿意乘义渡局的船过江。这一下，基本上是断了这几十户人家的生路。

就有几个好事的年轻船夫，趁了天黑没人，凿沉了两只义渡局的船。

胡雪岩一听大为生气，就报了官府追查。追查到之后，每人受了皮肉之苦不说，还得负责维修凿沉的船只。

因为胡雪岩有官府作后盾，这些船户只好忍气吞声，敢怒而不敢言。背地里，他们却称胡雪岩为大魔王。

有了这几件事，有关胡雪岩的谣传便多了起来。有人说胡雪岩开设善局，留了不少良女，最后都充了姬妾；有人说胡雪岩开的善局，本来就是一个买卖人口的场所，那些认领的人其实是胡雪岩雇来的，目的是把这些孩子引得远远的卖了，无人知晓。还有人翻出旧账，说杭州城置办军备、粮食的钱大部分都被胡雪岩私吞。

适逢左宗棠的长子孝威路过杭州，有好事的士绅便私下设宴，告诉孝威有关胡雪岩的事。

孝威不知就里。等他去拜访胡雪岩时，见胡雪岩家果然气派非凡。在他去胡府前，曾有人指着一栋画楼说："那就是胡雪岩蓄姬的地方。"

孝威就有意问胡雪岩："胡叔叔，那栋楼真是气派呀！是谁的住所呀？"

胡雪岩哈哈大笑："那是我家室住的地方，自然不能委屈了她们。"

孝威见胡雪岩面露得意之色，更加确信别人所讲属实。回去在给左宗棠的信中，就把自己在杭州的所见所闻一五一十告诉了左宗棠。最后还评价说："若果属实，胡叔叔品格当打折扣。是否该用此人办事，还望父亲大人三思。"

左宗棠知道儿子从来不关心外间杂事，一心读书。这封信却一反常态，有所评点指斥。看来必是听了谗言，心中不知所措。

左宗棠为求谨慎，暗中派人访察。孝威第二次来信时，左宗棠心里已经有了谱。于是回信说：

"胡雪岩人虽出于商贾，却有豪侠之概。前次浙亡时，曾出死力相救。上年入浙，渠办赈抚，亦实有功桑梓。"

几句话，先把自己对胡雪岩的总体印象讲清楚了，然后针对流言，给孝威分析说："外间因请事未遂，又有冒领难民子女者来被峻拒，故不免蜚语加之。我上年已有所闻，细加察之，尚无其事。至其广置妾媵，乃从前杭州未复时事。

古人云：人必好色也，然后人疑其淫。谓其自取之道则可耳。"

最后，左宗棠叮嘱孝威："现在伊尚未来闽，我亦未再催。尔于此事，既有所闻，自当禀知。但不宜向人多言，至惹议论。"

左宗棠之信，为胡雪岩开脱非议，无非是看胡雪岩是个人才，可以放心使用。

不过，左宗棠有一点是错了。"至其广置妾媵，乃从前杭州未复时事。"但孝威相当认真，在回信中告诉他父亲，胡雪岩姬妾成群，乃他亲眼看见，也是胡雪岩亲口承认的。

左宗棠还是派人去看了实际情形，果然像自己儿子所说，胡雪岩此时已有七个姬妾。

左宗棠再次回信时，没有否认孝威所举这一事实。他引用胡林翼的故事，以证明自己对胡雪岩在这一方面行为的宽恕是有道理的。

胡林翼年轻之时，投靠江忠源门下。有人报告江忠源说，胡林翼人甚好色，常微服逛窑子，通宵不归。

江忠源对来报告的人，只是冷淡地应了声："知道了。"私下对幕僚说："我看胡林翼是个人才，早晚有一日，朝廷是要有求于他的。那时他一忙起来，恐怕连逛窑子的时间也不会有了。现在他年轻，就由着他先轻松轻松吧。"

日后胡林翼负责长江水务，果然每日忙于政事，无暇旁顾，最后累死在任上。

左宗棠对儿子孝威说，"古今凡雄才，无人以小节定进止。胡光墉为国家效劳的多，有些享受，也就不必责之过苛。"

不过胡雪岩招非议的地方甚多。有乡绅与李鸿章门下过从甚密，曾经暗示他可借此非议参奏左宗棠，以见其用人不力。该门人自知力薄，所言不足以动天廷，于是便把有关胡雪岩的传言讲给了新上任的上海道。上海道在奏议他事时，附了一段文字，概述胡光墉之为人不当一面。朝廷因为正用得着左宗棠，也不便得罪他，便在诏书中附了一笔，命左宗棠严加督责属下，不得出现于官声无光之事。

上海道僚属中与左宗棠属有交情者，早就把这一曲折传了过去。所以虽然朝廷不明讲，左宗棠也明白其所指，在同治五年十一月的奏折中，左宗棠历述胡雪岩鞠躬尽瘁之做事态度，并极力为胡雪岩招忌讲明因由。左宗棠说："道员胡光墉敢作敢当，不避嫌怨。从前在浙历办军粮军火，实为缓急可恃。咸丰十一年冬杭城垂陷，胡光墉航海运粮，兼备子药，力图援应。载至钱塘江，为重围所阻，心力俱瘁。至今言之，犹有遗憾。臣入浙以后，委任益专，卒得其力。实属深明大义不可多得之员。"

最后左宗棠总结说："唯切直太过，每招人忌。……臣稔知其任事之诚，招忌之故。"

明说胡光墉为"不可多得之员"，无非是向朝廷表明，我左宗棠对胡光墉早已刮目相看，这样力荐，朝廷自然不能不考虑疆臣之意见。而何况招人所忌，乃"切直太过""任事之诚"所致。朝廷见左宗棠这么明确表了态，也就不再多说什么了。

第七章

胡雪岩

在官言官，在商言商

公款私款要分开

杭州城光复,胡雪岩找到王有龄的尸首,感念知遇之恩,不禁惺惺相惜,哭吊了一番。朝廷自然为王有龄殉节而死,感到十分痛惜和钦佩,特下诏褒奖,并厚恤家属。

胡雪岩取出王有龄在阜康的全部存款,归还家属。除此之外,胡雪岩还定下每月二百两银子,照顾几位遗子,直到成年的规矩。

杭州城危急之时,胡雪岩已经把杭州阜康钱庄的银两全部抽出,转移到上海等地的阜康钱号。所以胡雪岩并没有因为杭州城的失陷而有损失。

有不明事理的,就拿这做文章,说胡雪岩早就存了投机之心,显见出没有诚意与王有龄共同生死。以王有龄待胡雪岩之厚,这种做法便显得让人心寒。

其实王有龄是知道胡雪岩抽走存款的,而且王有龄还鼓励胡雪岩这么做。因为,与其让这笔钱落到"长毛"手里,还不如抽到上海。只要钱在上海,倒不愁没有力量购买军械,守卫杭州。

有人说有异议的不在于胡雪岩把阜康的钱抽走了,而在于胡雪岩当时把王有龄交托给他经手的浙江防务费用一并偷偷抽调上海,并且趁了战事混乱,不明不白地私吞了许多公款。

如果真是这样,胡雪岩的行径倒值得怀疑了。

不过依胡雪岩的力量,尚不足以封住所有人的口。况且商场上的事,不免磕磕绊绊结下很多怨仇。这些仇人,就算在浙江,因为有左宗棠拦挡,没法揭胡雪岩的底，在上海，却也有足够的力量，把胡雪岩的丑事揭露清楚。

既然一直没人这么做，可以估计，传闻只是传闻，胡雪岩吞没公款的可能性不大。

时人之所以会有这样的传闻，与胡雪岩的行事有很大关系。胡雪岩与官府联系过于紧密，人们不免会想到，这里边会有弯弯绕。

弯弯绕是有，不过不是人们想象中的那种绕法。胡雪岩经商，自有他的一套思路和原则。

在官款问题上，胡雪岩的原则就是：互相利用完全可以，官私不分绝对不可。

因为，按照胡雪岩的想法，官款犹如君。所谓伴君如伴虎。虽然它含混，款目大，有后盾，用起来很方便，可是因为它不像私款，明确了定息、手续，随我怎么用都无不可。所以依照商人对与"官"有关的东西的特有谨慎，胡雪岩从来对官款持一种若即若离的态度。终其一生，你可以说他借机为自己赚了一把，却绝对不会发现他强吞公款的事情。

照胡雪岩的话，就是"在官言官，在商言商"。王有龄身为巡抚，自然处处得从"官"的角度考虑问题。胡雪岩的心思却全在"商"上，所以他每一件事都从"商"的角度，考虑怎么处理才更好。

从杭州抽走阜康资金，胡雪岩是对王有龄明说了。并不是胡雪岩不重交情，而是从商业角度，谨慎地处理这一事情。"人可以与你共生死，经营的资财却不能"，这是两件事，不可统扯起来讲的。

事实证明胡雪岩撤资十分及时，而且效果甚好。因为上海平安无事，保住了几万户客户的财产。杭州沦陷，好多钱庄的财产一朝全部被太平军征用，唯有阜康钱庄，无一损失。客户感念胡雪岩经营有道，故而在阜康资产回流后，无一抽走存银。相反，有好多在战乱中保住了财产的人家，也都纷纷前来阜康存储。阜康的规模，不但没有因为战乱萎缩，反而一下子膨胀了。

冒险接收太平军存款

档手老夏却来找胡雪岩了。

"胡老板,我有一个老弟,想在阜康立一个户头。"

胡雪岩随口应道:"那立一个就是了。"

老夏道:"不过数目比较大。"

"多少?"

"三万。"老夏答道。

一下子就存入三万,倒也确实不算小。不过,阜康因为生意好,三万五万的户头也并不算特别少见。

"他说怎么个存法了吗?"

"一存十年,十年后再取,另外有一万两活存,随用随取。"

一下子就要存十年,这倒是不多见。胡雪岩听着总有些古怪,便又问老夏:"他没说为什么要一存十年?"

自然是说暂时用不着。不过老夏这时却迟疑了一下:"胡老板,我表弟这钱,我担心有些麻烦。"

会有什么麻烦?胡雪岩警觉道:"怎么了?"

"他原来是'长毛'。"

"长毛?"胡雪岩心中一惊,不过随即又回过神来,"你是说官府在追他?"

老夏摇摇头:"官府倒没有追他,我担心以后会有问题。"

胡雪岩掰着指头寻思了半天:"你表弟没说他当'长毛'时与官府打过仗没有?"

"仗是打过,不过是跟着大队人马冲。说起来话长,胡老板,我表弟还欠着几条人命,不过不是在做长毛时犯下的。"

原来,老夏的表弟叫周二俊,从小生长在长江边儿上,家里靠摆水果摊为生。

周二俊长得相貌平平,他的一个姐姐却长得非常出众,十七八岁年纪,犹若一朵花儿。眼看到了年龄,找了婆家,就要出嫁。这个时候,小镇上有一个恶霸却盯上了她。

这恶霸人已到了中年，因为他哥哥在外地做了知县，本地的官府也就都十分抬举他们家人。这恶霸借了哥哥的威风，肆无忌惮，多次调戏周二俊的姐姐。

周二俊家无依无靠，只好忍气吞声，巴望着闺女赶快嫁了出去，也免了招祸。没想到这恶霸先动了手，有一次趁着看戏，他把周二俊的姐姐拉到背地儿里强奸了。

周二俊年少气盛，操了一把菜刀，埋伏在半路上，趁那恶霸路过不防备，把那恶霸砍死了。恶霸的家里自然不依不饶，报了官府，要拿了周二俊偿命。

镇里的人倒都很同情周二俊，连夜掩护他渡江逃走。那恶霸家里见逃了主凶，便报官府缉拿周二俊家里人。

当时的县令还算清明，知道这场灾祸全是由那恶霸作恶太甚引起的，既然主凶已逃，也就断无再拿了周二俊家人的道理。

那恶霸的家人见县令不睬，就约了一群恶棍闯进周二俊家，把周二俊父亲的腿活活打折了。

周二俊逃出去后，正赶上太平军起事，在半路上把周二俊捉了去。周二俊这时走投无路，也就只好归顺了。

他带着太平军打到了他家乡。也赶得巧，那恶霸全家正好在给老太太祝寿，连那做县令的大哥也从外地赶回来了。

太平军听说有一个清朝的县官在，不由分说，冲进大院，把那恶霸全家老老少少，一个不留，全给灭了。

周二俊从此就在太平军那里做事。不过家仇已报，他也并不想去打仗，就运动了太平军的一个小头目，谋了个负责管理军中粮食供应的差使。

那周二俊干了几年，渐渐懂事。他眼光好，晓得太平军起事，不可能长久。所以他利用便利，悄悄把一家人送到浙江安顿下来。自己则留在太平军那里，借采办粮食，赚了不少钱。

太平军在那里打仗，他在那里赚钱。虽说他从来没有去劫掠外财，十多年下来，手头也攒了四五万两银子。

第七章 在官言官，在商言商

后来太平军往南撤退，他就留了下来。好在他父母已经在本地生活了十几年，他也经常来往，所以周围邻居并没有人怀疑他是太平军。他用手中的钱买了一院房子，娶了一房媳妇，仍以小买卖为生。

不过他带回的钱却没地方安置。一个做小买卖的，要是一下子存进去这么多银子，不免招人怀疑。他只好找到了他表哥，让他帮忙想个办法。

胡雪岩听着老夏叙述，对周二俊倒生了钦佩之情。一个无依无靠之人，身在动荡之中，心里却从来没有杂念，一心为将来的生计奔波。

老夏讲完，胡雪岩略一沉吟，问老夏道："你是担心将来官府会追查？"

老夏点了点头。

"照我看，"胡雪岩道，"官府肯定不会追查。为什么呢？第一，你表弟是个谨慎之人，不然的话这十几年也不可能这么过来；第二，你表弟和官府没有结下怨仇，要说他杀过人，那也是因为对方该杀，更何况，你表弟也有幸，那一家人全灭了，恩仇一笔了断；第三，你表弟这钱也是正道来的。"

胡雪岩这么一分析，老夏也觉着还说得通，就又点了点头道："你是说，我表弟这笔钱可以存？"

"当然可以存，"胡雪岩肯定道，"老夏，不光你表弟的钱可以存，其他归顺了的'长毛'的钱也都可以存。"

老夏惊讶道："不管是谁，只要他已经归顺了官府，都可以？"

胡雪岩道："是这个意思，老夏。"好像猜透了老夏的心思，他接着说，"你一定要问，为什么？就不怕官府查吗？"

胡雪岩顿了顿，道："你听我说，老夏。我会说，官府肯定不会查。为什么呢？因为官府要查的话，也是出力不讨好。你想想吧，钱财这个东西，谁不是等非常放心了才拿出来？你官府要一发文告，说要清查了，那手头有点儿钱的人，还不早早把钱藏起来了？要是让有钱人自己拿出来，钱容易聚拢，要是藏起来了，你想想，要你找起来，费不费劲儿呀！"

老夏跟了胡雪岩这么多年，对他分析问题的思路非常佩服，经他这么一说，自己也有了想法："我怎么就没想到这一点呢，胡老板。有钱人要是把钱藏起来，打死我也找不出来。我在明处，人家在暗处。除非官府事先知道谁家有钱。"

胡雪岩道:"就是喽。就像你表弟,一个摆小摊儿的,谁会知道他手头还攥着大把银子?再说了,官府要发布禁查令,无非是想借机补一下库府。可是你想一想,那些负责查抄的,一旦见了银子,有几个不是舍了命先往自己腰包里装的。"

老夏点头称是:"从来坏了事的,都是执行的人。"

"既然官府自己明知查抄是件出力不落好的事,明智一点儿的,谁会出头做这件事?"

"所以,"胡雪岩总结道,"你可以放心地接收'长毛'存款。不过有一点,我得事先声明,他自己得估量着官府不会当他是个死对头,非要抄他不可。老夏,我估摸着,这一段像你表弟这样的存款不会少。咱阜康也可乘机做大了。"

老夏听了,满脸放光。不过他还是有点儿疑虑:"胡老板,你估计官府会不会因为咱们有'长毛'的钱,找咱们的麻烦?"

胡雪岩道:"老夏,这一点你尽可以放心。咱钱庄开了就是做钱生意的,我们只需要对客户负责。再说咱也可以说了:我怎么知道他就是个'长毛'?他脸上又没有写着。"

老夏道:"只要不会给咱钱庄找麻烦,我就可以放手去做了。"

胡雪岩乘机教育老夏道:"老夏呀,脑子有时候要活一些。你只要记住了,钱庄是为客户,讲的是一个信用。其他的问题,那不是咱钱庄的事。"

怂恿左宗棠捐官收钱

左宗棠光复杭州,又与李鸿章的淮军南北夹攻湖州。守卫在湖州的太平军寡不敌众,弃城逃跑。因为东面是大海,南北都有清军,所以太平军开了西门,一路逃到了浙西,又沿浙西向南,进了福建。

第七章　在官言官，在商言商

这时朝廷命左宗棠任闽浙总督，署理浙抚。这样安排，是要借重左宗棠，让他带兵进入福建，最终剿平太平军。至于军饷，自然大部分是要摊在浙江了。

浙江是个富裕省份，每年丝茶捐税，加上各口岸捐税，有四十几万银子。蒋益澧这时任浙江藩司，因为这个职位是左宗棠力保而得的，所以他感恩图报，自然把全部所得，一齐押解福建军营，以充军需。

不过左宗棠的打法，是学了曾国藩的。曾国藩打仗有个要诀，叫作："打仗不慌不忙，先求稳当，次求变化；做事无声无息，既要精到，又要周道。"这"不慌不忙"四字，左宗棠学得最为应心。入闽之初，他便告诉胡雪岩，他这次剿'长毛'，要以五年为期。

左宗棠自有他的想法。这朝廷从来是个贱脾气，报十个月，他巴不得八个月完成。人的心理，所谓"得陇望蜀"，永无满足。所以报上去的时间要长一些，要是早早完成了，自是皆大欢喜。要是完成不及，反正有言在先，朝廷也抱怨不得。

胡雪岩因为跟左宗棠已经处了一段时间，对他这些弯弯绕已经习惯，不过提醒他说："浙江地面初定，尚未恢复元气。左大人用兵，浙江支持你，自然无话可讲。不过要是时间久了，恐怕浙江也承担不了。"

左宗棠却说他自有主意，这主意还是承了他"不慌不忙"四字来的。不过，与曾国藩的"无声无息"主意却相去甚远了。

依照左宗棠的意思，这入浙要广罗人马，显示出是要打大仗的样子。人马要多，显出'长毛'的势力还很强大，需要做大的布置才行。目的无非是做给朝廷看，表明我左宗棠入闽剿贼，一点儿也不比攻下金陵容易，起码也是难度差不多。

其原因还在金陵攻陷之时，朝廷论功行赏，大大表彰了攻下金陵的曾国藩之弟曾国荃。左宗棠心性高傲，自然不肯服气。待浙江全境收复，左宗棠本来以为可以大事奖赏了。不料朝廷只是封了他个闽浙总督之衔，命他入闽追敌，说是"待发逆俱平之后，一同论功行赏"。

为了这个缘故，朝廷本来封曾国荃浙江巡抚，朝令已下，左宗棠却堵着一口气，不肯交印。朝廷也不好扫他面子，只好拖着，希望左宗棠自己感到无趣，主动交印。左宗棠却装聋作哑，赖着不交。曾国藩因为多了心眼，担心功高盖主，为避风头，就替弟弟请病归家。朝廷哪里好意思让一个赫赫功臣解甲归田？可是左等右等，拗不过左宗棠的"骡子"脾气，只好同意了曾国藩的奏请。曾国荃窝了一肚子火回乡养"病"去了。

左宗棠也窝了一肚子想法，他要把这平逆的末功做得比天大，好显出他的本事来。

架势是摆开了，却没有收到预期效果。左宗棠的如意算盘是，要你朝廷知道闽逆不好平，就有理由多要饷银。

朝廷表面表示同意由其他几省协饷，但是却迟迟不去文催促。左宗棠自作自受，人马调拨稍多，饷银就短缺了。

胡雪岩说如果确是急需，他自己倒可以垫支一部分。

左宗棠明知这是做给人看的，怎好让胡雪岩垫支。思前想后，不管怎么说，这笔开支总得先有个出处，哪怕等以后协饷来了再返还回去。

"出处倒是有，不过不知道左大人是不是愿意去做？"胡雪岩对左宗棠说道。

左宗棠道："只要不劳了百姓，没有不可以去做的。"

胡雪岩见左宗棠做此表示，便乐意告诉他了："现在有一批人，只要你伸手，不愁他们不给。"

左宗棠想了半天，不知道胡雪岩指的是什么人。胡雪岩只好明说了：

"'长毛'来的时候，有好多大户都归顺了'长毛'。官兵一回来，他们马上又回来了。"

左宗棠若有所解："只是不知你为什么说他们愿意给钱。"

胡雪岩道："左大人，从同情他们的一面讲，叫'归顺'了'长毛'；要是不客气地讲，就叫'投靠'了'长毛'。"

一词之差，意思截然不同。要说"归顺"，那是说他们迫于无奈，暂时屈就；要是说"投靠"，那无疑是说他们背叛朝廷，甘心为发逆做事，倒过来攻打朝廷。

"是'归顺'了，还是'投靠'了，凭他们自己说了不算。反正事情已经是那么一回事儿，不过现在可以由他们挑，要挑就得有条件。"

左宗棠恍然大悟："明白了，明白了。要想让官府承认他们是'归顺'了，就得老老实实交一笔钱来，不然就得按'投逆'论罪，满门抄斩。"

第七章 在官言官，在商言商

胡雪岩道："正是这个道理。"

左宗棠道："雪岩兄，你这个办法，高明至极，只是太阴了些。"

胡雪岩笑道："那也是他们自己做出来的。'长毛'来了，他们完全可以跑，也没人拦了他们。他们贪生怕死，那就只好得交点儿本钱。"

左宗棠道："要是哭穷不交呢？"

胡雪岩道："那也有办法，先让官府捉两个去，打他几十大板，做做样子。没有人爱钱还胜过爱命的，只要他有钱，他不会不交的。"

左宗棠道："这事倒可以交下去，快些办了。"

胡雪岩接嘴道："其实还可以从他们身上搜刮出一笔钱来，要办就一起办了。"

左宗棠吃惊道："逼人家交出一道钱来还不够，有什么办法再搜刮一道？"

胡雪岩道："这些人家，既然爱财，就一定还爱官。现在天下初定，人心还没有完全平静下来。过上不久，这帮人肯定还想翻身，要花钱买官了。"

左宗棠科举出身，自然不知道还有这些道道："真要是花起钱来，那可不会在少数了！"

胡雪岩做过十多年跑街，心里自然明白这帮人的心思："只要能图个功名，他们决计不会舍不得花钱。"

左宗棠却是个满脑子拴不住的人："要是这样，何不先把这官职卖了，钱收上来再说。"

胡雪岩拍手道："我正是这个意思，不过我担心朝廷不许这么做。"

"只要是办正事的，没有什么不允许的。不许我卖官可以，你给我拿钱来。"

胡雪岩听了痛快："不过还是要先上个奏折，有言在先，以免以后怪罪下来，不好交代。"

左宗棠想了想道："也可以，我们可以一面去做，一面等批文。不过如此重要的一件事，我看还是雪岩兄兼了。"

胡雪岩道："这原无不可，只是我这一段结怨太多，要是再管这事，免不了又要结怨。"

左宗棠道："这可没办法了。交给别的人办，心慈手软，不明就里，我担心他们会办砸。"

胡雪岩想一想也是，能像他这样行事的人，一时还真找不出。心想这可不是好兆头，做事总在用人。一个人再有能耐，如果没有几个得力之人相助，总是显得身单力薄。看来自己还是得注意赶快挑选出一些能干之人，不过眼下得先应酬下来。

于是胡雪岩对左宗棠道："左大人，要是没有别的人，光墉我只好先勉为其难了。不过我有言在先，一旦找到合适之人，我还是要赶快交差。"

左宗棠明白胡雪岩的意思："你就好好先干着吧。有什么议论，我不计较就是。"

有了左宗棠这句话，胡雪岩也就坦然了。

这是左宗棠入闽前的事。等左宗棠入闽，胡雪岩用了他们商定好的办法，果然收获颇丰。一时闽浙富户，纷纷前来登记。不但如此，有好多太平军，因为事先归顺了朝廷，左宗棠听了胡雪岩的主意，也都没有找他们的麻烦。这帮人大多在太平军中时，已经积攒了一大笔钱。现在眼看大局已定，心思也活了起来，希望能捐个一官半职，有什么事也可遮挡一下。

胡雪岩因为有周二俊的例子在，明白这些人的银子可能有来得容易的，打仗抢劫，掳去了财宝；但也有来得不容易的，勤勤恳恳，辛辛苦苦十几年，才有了这么一点儿小产业。所以胡雪岩对他们并不苛求，凡有主动捐官的，只要不是面相太凶，大都满足他们。小户不来的，也不甚催逼。

一笔意外的军饷

这时候胡雪岩举办的善局，却出了一桩怪事。胡雪岩因为这件事，无意中不费吹灰之力就为左宗棠搞到了二十万两饷银。

这事首先是因为一场骗局引发的。

有两个人，一个叫刘传基，一个叫关长喜。他们都曾经是太平军。太平军败，

第七章　在官言官，在商言商

他们改名换姓，留在上海。

他们老家，一个是广东，另一个是湖南。他们不肯回老家，自然是有原因的。

刘、关二人在太平军时，曾经与一起的兄弟，抢掠了芜湖的钱庄，私自掳到了二十几万两银子。

他们出来，原本就是为了找一条生路。所以他们几个一合计，决定把这些银子藏起来。

一开始，他们把银子藏在安徽南部大山的一个山洞里。

后来太平军攻陷了杭州，有一段时间杭州地面十分平静。他们中有一个是小营官，就借了押运军械的机会，把银子悄悄运进了杭州。

这很像当年蒋营官所为。不过这个小营官脑子很灵，觉得堆放在室内不放心，于是就找了隐蔽之地，把银子全部埋下了。

小营官又把埋银的地图绘制成几份，每份分成两半儿。他把每半份儿地图分给一人，又把地图能合在一起的两人分为一组，把这些人两两一组，调整到不同的队伍中去。

分手前这几人发誓，不管哪一组活着，按照地图找到银子后，如果其他人活着，都必须按份儿分给他人。如果其他人死掉了，也必须按十分之一送给死者家属。

因为是出生入死的兄弟，彼此也都不怀疑谁会骗了别人。

碰巧就是刘、关二人所在的太平军战斗不激烈。二人出来后四处打听其他人的下落，等了两年仍然没有消息，他们就只好自己行动了。

埋银子时二人并不在场，埋过后刘传基只匆匆路过一次，所以二人只好凭了当时众人讲述的特征寻找。

他们为了不引起怀疑，找了户人家住下。

这一户人姓朱，朱太太是个非常奸诈之人。她见刘、关二人不是本地人，就盘问他们来这里干什么。

刘、关二人只推说是做小本生意的，来杭州进一点儿货。

那朱太太哪里肯信。她见刘传基面善，就好言相诱，问长问短。

刘传基毕竟涉江湖不深，就把他们是来找宝的情况讲了。朱太太听后一阵惊喜，却装作丝毫不感兴趣，只是每天问寒问暖。

时间一长，刘传基认定朱太太是个好人，慢慢就又讲了许多实情。朱太太就要认刘传基为干儿子。刘传基心想，认个干娘也无妨，倒更便于掩护。

关长喜却老练些，他见朱太太对刘传基过于关心，就叮嘱刘传基不要多嘴，以免走漏风声。

刘传基心想这朱太太并不坏，所以觉得关长喜不免疑心太重。

朱太太趁了关长喜不在，就哄了刘传基拿出地图看。刘传基也没在意，就给她看了。

朱太太倒是好眼力，一下子就看出个大概。但是没有关长喜的地图，想找到准确地方是不可能的。

朱太太于是就运动了她丈夫，两人对关长喜好言相劝，说你们既然是寻宝，没有我们帮忙也找不到，现在我们可以帮你们，只要一点儿辛苦费。刘传基在一旁也说，朱太太是一家人，不该想法太多。

任是朱太太夫妇怎么劝，关长喜总是不肯。于是朱太太就怂恿刘传基去偷关长喜的地图。刘传基心想，反正咱俩人生地不熟，没有朱太太夫妇帮忙，也找不到财宝，于是就答应了。

他们趁吃晚饭，把迷魂药放进了关长喜的碗中。关长喜吃了饭，昏昏沉沉地就睡了，第二天早上起来，居然也没在意。

这朱太太夫妇和刘传基三人就把两张地图对到了一块儿细看。地点找到了，却有四处。

埋宝不可能埋四处，肯定有几处是作掩护的。三人担心关长喜醒来，就匆匆忙忙把地图放了回去。

这朱太太带了丈夫满城跑。还真让他们惊喜，有两处一眼就看出不是埋宝之地。一处是巡抚衙门，一处是寺庙。

剩下两处都是住户，一大一小。小户人家一直就没有离开过杭州，埋宝的可能性甚小。

大的是一处院落，原来是一个地主住的。杭州沦陷，地主一家迁走，至今未归，房子由地主家的亲戚代管。正中是一个大花坛，正是藏宝的好地方。不过要掘宝，

第七章 在官言官，在商言商

就得先在这房子里住下。朱太太夫妇做贼心虚，情知以自己的家底，出去租赁这房子，不免会引人疑心。

朱太太脑子转得快，就想到了胡雪岩办的慈善局。她觉得，要是丈夫能去慈善局兼差，然后以局的名义赁下这房子来，那就顺理成章了。

朱太太的丈夫没朱太太脑子好使，不过他很听话。于是就天天跑去求见胡雪岩，说愿意在慈善局跑腿儿。

胡雪岩办理善后，正人手紧张，见这人这么热心，也就答应下来。不过告诉他俸薪不多。

这姓朱的反正也不是为了那一点儿俸薪，所以做起事来特别卖力。胡雪岩见他很勤恳，对这人的印象倒也不错，就经常托他代办一些事情。

不久这姓朱的就向胡雪岩建议说买下那栋房子，做善局的仓库。胡雪岩觉得也确实必要，就答应下来。

朱太太夫妇见房子赁了下来，欢喜得如同财宝已然得手。

那关长喜费尽心思才找到藏宝的地方，却发现朱太太夫妇已经接管了过去。这一惊非同小可，回去就抓住刘传基的脖子问是怎么回事。

刘传基见他非常震怒，只好老老实实讲了。二人生死兄弟，关长喜也拿刘传基没有办法，只好等朱太太夫妇回来，商量办法。

朱太太却早已有了主意，她让丈夫到官府，说发现了两个长毛。官府不由分说，便把刘、关二人抓起。

到这时刘传基才醒悟过来，明白是自己害了关长喜。

官府审问，自然是要打入牢中。那关长喜情急之下，说要见胡雪岩。

原来二人在上海时，因为有去杭州的打算，关长喜就多了一个心眼，经常留心有关杭州方面的情况。他也遇到了个在太平军中时的兄弟，有认识胡雪岩的，就把胡雪岩的为人和行事等情况都告诉了关长喜。

胡雪岩听说有两个逆贼要见他，也是吃了一惊。等见到刘、关二人时，并不认识。

关长喜因为事已至此，下了狠心，决心不让财宝落入恶人手中。他要求与胡雪岩单独谈谈。胡雪岩自然答应。

等胡雪岩听完了事情经过,这才明白姓朱的为什么要来找他在善局跑腿儿。胡雪岩也深恶朱太太人心太歹鄙,又想得宝,又想害人,就决心狠狠治她一下。

胡雪岩说通官府,这事让他自己来办。他以通逆瞒报之罪,让官府把朱太太夫妇狠狠鞭笞了一顿。然后挖出财宝,给刘、关二人每人一万两,护送他们回到上海。

其余之数,尽皆充作左宗棠剿逆的军饷。

第八章

胡雪岩

经商不忘忧国，为国献力办洋务

受邀离杭乘船入闽

同治四年,左宗棠以闽浙总督衔离浙入闽。蒋益澧此时经左宗棠保荐任浙江藩司,胡雪岩任粮台。

由于胡雪岩的罚捐和捐官计划得以实现,左宗棠入闽人马的粮草供应有了保障。左宗棠牢守曾国藩"不慌不忙"的作战政策,一步一步把太平军败退入闽的余部赶到了闽粤交界的大山中。

不过胡雪岩远隔千里,身在杭州。左宗棠感到身边幕僚,有才之士不少,但是能像胡雪岩那样善出主意,并且经常出人意表,行人所不能行的人甚乏。所以他在奏折夹片中,奏请授胡雪岩布政使衔,调福建候用。朝廷正仰赖左宗棠出力,自然一奏即准。

胡雪岩接到左宗棠的信函,自然十分感激左宗棠的知遇之恩。不过他一时还不想离开杭州赴闽。一则他手头有丝茶、钱庄生意,可以就近照顾;二则主持赈抚局,"收养难民,招商开市"的工作刚刚做了一半,还有好多事情没有办。依胡雪岩的想法,他除了设置施粥厂、难民局之外,还想设置善堂若干、义塾若干、医局若干。这些事办下来,可以从根儿上为杭州这座古都恢复原貌起到作用。

有这些公私两面的考虑,胡雪岩便迟迟没有动身赴闽。左宗棠连番去信去人邀请,胡雪岩找了一个堂而皇之的理由:闽境剿发逆战事正紧,左宗棠交代的筹饷、购械、办粮之事也不敢丝毫放松,一时又找不到合适人选。所以还是等战事稍宁,又能物色到合适人选时再交卸差事,动身赴闽。

借口找得合情合理,左宗棠也无可否驳,只得回信嘱咐他赶紧物色人选,一俟方便即速来闽。

不久太平军大部被逼无路，出闽入粤。左宗棠在追敌过程中又连打了几个小胜仗，闽境气氛一时轻松下来。胡雪岩这时已经没有理由继续留杭，该办的事也基本办妥。胡雪岩心想，与其让左宗棠一催再催，还不如自己主动前往。于是搭了洋人的定期火轮，动身前往福州。

这火轮是洋人用来运送货物的，从上海到广州，每六天发出一班。中途经靠宁波、福州、厦门。胡雪岩先由杭州去了上海，办完一船军械，向档手交代了钱庄经营事宜，与旧友作了告别，方始登船。

这小火轮胡雪岩已经坐过几次，此番乘坐仍有不少感慨。上海到福州，陆路要走上一月，沙船要走上半月，五百里加急也要走上近十天。小火轮"嘟嘟嘟"不停，只用了三天三夜就赶到了。怨不得道光、咸丰年间，从广州到北京，五百里加急的廷寄，一路上的驿马都跑断了腿，洋人的船只边走边停，等到廷寄到了北京，人家洋人也已经到了大沽口。缓急之间，不知有多少事已经被耽误了。

受命主持筹建船政局

到了福州，胡雪岩事先写给左宗棠报告他要入闽的信还没到。左宗棠一听说胡雪岩已到，大为惊喜，特意设了宴为他洗尘。胡雪岩又着着实实把小火轮的速度夸赞了一番。左宗棠也道："提起这小火轮，我给你讲一讲胡林翼胡大人。"

原来胡林翼曾主持长江防务，他经常趁各地水师不备，悠悠往各地检查。各地水师有宽的，有严的。有一地居然连炮台的大炮都早已生锈腐烂。胡林翼大为震怒，严参了这一水师长官。朝廷见胡林翼措辞激烈，也顾不得这长官有京城后援，把他革职还乡了。

各地水师见胡林翼治理防务决心甚大，也都好自为之，不敢怠慢了。

不过长江水务虽然搞得不错，胡林翼却总有一块心病。有一次他和左宗棠、曾国藩一起登上城楼视察水务，见一洋人轮船正在追逐几艘清军水师大木船。那木船躲闪不及，被洋人轮船卷起的水浪迫得左右颠簸，半船兵跌入水中。洋人见状哈哈大笑，开着轮船扬长而去。胡林翼又羞又怒，却又奈何洋人不得，情急之下，居然大叫一声，口吐鲜血，倒地昏厥。

曾、左二人见状大骇，也深为胡林翼的勤忧之心所动。胡林翼醒来后指着远去的洋轮，对曾、左二人说："将来成为中国祸害者，必洋人也，非发逆也。"

胡雪岩听了胡林翼这故事，也觉着这洋人实堪担忧。他对左宗棠说道："我看这洋人有此恃仗，恐怕我们自己人不免时时蒙羞。"

左宗棠道："我原来读书，也坚信只要国人守了勇气信心，个人有了志气，就绝对不会蒙受别人的羞辱。现在看来错了。先儒的道理固然可信，不过也必须是在两相实力相当时方才可信。"

胡雪岩道："王大人在时，我也曾经听他说过'养吾浩然之气'，我当时不明白什么意思。他给我讲了半天，也算有点儿明白。就问他：'一个人志气自然重要，要是他办不了这事时怎么办？'"

"极是，"左宗棠接话道："天下人有志气者甚多，能办成事的人不多。就拿这筹款来讲，我随便交给什么人，他不会说不用心。不过他能像雪岩兄这般既能想到，又能做到么？我一直在物色这样的人，可是除了雪岩兄一人，我至今没找到一个用起来十分合手的。为什么？我想，一个人志气固然重要，本事更重要。猛一听这话有点儿离经叛道，我开始也不大愿意相信，后来有好多事赶在那里，由不得我不信。"

左宗棠是个话篓子，一打开就没了头。胡雪岩也就不多插嘴，任他发挥。

"那古代的赵括，就是个有志气没本事的人。在家里谈兵法谈得头头是道，一见着敌人就不知用什么办法应对。那马谡也是个有志气没本事之人。诸葛孔明面前，立下军令状，发誓要把街亭守住。可是你让他一做，稀松。所以我就想，以后用人，千万不可光看他志气有多大，还要看他能不能真正帮我做事。不能做事，空有一肚子志气，不用吧，委屈了他；用吧，又委屈了自己。"

胡雪岩笑道："像你这样用人，可真要吓走一大帮。"

左宗棠道："我明白我的长处和短处。我的长处在做将做帅，带领一班人马，杀他个天下无敌。我想做点儿实际的事情，不能养一帮志向高远却什么事也做不来的清客，这是我的长处，必须派上用场。我的短处就在于我不是做相做王的人，为相为王，有可能愿意搜罗一批志高之人。这种人什么事他都能看出毛病，帮你指点出来，让你心中有数。不过要让他们去做，没门，做不来。这帮人可能有他们的用处，不过我不喜欢，也用不上。"

胡雪岩知道左宗棠这话是有所指的。京中有一帮清流，专以针砭时弊，揭露朝中问题为业。这帮人互相通气，一有事情，必遥相呼应，出折参劾。所以地方方面大员，全都害怕他们，担心自己的事情一旦掉了进去，便不会再有成议之日。

清流的特点，全在志、气二字上。曾经有一议士，文章下笔，千钧之力，横扫一切。薛焕因为形势吃紧，便联合了何桂清、王有龄二人上奏，请求朝廷同意雇用洋枪队平逆。奏折尚未上去，该议士便从小道得了消息，洋洋洒洒几千言，痛陈借助外力之害，说此举无异于引狼入室，必遭子孙后代之唾骂。他还联合了其他几位议士同时出奏。朝廷慑于清议势力的强大，只好一搁再搁，不同意薛、何、王三人奏折。要不是后来形势紧迫，胡雪岩又替薛焕出主意借了朝廷重臣支持，这事也许就成了不了之局。

事有凑巧，几年后，该诡议士外放海疆省份任巡抚。外国军舰耀武扬威地炮轰省城，他居然如遭雷击，也顾不上组织人马反击，丧魂失魄地一溜烟逃出衙门，躲到了听不到炮声的一个小庙里。

碰巧这事被将军的亲信看到。将军和该巡抚本来就不投机，知道这一乐事后，便想乘机羞辱该巡抚一番。将军组织清兵反击，洋人见有反应，便不敢久战，开船溜走了。

该将军便派了地方乡绅，抬着轿子，去了巡抚藏身的小庙，说洋人已溜，请巡抚回衙门办公。这一来将军与巡抚间自然结怨，不过京中的清流闻此羞耻，倒也知趣，有老长一段时间不敢再横议。

福建的太平军逐渐失去了势头，平静也只是朝夕之事。

左宗棠是个闲不下来的人，战事平静了，他倒不安宁了，整日寻思着做出点儿什么，既可造福地方，又可有利于朝廷。

第八章 经商不忘忧国，为国献力办洋务

这一想便有了主意。因为左宗棠与睁开眼睛看世界的第一人魏源是同乡。魏源曾著《海国图志》，备绘海疆形势，希望中国人了解外国，师夷长技以制夷。

师夷长技之途，无非两条：一是使用外国的船炮，二是使用外国的管理和科技。后一途在当时国人看来是无法想象的，那就只剩下前边一条了。

使用外国的船炮，也有两种用法：一是直接购买，二是自己制造。购买一途，胡雪岩早就尝试过。自胡雪岩主管采备军械以来，凡泰西军械，他已经采购不少。

购买船只也有人做。还是在咸丰年间，就有人走了某位亲王的路子，说通朝廷购买了一只中型的泰西火轮，答应聘西洋技师加以改造，把它变成一艘军艇。

这事一拖就是六年。等船到吴淞口时，有人已经发现这是一个骗局。首先是船型不对，原说是吃水上百吨的中型火轮，等开过来一看，只是艘几十吨的小型火轮。其次改造也已经不可能，说是有七八成新，拖过来一看，就差没有沉水，已经破烂不堪了。洋技师却声称是按合同买卖的，毁约要赔毁约金。朝廷无奈，白白花了一百多万两银子，了结了此事。

打那以后，朝廷对购买舰船，显得非常小心。

剩下一途，就是自己造船。左宗棠打的主意，正是这一层。

胡雪岩听到左宗棠说要造船，觉得匪夷所思。

"这买一艘船就要花上一百多万两银子，要造起船来，该要花多少银子？"

左宗棠已经算好了一笔账："自己造船，总应该比买船要节省。为什么呢，因为造船买的只是造船的机器，买船呢，还要买他们的手工和用料。"

"那到底会花多少呢？"

"三百万不到。"

和一百多万买一艘没有用处的船比起来，三百万倒是不算多。胡雪岩不大相信。

"这怎么可能呢？"

左宗棠道："怎么不可能，这只是初步费用。"

初步费用？难道还有二期三期？

果然是这样。

"我的想法，咱先花上二百多万两银子把摊子撑起来，以后有所需要，朝

廷自然会支持。"

左宗棠打的还是他的如意算盘。只要船厂开了，造出来好船，朝廷见有效果，自然会同意再行拨款。话又说回来，到时候不拨款，莫非把它关了不成？

好倒是好，不过二百多万两银子可是一笔不小的数目，一下子到哪里去筹呢？

"这个你不用担心，"左宗棠道，"我可以奏准朝廷，从各江海关中划拨。不过这下又要劳你奔忙了。"

左宗棠想让胡雪岩主持这件事。

"叫个什么名字呢？"

"这个我已经想好了，就叫船政局。"左宗棠说，"你先去上海见一见洋人，早一点儿把事定下来，我这里就出奏，估摸有三个月也该批准下来了。"

这个差使，不用胡雪岩伤脑筋筹钱，胡雪岩倒也无不可。

办起船政局，先得理出一个头绪。

"要把船厂办起来，得有哪些准备呢？"胡雪岩问左宗棠。

"这个你自己就可以想一想了。首先得请洋技师吧？"

其次呢，其次就得招一批干实际工作的，这些人倒可以从国内直接招。只要头脑灵活，身强力壮，又有耐心，在洋技师的指导下，他们自然会很快适应工作。

第三就是专门筹设一个技术学校了。按左宗棠的意思，这洋人不能久聘，早晚这造船事业还得中国人自己干。办法就是招一批愿意学习工艺的学生，跟着洋技师干活，同时请洋技师指导，学习他们的技艺。

胡雪岩对第三点最为佩服，认为左宗棠果然看得远。

"左大人，将来中国有了自己的船只和造船技师，你可是功德无量啊！"

左宗棠吃捧，这是谁都知道的："我左某人就是想开风气之先，造出船来，和洋鬼子较量较量，也好长我大清的威风。"

中国近代第一家造船厂诞生

筹划下来,船政局的工作,无非是"延洋匠、雇华工、开艺局"。至于购买造船机器,不用说,是胡雪岩去上海首先要办的。

"应春,有稀奇事儿了。"一到上海,见着古应春,胡雪岩就这样说道。

"什么事那么稀奇?"古应春好奇地问。

"有人要自己造轮船了,还要用自己造的轮船去打败洋鬼子呢。"

"真的?"古应春这倒真是又惊又喜了。不用说,这人肯定是左宗棠,"他这点子倒真新鲜。"

"不过我担心想马上打败洋鬼子不大可能。"胡雪岩道。

"这我可就不赞成了,"古应春反驳道,"雪岩兄,你猜一猜这洋人造轮船有多长时间了?"

胡雪岩摇摇头:"猜不出,起码有几百年了吧。"

古应春大笑:"雪岩兄,我告诉你,恐怕你真不相信。我问过洋人,他们说第一艘轮船下水是在咱嘉庆末年,离现在也不过四十多年。"

"真的?"这一下轮到胡雪岩吃惊了,"要不是你讲给我听,我还真不相信。这么说,离洋人开着轮船来我中华,也不过二十余年的光景?"

"可不就是。所以我说了,只要咱现在开始做,不出二十年,就敢跟洋人叫板了。"

胡雪岩想了半天,还是摇了摇头:"不是我说泄气话,我看很难。我问你,应春,这洋人造枪造炮,有多少年光景了?"

"这个算下来可就早了,总在咱宋朝时候,他们就有了吧?"

"宋朝离现在多长时间了?六百多年了。人家搞了五六百年,咱一夜之间就能把人家的东西都学过来?我看很难。这就好比一个家族,积了几百年才出了一个宰相,荣耀族里。"

古应春不以为然道:"我觉着你太悲观,雪岩。我倒问你,你是用多长时间,翻出眼下这番事业的?"

胡雪岩低头想了想，对古应春道："这个还有些不同。我这是个人的事，只要扎着头拼命就是。打败洋人，是大家的事。大家如果心不齐，用力也不齐，你往东走，他偏要往西，到头来大家还是待在原地。"

古应春道："讲到人心，我也很同意你的看法。不过造船造枪炮，这是与人心无关的东西。我倒认为咱们学起来不会那么慢。"

胡雪岩道："应春兄，不是我反对左大人的想法。左大人要做的事，我拼了命地支持，不过说到效果上来，我还是愿意看得悲观一点儿。"

议论归议论，做事归做事。古应春比较熟悉洋务，跑了几天。洋人听说有人要购买造船机器，而且还要聘用技师，都很感兴趣，纷纷报了价，希望自己能揽这活儿。

"要说技术，那德意志人是顶呱呱的。不过他们太死板。"古应春对胡雪岩道。

"太死板了恐怕不好，咱还指望着能找一批学徒跟着他学造船。他要不愿意教，一句话顶回来，那可就惨了。"

"英国人鬼精，愿意报价低一些揽活儿。"

胡雪岩忙摆了摆手道："英国人不妥。我和左大人都商量过了，造船之事尚属首次，不能让英国人干。一则那年购买英国轮船，让朝廷白赔了银子；二则英国人前两次欺人太甚，朝廷也有余悸。"

那就只好在另外几个国家挑。挑来挑去，委决不下。这时有一个叫日意格的法国人却主动上门了。

按照日意格的说法，他的几个表兄都在造船厂干了二十多年，经验丰富，而且他也愿意报个合适价格，双方都不太为难。他还说他们法国现在就有一只小火轮，愿意跟着胡雪岩一起，到福州演示给左大人看，保证左大人满意。

胡雪岩见日意格对中国情况相当了解，而且通达人情，什么事情都愿意妥协，觉得与这样一个洋人打交道还算可以，就答应下来，要他一同前往福州。

左宗棠见有洋轮到了福州，十分高兴，亲自登临，命技师开动轮船。那船"突突突"地往海中驶去，与周围扬帆结网的大渔船一比，果然快了好多倍。

双方满意，就商定由日意格回国，购买机器设备，招募技师。钱款由日意格所在的洋行代收。

第八章 经商不忘忧国，为国献力办洋务

日意格办事很快，八个月后，他已经由法国返回，运来了一船机械。

这时胡雪岩却有些着急，催促法国技师日夜加班，赶快把机器组装起来，以便早日开工。

胡雪岩这是用心良苦，目的是让左宗棠能亲眼看到造船。

因为朝廷已下了调令，任命左宗棠为陕甘总督，催他早日交了闽浙总督的差使，走马上任。

原来窜入南方的太平军，已经在左宗棠等人的聚迁下基本肃清。这时北方的捻军却声势日隆。

捻军一直活跃在安徽北部及河南、山东一带。太平天国天京陷落，朝廷大松了一口气，以为残留在各地的余部不过是指日之间，就可鸟散。不曾想捻军并没有因为太平天国的失败而受到任何影响。他们分散人马、互相策应。因为捻军大都是骑马作战，忽东忽西，出没无定，所以官兵原本希望四面包围，步步围迁最后却发现每在一地形成一个大包围圈，捻军都能出其不意，从包围圈中跳出，一夜之间又在千里之外作战。这样几年打下来，官军早被拖疲拖垮。捻军则越战越勇，居然打败了僧格林沁王带领的官兵，直逼京师。

朝廷吃了一惊，慌忙命令各地将领前往保卫京师，并且一步一步把捻军又压向河南。

这时陕北、甘肃一带回民起义，派人与捻军接头。捻军正苦于没有一个基地，于是做了掩护，佯装东进山东。趁官兵不备，他们又一夜之间穿过河南，经秦川，冲入陕北，与起义的回民会合。

朝廷见状，心中暗暗叫苦，知道不可再犹豫下去，所以就发了圣旨，调左宗棠入陕甘平贼。

左宗棠仍然不慌不忙。他一面调集人马，先行入陕，一面上了奏折，奏请湖南巡抚沈葆桢前来福州。

左宗棠的奏折，现在自然是一请一准儿。不过这普通任命，一来一去，又是几个月过去了。而法国技师也已经调试好机器，一片轰轰隆隆中，船厂开工了。

左宗棠调沈葆桢来，推荐他为船政大臣，主持福州船政局。他希望自己开创的事业，能够结个花果，不至于半途夭折。

胡雪岩被任命为船政局提调，兼管浙江转运局。一切安排就绪，左宗棠才迤逦北上，入陕平定捻回。

五年以后，福州船政局造出轮船十余艘，成为中国第一家新式造船企业。后来在此基础上，组建了南洋水师。中国近代史上著名的铁路工程师詹天佑，甲午海战中牺牲的管带刘步蟾、林日升等，都是福州船政局时期培养出来的人才。窃国大盗袁世凯，也是在这里接受了早期教育。

鼎力出资兴办洋务

轮船造了出来，胡雪岩与日意格的关系却日渐疏远，最后终于破裂。

破裂的责任在日意格。

日意格对中国的情况很熟悉，所以他了解中国人。尤其是在了解了左宗棠后，他更加确信，中国人学习西方技术的决心不会轻易动摇，他与中国会有长期的合作。

胡雪岩也希望与日意格的关系能够搞好。在胡雪岩看来，老朋友是可以心照不宣，办起事来也就省劲儿。没想到日意格一方面了解了中国人学习西方的决心，另一方面也了解了中国的官场作风。他看得最清楚的，就是中国官场的腐化，"一年清知府，十万雪花银"，这俗语他比哪一个外国人都要理解得透彻。于是他动了歪脑筋。他借回法购买机械的机会，私吞了两万两银子。

此时左宗棠西北平捻正紧，急需军饷。胡雪岩已是左宗棠的左右股肱，一切用度都需要胡雪岩调配。胡雪岩见短了两万银子，自然十分挂心，便询问日意格这两万银子的去向。

日意格说他托了另一技师购买特需机械，还为他擅自做主向胡雪岩表示道歉。胡雪岩虽然不快，但心想只要你是派作正用，也还作罢。

一等就等了十个月，两三班法轮来回，该买的机械都已运回，独独不见日意格所说的机械到。

胡雪岩明白其中必有曲折，就把这事信告了左宗棠。

左宗棠哪能容许外国鬼子随便坑骗中国人。不过考虑到一切事务都由胡雪岩和沈葆桢主持，便去信告诉他们，若显有隐情，必认真处理。

胡雪岩也觉着这日意格所开的风气不可姑息助长，就请示了沈葆桢，把这日意格开掉了。

左宗棠因为福州船政局办出了成绩，感到甚是得意。所以一到了西北，他就有意把外洋的机械也引进到西北，让他辖属的这片疆域也感受一下西洋的坚利技术。

就在福州船政局造出的十余艘轮船陆续下水时，左宗棠给胡雪岩来信，说要胡雪岩代买织呢机器。

西北游牧业发达，历代以来的羊驼毛织品就是其大宗贸易产品，西北人靠这养活自己。但是其织作技术很简单，基本上完全是手工操作。

在福州时期胡雪岩曾经给左宗棠讲过，德国的毛织品特别出名，而且是用了现代利器生产。现在左宗棠管理了这个地方，战争松闲时就考虑，如果用了外国的机器，进行统一生产，制造速度不就大大提高了吗？于是他先拨了银两，在当地找了位官员代理，创办了甘肃织呢总局。

胡雪岩与德商泰来洋行接洽，对方答应供应五十台机器。当然技术安装还是要聘德国人。

这一件事办的时间很长，因为机器庞大，船运到上海后又换船运往武汉。在那里又分船沿汉江而上，到了襄樊，水运已不可能，只好换了笨重的牛车，迤逦北上。穿过秦川，因为山路崎岖，只好尽量分卸分装，几百脚夫肩提手扛，马拉人推，到了最为凶险处，只好停下来开山凿路，等运到兰州，离初议织呢局已有十年，离从上海起程运输也已经两年。德国技师的速度相比之下要快得多，第二年春就开机运行。中国最为内陆的心腹之地有了现代机器。

织呢局试办成功，左宗棠意犹未尽。这时各地方要员都已经明白了办洋务是怎么一回事。早在左宗棠入陕甘不久，曾国藩就派了我国第一位留美学生容闳，到英国和美国购买了机器，在上海办起江南制造局，制造枪支弹药。李鸿章也不甘落后，动手筹办上海造船厂。

　　左宗棠领了风头，他就想让这风气继续下去。甘肃织呢局筹办的同时，他又让胡雪岩购买开河机器。几乎与织呢局机器开转同时，开河机也运到了陕西。几名德国技师操纵机器，费时三年有余，开凿出了一条长二百里的正渠。

　　兴办洋务，胡雪岩出力甚勤，获利甚少。左宗棠也深知胡雪岩的勤勉与克己，进而对胡雪岩的看法又深了一层。胡雪岩倒也不愿在这些事上捞油水，他的钱庄和丝蚕生意已经为他提供了足够的利润。他之所以仍勤恳办洋务，一为知遇之恩，二也为将来的出路奠定基础。

第九章

胡雪岩

红顶商人的巅峰人生

筹饷瞄上"洋腰包"

左宗棠西北平捻,起程之前,胡雪岩问他要打上几年。

"我入闽平发逆,约的是六年为期,实际上三年不到。这一次我预备约期五年。"

还要打五年?就按一年四十万银子算,也得筹二百万。

"这军饷最是重要,左大人预备要从什么地方支出?"

左宗棠道:"我已经上了奏折,如果朝廷没钱,希望能各省协饷。"

粮饷由一省独拨不能完成时,通常由朝廷协调,让最富庶的省份各自分担一部分,作"饷"。

"左大人你考虑过没有,闽浙是你署理过的地方,当然无话可讲。不过闽省有一福州船政局,连粤省也搭上了。两江两湖之地,把握能有多大?"

左宗棠道:"眼下最紧要的还不是这个,而是想办法先搞到一年的粮饷。"

胡雪岩明白朝廷催促甚紧,便道:"我可以从我的钱庄先垫支二十万。"

左宗棠甚喜:"有二十万,人马就可以先开动了,随后的军饷还望雪岩兄多多费心。"

朝廷果然没钱,而且依了左宗棠之请,由东南各省协饷。

胡雪岩无奈,只好去催饷。浙、闽、粤三省,因为确与左宗棠有过关联,所以再度支不开,也会想办法,凑齐了应有之数,交给胡雪岩。

两江和两湖却分文未得。按他们的说法是连年战事,库府告罄。其实谁也看得出来,只是个托辞。左宗棠这人的脾性太直,早把这帮人给得罪干净了。

胡雪岩无奈，只得去找古应春商量。

"应春兄，你得帮我出出主意，总不能让左大人在西北断了炊。"

古应春道："主意倒有一个，不知能不能行得通。"

胡雪岩因为着急，便道："你说出来听听，只要是正办，没有行不通的。"

古应春道："上海有几个外国洋行，可以问一问他们是不是愿意放款。"

"向洋人借款？"胡雪岩想都没想过。

"这也没什么，和自己钱庄放款是一样的，只要双方认为合理可接受，就能办成。

"那你说的难处在什么地方呢？"胡雪岩问道。

"既然动了向洋人借款的念头，一次就要多借一些，免得来回周折费事。不过洋人就要问你了，靠什么作保，我怎么相信你。"

这是通理儿，洋人也不例外。

胡雪岩道："就拿我的钱庄作押。"

古应春摇了摇头："不妥，不妥。洋人首先就要问你：'这是给公家贷款，还是私人贷款？'要是私人贷，你有那么多钱庄、典当行在，用不着贷你那么多，也不能贷那么多，不然洋人就要怀疑你的生意出问题了。"

自己开了钱庄还要用别人钱庄的钱，一般都是因为有了急事，一时周转不开，才临时从别人那里拆借的。这种事是典型的"救急不救穷"。要是因为钱庄都快要倒闭了，才去开口求援，没有钱庄会帮，一切只好公事公办了。

"那我就以福建候补道台，上海转运使的身份去办。至于保证，只好去找左大人了。"

左宗棠回信，他已经向朝廷出奏，拟从各江海关的岁入中划拨。相信朝廷不久就可回复。

胡雪岩得了这信儿，就可以放心和洋人商谈了。

几家洋行听说是左大人西征要用，先就放心了。况且还可能以江海关的岁入为押，退一步讲，胡雪岩自身就是个大财神，稍有不济，胡雪岩肯定会先自己想办法，决不至于坏了名声。

不过商议归商议，洋人坚持要见到朝廷的批文后再决定放款。

第九章 红顶商人的巅峰人生

没想到朝廷这一次没有同意。

"搞的什么鬼嘛?"古应春问道。

胡雪岩苦笑道:"这也是前世之因,后世之果,谁让左大人脾气太直。"

"你是说这不是朝廷的意思,有人存心跟左大人作对了?"古应春问道。

"存心作对倒谈不上,不过也确实是因为左大人平时不检点所致。"

原来左宗棠心高气盛,是个弯弓射向云、浩气干云霄的人物,曾经因为人马调动,和曾国藩不和。后来曾国荃攻下金陵,朝廷论功行赏,委他为浙江巡抚。当时左宗棠任闽浙总督兼署浙抚,左宗棠对曾国荃占了头功很不服气,又记起前番与曾国藩之争执,便闹起脾气,迟迟不交卸浙抚一职,害得曾国荃只好告病还乡。

不过曾国藩也并不以为过,此番左宗棠入陕,临行前,曾国藩以自己下属的刘铭传部相赠。刘是员骁将,左宗棠自然大喜,曾左矛盾消去了大半。凑巧曾国藩外放两江总督,人还未出京,就听说左宗棠奏请朝廷,同意向洋人贷款。有人便建议曾国藩参他一本,治一治左宗棠。

曾国藩也觉着筹借洋款不妥,便在奏折中称此种事情不甚合体,还望朝廷三思,以绝后患。

朝廷自然要给曾国藩面子,况且左宗棠的粮饷也未必那么急,于是就下了旨,不予应准。

"这下可苦了左大人了。"古应春道。

是该想个办法才是。

"应春,我有一个想法,咱们先从自己人那里筹一笔。"

"你是说个人掏腰包?"古应春问道。

"也不是,我想真的拿我自己钱庄作押,从其他钱庄筹措一笔。"

"这个办法倒可以,只是数额不会太大。"

"先有一年的饷就可以了,一步一步来。"

上海各华商,对胡雪岩十分信任,总算筹齐了四十万两,解送左宗棠军营中。

到了第三年冬这个办法不灵了。胡雪岩无奈,只好自己拿出五万,又从古应春几位朋友那里筹来了五万,解送西北。

129

左宗棠初始还不解胡雪岩何以一次只送来十万银子。左宗棠的亲信去了趟上海，胡雪岩把实情告诉了他。回来后他给左宗棠一讲，左宗棠感动了，在奏折中讲道：

"布政使衔福建补用道胡光墉……每遇军用艰巨饷需缺乏之时，不待臣缄续相商，必设法筹解。"

在另一奏折中又说：

"浙江绅士布政使衔在籍候补道胡光墉，经臣奏派办理臣军上海采运局务，已逾八年。转运输将，毫无缺误。……臣军西征度陇，所历多荒瘠寒苦之地，又值频年兵燹，人物凋残殆尽。本省辖款，无可设措，关省关欠解协饷，陈陈相因，不以时至。每年准发足饷，先犹以两月为度，继则仅发年杪一回，而忧虑不能如期收到，转散各营。第年岁事将闹，辄束手悬盼，忧惶靡已。"

诉完自己在西北的艰苦情况，笔锋一转，讲述胡雪岩的勤勉用心，其中多有褒扬之词：

"胡光墉接臣予筹出息借济缄赓，无不殚精竭虑，黾勉求之，始向洋商借巨款，格于两江督臣非体之议中止，继屡向华商筹借，均如期解到。去冬华商借款不敷，胡光墉勉竭己资，并劝各亲友协同出借，计借十万两，以副期限，不取息银。其力顾军需深明大义如此。"

捻回的队伍逐渐萎缩，胡雪岩已经在计算着左宗棠的归期了。

"左大人回来，起码你能节省一半的时间。"古应春对胡雪岩说道。

"这样我就可以放手去搞我的生意了。"

"上次你讲到蚕丝收购，何不等左大人回来后，借他之力，独霸一方？"

胡雪岩道："我不希望给别人造成这个印象，好像我是靠官做生意的。"

古应春笑道："应该倒过来，当官的是靠你这个做生意的人做官的。"

两人哈哈大笑。胡雪岩又道："这话只可你我玩笑，绝不可让做官的听到。"

"极是，极是，"古应春道，"当官人的脾气我也懂一些，只许州官放火，不许百姓点灯。"

第九章　红顶商人的巅峰人生

筹款获利二百万两银子

左大人没有回来,却还要向西北开拔。

新疆的回民发生了叛乱。有一个叫阿古柏的,串通了天山南北的各地回民头领,攻占县城,杀死官吏,宣布独立。整个新疆迅速陷入混乱。

阿古柏为了保证他所宣布独立的王国的安全,又秘密勾结俄国,寻求他们的保护。

俄国人自然高兴,就派了兵,陆陆续续进驻新疆,说要协助平静地方。这样一来,如果长期沉默,无疑是在纵容俄国人占领新疆。可是如果打仗呢?朝廷有些担忧打他不过。

朝内分成主战、主和两派,争执不下。眼看着主和派占了上风,朝廷也要同意言和了。

这一天上朝,突然就有一位老臣出列,说新疆万不可丢,那可是祖上的风脉。在朝的两位太后吓了一跳,新疆怎么成了祖上的风脉。

原来,这老臣苦谏不成,心思忧郁,就有一个老翰林告诉他回家读读地方志,或许有所帮助。回到家中,他秉烛夜读,一点儿一点儿地翻检有关新疆的档案。忽然就发现了一条证据。档案上清清楚楚写着,叶赫那拉氏族,祖籍新疆轮台。

叶赫那拉氏慈禧太后一听,也吃了一惊,心想这一疏忽间,差点儿把祖上的风脉就断送了,真是该死该死。

于是朝议风气一变,一致主张开战。主和派拗不过主战派,也都纷纷改弦更张。

左宗棠极力言战,主和的李鸿章等以东南海疆辽阔,洋人骚扰不断为由,主张放弃西北,防好东南。现在左宗棠言战,分明与李鸿章形成对垒的两派。这是朝廷也看得清清楚楚的。

要入新疆,以左宗棠的意思,仍是采取稳扎稳打的策略,不求速定,但求稳当。这样一来,战事恐怕就又要长了。

胡雪岩闻此消息,明白自己也要跟着忙了。

果然，左宗棠来信要他专程去营中一见。

"我找你来，仍是希望你能帮我筹措军饷。"

"那筹饷之途呢？"

"筹饷之途，无非有二。第一仍由东南各省协饷，第二就是借洋款。"

协饷只是有名无实，无法保证饷源。这一点，连朝廷也非常清楚。

"自曾相去后东南各省都在李鸿章把持下，协饷一途，我也不再去想。我现在是想和你商量一下，筹借洋款。"左宗棠对胡雪岩道。

"朝廷不是不同意吗？"胡雪岩问。

"现在由不得他们了。社稷不保，还空谈什么面子。我已经上了奏折，这一次断无驳掉之理。"

"那么筹集多少呢？"胡雪岩问道。

"我准定以十年为期，每年的饷银是这个数。"

左宗棠做了个手势。胡雪岩道：

"三十万？"

"三百万。"左宗棠道。

"三百万！"胡雪岩简直不相信自己了。一年是三百万，十年岂不就是三千万。

"怎么要这么多？"胡雪岩问。

"多吗？不多。整个新疆值多少钱？祖上的风脉，要是断了，那可不是这个数能补过来的。"左宗棠道，"而且我入新疆，不但要剿，还要抚，剿抚并用，才能见效。"

胡雪岩忧心道："这么大的数目，恐怕几个洋行合起来也凑不齐。"

左宗棠道："不用急，先凑齐了第一年的饷，后边的陆陆续续到了就可。"

这又是左宗棠的策略，胡雪岩明白了。先开个大价，把架子撑起来，到最后也可能根本用不了这么多。

这么一想，胡雪岩轻松了许多。

"洋人需要作保，"胡雪岩道，不过这时他不想扫左宗棠的兴，"不过，他们听说是左大人出面，就再信任不过。"

"洋人也知道我？"左宗棠问道。

"哪一个洋人不知道左大人，"胡雪岩恭维道，"左大人南征北战，早就打出了名气。现在满朝上下，还有谁能比得上左大人？"

左宗棠听得脸上放光。的确，自从曾国藩去年殁于赴任途中之后，满朝上下，也就只有左宗棠是老牌重臣了。何况现在左宗棠正要挥师西进，声名更是远播四海。

"你让洋人放心，有我左宗棠在，中国朝廷就不会赖掉这笔账。"

朝廷下了旨，仍以各江海关岁入为抵，同意贷款。

胡雪岩回去后与汇丰银行接洽，结果以一分五厘成议，分十年还清。左宗棠听后嫌息稍高。胡雪岩解释道：

"左大人，这是第一笔款子，两家初次交道。他们已经答应，后边的几笔就放低一些。"

借款成功，开了我华人向洋人借款的先例。

左宗棠有了这一笔款子，便整顿人马，开拔新疆了。为了显示平定新疆的决心，左宗棠要人去置一口棺材来，说要抬着棺材入疆。幕僚嫌太晦气，便劝左宗棠打消这个念头。

左宗棠一听又来了骡子脾气，拍着桌子大骂："格老子都不嫌晦气，你倒嫌晦气。"

有人便传开了，说左宗棠这是在拐着弯儿骂李鸿章。

李鸿章在湖北做官时，有一回他娘去武昌住。船停上轿，轿夫抬着他娘，李鸿章在一旁跟着。

李鸿章他娘是个大脚。可是这老太太坐在轿中，偏偏要把双大脚从轿帘下露出来，引得沿途行人都驻足观看。

李鸿章只得悄声提醒道："娘，娘，你把脚收回去。"

李鸿章他娘也在轿里发了牛脾气："你老子都不嫌我脚大，你倒嫌弃了！"

李鸿章无奈，只好乖乖陪着走。

左宗棠这话倒不是有意，湖南人骂人，从来都是这样。

左宗棠果然置了一口白木棺材，让六个士兵抬着走在军前，一路迤逦往新疆去了。

胡雪岩在上海，既为左宗棠筹借洋款，又为左宗棠购买军械。由胡雪岩经手，一共筹措了六笔款子，总额为一千七百万两，而利息累计高达八百万两。胡雪岩个人从中得到的好处甚多，净获利约二百万两银子。连胡雪岩自己也不知道财富因何而来。

左宗棠收复新疆，胡雪岩戴上"红顶"。

左宗棠初入新疆，阿古柏的人马因为有俄国作为后盾，大多骑马作战，而且装备西式武器，左宗棠人马吃亏不小。左宗棠飞鸿上海，催促胡雪岩无论如何，定要选购洋人最先进武器，押解入疆。胡雪岩购来大批大炮，左宗棠的人马一路遇到叛军守堡垒不出时，便架起大炮，连番轰击。

当时的堡垒，一般只能做到防火防箭，再坚固一点儿的，也只是能防了马步枪，哪能顶得住新式大炮的连番轰击。守堡的军士只见火光一闪，原来以为固若金汤的堡垒早已炸开了一个缺口，吓得如遇天神，纷纷投降。

左宗棠对胡雪岩采办的兵器甚为得意，在上奏折片中专门向朝廷描述：

"如前购之布洛斯后膛螺丝开花大炮，用攻金积堡贼巢，下坚堡数百座；攻西宁之小峡口，当者辟易。上年用以攻达坂城，测准连轰，安夷震惧无措，贼畏之如神。"

从陕甘之金积堡，到青海之小峡口，再到新疆之达坂城，有了新式武器，左军真是所向披靡，以至于"官军亦叹为利器，争欲得之"。

对于胡雪岩筹饷购械之功，左宗棠甚为感激。他在奏折中这样评价胡雪岩的功绩："关陇新疆初定，虽曰兵精，亦由器利，则胡光墉之功实有不可没者。"

这是在夸胡雪岩购置军械之功。"臣维胡光墉自奏派办理臣军上海采运局务，已历十余载，转运输将，毫无贻误。其经手购买外洋火器，必详察良莠利钝，伺其价值平减，广为收购。遇泰西各国出有新式枪炮，随时购解来甘。"

后边又用数语夸赞胡雪岩筹款之苦：

"至臣军饷项，全赖东南各省关协款接济，而催领频仍，转运艰险，多系胡光墉一手经理。遇有缺乏，胡光墉必事先筹措，借凑预解。洋款迟到，即筹借华商巨款补之。臣军倚赖尤深，人所共见。"

胡雪岩身为商人，自然做事要从其商业角度考虑。不过平实而论，左宗棠西北建功，保住西北大片领土，使之不致落入外敌手中，这份功绩，当然也有胡雪岩的一份儿。左宗棠以朝廷重臣之身份，褒奖胡雪岩："此次新疆底定，核其功绩，实与前敌将领无殊。"并且还以个人人格作保证："臣不敢稍加预诩，自蹈欺诬之咎，亦何敢稍从掩抑，致负捐助之忱。"

　　胡雪岩尽心竭力辅佐左宗棠，立下了汗马功劳，左宗棠自然会多予酬劳。除了在购机器、买武器、借洋款中少不了他的好处外，在官衔上也尽力为他争取，使他的官衔越升越高，直至被朝廷授予一品顶戴。因为顶戴系红顶，故胡雪岩也就被人称为"红顶商人"。最后左宗棠还为他向朝廷请赏黄马褂。穿黄马褂是清朝官员们梦寐以求的荣耀，没有特殊功绩的人，皇帝是不会赏穿的。胡雪岩既戴上了红顶子，又穿上了黄马褂，可谓集荣华富贵于一身，放眼整个清代，没有哪一个商人享有过他这样的殊荣。

借款利息小风波

　　当时就有人对胡雪岩借筹款之便中饱私囊有议。与左宗棠不合的人更是直接奏对，借攻胡雪岩之弊要攻倒左宗棠。只是新疆初定，举国欢腾，左宗棠立下了盖世之功业，朝廷不愿拂了他面子，就把攻胡雪岩的奏对都一一压下，稍言词平和一些的，也抄了副本，送与左宗棠。左宗棠见朝中有人议论，便借了机会问胡雪岩可有此事。

　　胡雪岩也算坦白，承认按西人借款习惯，双方执事之人都有彩头在。不过他又暗示，他自己所得之份，大都又捐助出去，真正个人所得甚少。

　　这话又对又不对。的确在好多关键时刻，胡雪岩自己掏腰包垫支了饷银和还款，这一点左宗棠是知道的。而且北方每遇饥荒，胡雪岩多有报效，这一点左宗棠也知道，所以他没再多说什么。做什么事有人满意，就总有人不满意，这个道理，做了这么多年官的左宗棠深有体会。"看挑担的不知挑担人之苦"，恭亲王也曾经这么对左宗棠说过。

左宗棠只是告诫胡雪岩，诸事上要适当小心，以免积怨太多。

这时汇丰银行主管放贷的一位执事回英国，途经香港。在港的英国朋友设宴为他饯行。

酒宴进行到一半，座中忽然有一个人站了起来，问在座的各位同胞，今天设宴招待这位执事，是因为公事，还是因为私交。

大家说是因为公事。

这个人原是个中国通。他看着这位执事，从容地问道："我想请你回答一个问题，你曾经借款给左大人之经理人胡雪岩。我记得你说是八厘起息。昨天我见到了合同底稿，上边写的却是一分五厘，这是为什么？"

这位执事听他问了这么一个问题，感到十分不快。本来向中国人放款，利息高低，关涉的是中国。利息若高，中国自然赔进去的多，利息如果低的话，中国人赔进去的就少一些。只要洋行得足基息，这位执事的做法对洋行本身是无太大坏处的。不过西方的洋行，对职员的品行看得甚重。倘若说只是胡雪岩一人独吞，显与数目不符；如果说这位执事也拿了，自然执事的品行值得怀疑。问题是提问之人与汇丰银行毫不相干，是个局外之人，所以问得虽然在点儿，大家却极感无趣。

不过这位执事回到上海后，还是通过古应春给胡雪岩提到了这事儿，希望他自己精心一些，免招物议。

物议想免也是免不了的。已有外国人与中国清朝官员熟悉的，把一些情况陆陆续续告诉了清朝官员。

曾国藩的儿子曾纪泽就曾经在《使西日记》中记曰：

"十二月初二日：葛德立言及胡雪岩之代借洋款，洋人得息八厘，而胡道报一分五厘。奸商谋利，病民蠹国，虽籍没其资财，科以汉奸之罪，殆不为枉，而复委任之，良可慨已！"

胡雪岩的母亲也因为胡雪岩经手兵器，认为是杀人之物，终属不祥。所以在家中设了佛堂，日日烧香。每年还嘱咐胡雪岩，一定要向寺庙布施，以化灾去祸。

经商不忘扶危济困

盈利无数之日，胡雪岩也很化解不开，认为商人一辈子，图的无非是财源滚滚。一日赴京，去了夏同善那里，夏同善大惊失色道："雪岩哪，你的气色不正。"

胡雪岩笑道："也就是旅途劳累所致。"

夏同善道："不是，我给你推荐一位道人，让他给你看一看。"

这道人是京西白云观的，见了胡雪岩，端详了半天，道："你有些事挂在心上。"

胡雪岩道："这倒没错，我正为左大人筹款一事日夜焦心。"

道人说道："既然是夏大人荐你过来，我也不把你当成外人。我看你现在太专心于赚钱，跳不出来。"

胡雪岩想了一想，也就老老实实告诉他："商人为钱愁白了头。我现在也是这样。"

道人说道："你倒不是愁，而是忧。我也不知道你在做什么，不过我感觉你对自己赚到手的钱隐隐约约感到不安。"

这一下说到了胡雪岩的心里去了。他心中咯噔一下，对道人道："还望道长明示。"

道人道："你怎么个赚钱法，那是你个人的事。不过要想去了心病，我劝你考虑怎么个花钱。"

换个场合，胡雪岩一定会斥他为一派胡言。不过现在胡雪岩心中正好有个结解不开，所以这话还能听得进去。

"花到哪一步才算对了呢？"

道人摇摇头道："你没理解我的意思。我也不是要你大把大把乱花钱，而是要你'忘'了你是一心在为钱走，这样就可以了。"

他又补充道："我们道家讲'忘'，相濡以沫，不若相忘于江湖。佛家讲一个'空'，你是信佛的，我倒问你，'空'是什么。"

胡雪岩也摇了摇头："我不甚明白。"

道人道:"'空'就是无所谓。就像一个不记事的小孩儿,你给他一个小泥人,他拿着很开心。'啪'一下松手,泥人掉地上了。掉了就掉了,小孩并不关心。这就是我们道家所说的'忘',也是佛家所说的'空'。"

这么一比喻,胡雪岩心中豁然一亮。

"夏大人说你气色不对,无非是说你太在乎了。心有所虑,神有所现。明眼人自然一下子就能看出来。"

胡雪岩受此一激,心中对钱就又有了一层看法,回去后对古应春道:"应春,你说人挣钱是为了什么?"

古应春道:"咦,钱挣多了,开始胡思乱想了?"

胡雪岩道:"你说我胡思乱想,也对也不对。人没钱的时候也会胡思乱想。有的人想到去偷、去抢、去骗,有的人就想到用个法子去赚。比如,我就想到去办钱庄,做丝蚕生意,你就想到去做通事。一点儿不动脑筋的人,多半是要穷一辈子。"

"那有了钱为什么还要胡思乱想呢?"古应春故意问道。

"有了钱免不了还要胡思乱想,"胡雪岩道,"大部分人有了钱还想更有钱。有时候还免不了要想一想,我这钱赚得容易吗?或者想一想,我是不是该享受一下了。我前一段的想法和这都不一样,我在想,我这钱来路正吗?我要这么多钱干什么?"

"你想明白了吗?"

"我自己当然是想不明白,不过这次去京见了夏大人一面,我也算明白了一些。"

"明白什么?"

"钱呢,还是要挣的。不过还要花。我倒不是乱花,而是用到该用的地方。比如,设个善局,救一批穷人;或者设个义塾,给穷人家的孩子一个机会。"

"这你早就做到了,雪岩兄。"古应春道,"你想一想,王大人要不是遇到你,也不知他后来会是个什么样子;蒋营官要不是你帮忙,也不知要有多少日子不好过。我说雪岩,你现在这事业从何而来,不就是从那时候开始的吗?"

胡雪岩点了点头道:"你说得没错,应春。不过这一段生意越做越大,我

第九章　红顶商人的巅峰人生

这一段的心思却越转越小。要不是大家提醒，我还真钻在死角里出不来了。现在好了，我已经想通了。我要这钱能进能出，真正把死钱变成活钱。"

死钱变活钱，对于胡雪岩来讲，就是变着法儿做点儿好事。胡雪岩做好事，倒不是见了穷人，给上几个钱便了事。这种事他也做，不过他认为这种做法不好。

"我倒不是舍不下这几个钱，"他对古应春说，"我就怕把穷人养懒。你就说那讨饭的，身弱、病残、年老，也都情有可原，应该布施一点。那年纪轻轻的一个大小伙子，什么毛病也没有，今天路过，他在这里讨饭，明天路过，他还在这里讨饭，这恐怕就说不过去。"

"我很赞成你的说法，"古应春道，"俗话说'救急容易救穷难'。有好多人的穷，是不用心，不刻苦所致。你就是给他再多，他在根儿上没有变过来，到头来还是一贫如洗。"

"所以我要给钱，就得有个原则。除了大灾大疫、人命关天，急需救助外，我只把钱给那些有一业可守，有一技之长之人。这样我的钱也不至于白花。他们只要用心用力，早晚会借助我的钱自己发达起来的。"

古应春叫好道："雪岩，你这么做，也正应了中国一句古话，叫作'天助自助之人'。人总得自己先有了志气，肯于上进，别人才愿意帮助。"

"别人见你肯上进，帮了也是心里高兴。比如，我们'胡庆余堂'的药农，你事先接济他一点儿，他就当天大的恩惠。来年他种起药来就特别用心。送药的时候，成色稍差一点儿的，他们自己先把它拣掉了，说是不能因为自己坏了'胡庆余堂'的名声。我听了刘中医跟我这么讲，我就打心眼儿里佩服这帮药农。今年我特意关照，只要是药农告贷的，不问原因，先放给他款子。"

古应春道："你这么一说，我倒真的又想起个点子。雪岩，要说咱们的钱、丝生意已经做得够大了，为什么还老受洋人欺负？"

胡雪岩想了一想，答道："无非是洋人在咱这里买不到，还可以到别人那里买。"

古应春道："为什么不可以让他只能在咱一家买？"

胡雪岩道："这个我也想到了，要想能跟洋人叫板，必须中国的丝商联合在一起。过去我做不到这一点，现在手头宽了，已经能这么做了。"

古应春追问道:"效果怎么样?"

胡雪岩道:"那洋人很可能专门派人下去收购。咱是做生意的,人家也是做生意的,咱也不能说:这地盘儿是我的,不准你去。"

古应春道:"你这话没错儿。不过咱虽然不能拦住别人,不让他去,咱却可以想个办法,让蚕农把丝茧只卖给咱们。"

"什么办法?"胡雪岩道,"让官府派人强迫蚕农?这样可不妥。"

古应春道:"亏你想得出,我是顺了你的思路。既然把钱贷给药农,效果就不差,为什么不可同样把钱贷给蚕农?"

胡雪岩恍然大悟:"对啊!蚕农最怕市场不稳,咱先就给了他订金,还怕他不往咱这里卖?应春,你这主意不错。"

古应春道:"我有言在先,这可是顺了你的思路来的,所以应该是你的主意。"

胡雪岩道:"我原来可就没想到这一层。"

古应春道:"也不是没想到这一层,是没用心往这一层想。"

胡雪岩感叹道:"看来人也只能走一步,说一步,到哪一步,说哪一步话。"

第十章

胡雪岩

交天下朋友，做天下生意

广交五湖四海朋友

胡雪岩把朋友关系看得很重要，他认为："一个人的力量到底有限，就算有三头六臂，又办得了多少事？要成大事，全靠和衷共济。说起来我一无所有，有的只是朋友。要拿朋友的事当自己的事，朋友才会拿你的事当自己的事。没有朋友，就是有天大的本事，也还是没有办法。"

朋友之间和衷共济，优势互补。自己做不到的事，朋友可以做到。用人就好比借梯，借别人之长为梯，帮助实现自己向上攀登的目的。

胡雪岩所从事的职业，乃是以充分发挥个人才智为特征的商业活动。成败利钝，全在一念之间，个人发挥的余地很大，客观受掣肘的因素很小，而且表现的方式也大为不同。胡雪岩以家贫为学徒的出身，最后发展出支撑半壁江山的钱业，同时以自己的商事活动为近代史上的重大历史事件的走向发挥影响，充分展露了一个人对自身、对外界的把握和应对。这一充分体现，概括起来，就是胡雪岩善于编织人脉关系，能够做到先做朋友后做生意。

商业活动的目的，要求商人尽可能运用他本身掌握的知识（即广义的知道和认识，既指人、人际关系，也指物、资材，同时也指一种能力等可化作交换的东西），以最小的投入，去获得最大的利益。单是这种要求本身，就使得商人必须是路路皆通，有路即通的。商人如果不能时时挖掘可以转化为财富的知识，那他的经营就会萎缩。而事实上也没有一个商人愿意使自己的商业活动停顿，所以他不断地认识人，培养客户，发掘新商品，售出新商品。这种不断扩展乃是资本的本性要求的。

具体到胡雪岩，这一面的要求体现在对人上，即不断扩展与官僚阶层、与江湖势力、与洋人及洋人买办、与下层被管理者和下层百姓的关系；对商业经营范围上，即不断扩展其钱业覆盖范围，其丝业垄断能力，其典当业、药业，以及其他能够迅速扩大其声名的慈善业、广告业。

商业就是扩展，就此而论，胡雪岩与其他商人无异。但是因为胡雪岩所处时代特殊，其应对手法也与常人迥异，从而使胡雪岩的商业扩展成为特点鲜明、世人瞩目的现象。

胡雪岩时代的特殊，就特殊在旧制受到冲击，洋人叩打大门，社会发生变乱。

胡雪岩时代的旧制，十分影响商人的发展。当时中央集权制的封建社会是以有形的权力管制为中心制约的，商人在社会中处于最末流。士农工商的次序十分明显。这样，这种体制就与商人的活动相矛盾。因为权力管理阶层处于社会最高位，而且没有很好的制度和规则约束，所以官吏对商人的危害十分大。一个极小的守门吏都可以以其职业特权随便影响一个小商贩的生意。他可以在小商贩最急需赶往市场进行交易时拒绝你进城，也可以随意强拿对他有用的商品。较大的官吏情况更严重，他们可以以各种貌似合理的理由强行征税，或者宣布该贸易为不合法。

面对这样一种情况，商人要想把经营进行下去，必须做出合适的策略。一般来说，商人会设法避开官吏，但这是一种消极的策略。所以就有商人另想策略，设法与官吏阶层沟通，以争取他们的保护。很明显，所争取的官吏职位越大，能给商人提供的活动范围就越大。

这就是胡雪岩所采取的策略。开始胡雪岩也是无意的。根据以前所在钱庄及其同行的经营情况看，与官吏阶层沟通的情况很不明显，大部分钱庄都是在以一种十分谨慎的方式维护着自己与客户的信用关系，而对官吏，则基本上采取避而远之的态度，能不碰就不碰。万不得已有了什么与官府有涉的问题时，也只是赶快托门路办完了事。

但是中国封建官僚制度发育周期甚长，内部形成了一整套完备的升迁制度与规则。尤其是在不成文的规则部分，托庇大官僚而使自己升迁顺利，已经是一件世人非常熟悉的事情。所谓"官官相护"，或者所谓"京中有人好做官"，

第十章 交天下朋友，做天下生意

讲的就是这一规则。

胡雪岩长期做跑街，与一帮挖空心思捐班升官的人打交道，逐渐熟悉了这一套规则。他很明白，有一个坚强的后盾，意味着有更多的机会和更少的风险。同时，他又与江湖上混的人关系甚密。他非常理解，作为一个下层人，生存是首位的，为了生存和心理安全，必须有良好的朋友关系网。而要有良好的朋友关系网，必须遵守江湖上的规矩，朋友之间互相挂念，互相帮忙。

正是因为长期与这些人打交道，胡雪岩逐渐变得为人四海。当他遇到王有龄时，听说他是捐班盐大使，便感觉到机会来了。他利用收款的机会，为王有龄筹措了五百两银子，资助他进京拜官。

这一举措很冒风险，胡雪岩为此丢了饭碗。不过，随后胡雪岩就发现，这一宝自己押对了。

王有龄因为胡雪岩这一帮助，得了机会补了实缺。知恩报恩，胡雪岩借机有了自己的钱庄。随后，因为有了王有龄这个官声很好，升迁很快的后台，胡雪岩发现自己面前突然铺开了一个新世界。粮食的购办与转运、地方团练经费与军火费用、地方厘捐、丝业，各个方面的钱都往胡雪岩所办的钱庄流了进来。

胡雪岩有了这一经验，回头反思，便很快明白了在那个特殊时代商业要想大发展的顺应之道：寻找保护。

要寻找保护的办法很多，首先是继续帮助有希望、有前途的人。在这一点上，对于王有龄绝对适用。家中如何用度、个人是寒是暖、上司如何打点，都是胡雪岩的帮助行列。随后是何桂清。因为有了王有龄的例子，胡雪岩对何桂清更是不惜血本。为了他的升迁，一次可以放出一万两银子。为了他的欢心，也为了日后自己的商业，胡雪岩忍痛把自己的红颜知己转赠于他。

这时候的胡雪岩很明显已经是在自觉地培养保护人，与前番资助王有龄已大有不同。资助王有龄虽然也是投机，但是还带有一种模仿的性质，他也不甚了解自己的行为有何后果。而针对何桂清，已经大不一样了。他已经完全清醒地意识到：事业要扩展，就必须手腕灵活，敢于放手去做。因为有王有龄的例子在，他还可以很放心地做出判断，这绝对不是一桩赔本生意。

其次是要替这些有前途之人出谋划策。旁观者清，胡雪岩明白，办团练，漕米改海运，征厘捐、购军火，借师助剿，所有这些应时之办法，虽然是绕了一道弯，是在代他人操劳，但是到了最后，无非是帮助这些人得到朝廷赏识，巩固自己的地位。有了这些人的稳固地位，自己的商业势力也就有增无减了。

何桂清在苏浙之日，为朝廷出力甚勤，所以在这一带的影响也日盛。因为这个缘故，胡雪岩的点子有了市场，商业也有了依托。他个人在经营中逐渐冲破了先前的钱庄的经营观念，开始在官府为后盾的前提下向外扩张。这一扩张预示了胡雪岩在商业上必将称霸东南半壁江山。此时的胡雪岩，因为尝到了在官僚阶层中扩充势力的甜头，再也不会回到旧有的经营观念中去了。

何王集团土崩瓦解之日，胡雪岩已经开始在为自己寻找新的商业保护人。这一次的寻找是有意识的，不过也不得不迁就时局。左宗棠这样一位世纪人物就出现了。

左宗棠在位时，胡雪岩为他筹粮筹饷、购置枪支弹药，购买西式大炮，购运机器，兴办船厂，筹借洋款。这些事耗去了他大部分精力，但是他乐此不疲。第一是因为这些事本身就是商事，可以从中赢利；第二是因为左宗棠必须有了这些东西，才能安心平捻剿回，兴办洋务，成就功名大业。左宗棠是个英才，他事业日隆，声名日响，在朝廷中的地位日益巩固，胡雪岩就愈加踏实。胡雪岩原来之所以仰赖官府，就是为了减少风险，增加安全。现在有了左宗棠这样一个大员作后盾，有了朝廷赏戴的红顶，赏穿的黄褂，天下人莫不视胡雪岩为天下一等一的商人，莫不视胡雪岩的阜康招牌为一等一的金字招牌。胡雪岩也敢放心地一次吸存上百万的巨款，也可以非常硬气地与洋人抗衡。任何一个以本业为主，不能上通下达的商人都不敢像他这么做，只有胡雪岩把握住时代的特点做到了。

胡雪岩这种上通下达的意识是在经营活动中逐步摸索出来的。如今我们所处的是一个鼓励发展商业的和谐社会，胡雪岩的时代已经过去，制度化的时代已经到来，我们不妨从胡雪岩的应变中学着锻炼自己的应变，找到这个时代处处事事能够行得通的道理。

投资人脉，编织财脉

儒家抛开了事，一味讲做人。老调常谈，空洞无物，人们不免厌烦。

不过要能静下来仔细想想，就会发现我们常说做事，其实干巴巴的事情本身有什么好做的？所谓做事，无非也就是做人。人做好了，事情自然也就成了。

三百六十行，无非劳心与劳力。按了劳心与劳力的标准来划分行业，商业就应该属于劳心一行，商人应该是世上最大的劳心者。

劳心者就须搜罗人、运用人、管理人。管理人有好多方法，胡雪岩的方法与众不同，叫作"花花轿儿人抬人"。

天下人若都能顺了你的意思去行事，那你就无往而不利。但是要想让天下人顺了你的劲儿走，你就先得顺了他的劲儿走。看重人、抬举人、帮助人、提携人，一个人一辈子如果在这些方面做得好，那他就处处有朋友，处处有人和他同心，处处有人愿意帮助他、支持他、顺从他、敬重他。不独商人如是，行政管理者亦如是。

有些人从事了劳心的行业，却对人太生硬，以一己为中心，处处压制人、打击人、嘲弄人、贬低人。到头来众叛亲离，矛盾重重。这样的人最终会陷入孤立无援的地步。

所以胡雪岩说人活世上就是要人帮人，按杭州的俗话，就叫"花花轿儿人抬人"。所谓"一个篱笆三个桩，一个好汉三个帮"。人活一世，要成就一点儿大事，赤手空拳拓展的那一点儿不算大，大家帮着做的那一片才算大。你今天帮了别人，明天别人逮着机会自然会帮助你。

古人尚义，胡雪岩慕义，而且他特别注意创造环境，为人做仗义之事。有人会说，在商言商。胡雪岩这样离开了商业的利益原则去做疏财仗义之事，有时甚至不惜血本专门搜罗江湖赌棍去放交情，是不是有点儿舍本逐末？

的确，放着水里浮起的大鱼不下手去逮，却要退回来一点儿一点儿结网，这是一件与目标不直接相关的事。但是如果凭着一双手去捕鱼，肯定不如先结了网再捕鱼效果大。这就是人们常说的，"临渊羡鱼，不如退而结网。"

在胡雪岩看来，他这么做，事实上也是在做结网的工作。这是一种投资，或远或近，或早或迟，这些投资都会连本带利翻回来。交情多表明你路数多，为蝇头小利而断交情，表明你至多能做一个小生意人。

胡雪岩愿意时时处处帮别人。拿了他的话说："我有了钱，不是拿银票糊墙壁，看看过瘾就算数，我有了钱要用出去！世界上顶顶痛快的一件事，就是看见你穷途末路，几乎一钱逼死英雄汉，我有机会挥手斥金，喏，拿去用。够不够？"

其实胡雪岩为人四海，别说有了钱会这么做，就是在他还没有大宗进项，兢兢业业为别人做伙计的时候，他已经从生活中总结出了经验，人总要互相帮上一把的。他总是看稳了便承诺，承诺了便兑现。他为此吃尽了苦头，不过也真的建立起来了一个有效的人际网，最终因此发际暴富。

交情和义气是经商资本

胡雪岩从小家贫，但最后能支撑起一个垄断半壁江山的钱业大网，其发迹不是靠了强掠，而是靠了用心编织的人际网。胡雪岩的财富，是以心换来的。

他的发迹，传说有几种，连他的后代也莫辨真伪。但情节大致相同：胡雪岩急人所难，刚好救助了某人。某人日后借了胡雪岩的帮助发达，胡也因为自己种下的善因而得善果。

醉醉生（汜康年）《庄谐选录》卷十二云："胡后为某钱店司会计，有李中函者，时以某官候补于浙，落拓不得志。一日诣其店告贷，众慢不为礼。胡独殷勤备至，且假以私财。某感之，誓有以报。迨后扬历封疆，开府浙江。甫到任，即下檄各县曰：凡解粮饷者必由胡某汇兑，否则不纳。众微知其故，于是钱粮上兑，无不托诸胡。胡遂以是致富。"

这是比较温和的说法，以私财相借，不和众人一般见识，对落魄之人独眼相看。也已见得胡雪岩极具眼光，更具侠义热心。

另有一种说法,说胡雪岩自作主张,拿了钱庄的钱贷于他人。

沃丘仲子(费行简)《近代名人小传》传胡于货殖,据云:胡雪岩"初学贾钱肆中,一日突有人来,谓为湘军营官,饷费继,欲假两千元。适主事者咸外出,唯光墉留,贸然许之。约翌日至取资。逾时众归,闻而大哗,主者立逐之出,然亦不敢毁约。越日其人来,如数以贷。未浃旬,竟携资来偿,本息弗绌。唯问前慨假我资者,乃一少年,今何不在。肆人诡以病对。时光墉已潦倒甚,偶踽踽行河上。忽值是人,问子病当瘥。对不病。曰不病何状若是,对无业故憔悴。其人大诧,语以肆人语。光墉亦倾告前事,曰是则我害子矣。遂延致军中,为易衣进餐,谓:向得资给诸卒,皆踊跃赴敌,遂克近邑。今我有资十万皆得自贼中者,固不足告外人,钦子诚实,且坐吾累,愿以资贷子设肆可乎?欣然承之。"

为一素不相识的人筹资,致使自己丢了饭碗,实在有点儿冒险。

后来胡雪岩借助此资本,得以开始他的宏大事业。这件事也应了胡雪岩的说法:"交情和义气就是资本。"

如果考虑到胡雪岩少年时对他人的豪慨之举,再回头看他怎么好义之行,就能看出胡雪岩早就开始理解了帮助人的重要。

还在做学徒时,胡雪岩的一个朋友从老家来杭州谋事,病倒于客栈中。房租饭钱已经欠了半个月,还要请医生看病,没有五两银子不能出门。

胡雪岩自己薪水微薄,但又不忍心看着朋友困顿无助,就找到一个朋友那里。朋友不在,胡雪岩只得问朋友的妻子,看她是否能帮一个忙。

朋友之妻见胡雪岩人虽落魄,那副神气却不像倒霉的样子,家小也是贤惠能助男人,就毫不犹豫地借了五两银子给他。

胡雪岩很有志气,从膀上捋下一只凤藤镯子,对朋友之妻说:"现在我境况不好,这五两银子不知道啥时候能还,不过我一定会还。镯子连一两银子也不值,不能算押头,不过这只镯子是我娘的东西,我看得很贵重。这样子做,只是提醒我自己,不要忘记还掉人家的钱。"

后来胡雪岩发达,还掉了五两银子。朋友之妻要把镯子还给胡雪岩。胡雪岩说:"嫂子,你先留着。我还掉的只是五两银子,还没有还你们的情。现在你们什么也不缺，我多还几两银子也没太大意义。等将来有机会还上您这份人情了，我再把镯子取走。"

后来这位朋友生意上遭了人暗算，胡雪岩闻讯后出面相助。朋友幸免于难，朋友之妻再次要还镯子，胡雪岩这才收下。

自己困顿之时，能为朋友做到这一层，而且在此事上极其信诺守持，后来在遇到陌生人有事相求时伸出援手，也就不算突然了。

囊助王有龄又与胡雪岩早期事业的兴起关系甚密。

陈云笙（代卿）《慎节斋文存》卷上有《胡光墉》一篇云：

"浙江巡抚王壮烈公有龄，幼随父观察浙江。父卒于官，眷属淹滞不能归，僦居杭州。一日有钱胡伙友胡光墉见王子而异其相，谓之曰：君非庸人，胡落拓至此？王以先人宦贫对。胡问有官乎，曰曾捐盐大使，无力入都。问需几何。曰五百金。胡约明日至某肆茗谈。翌日王至，胡已先在。谓王曰：'吾尝读相人书，君骨法当大贵，吾为东君收某五百金在此，请以畀子，速入都图之。'王不可，曰：'此非君金而为我用，主者其能置君耶？吾不能以此相累。'胡曰：'子毋然，吾自有说。吾无家只一命，即索去无益于彼，而坐失五百金无着，彼必不为。请放心持去，得意速还，毋相忘也。'"

胡雪岩资助王有龄，也只是在一念之间做出的选择，其结果却出人意表，从此撑开了一片天地，让胡雪岩有了自由发挥其商业经营能力的机会。

胡、王二人之间曾有一段精彩对话。

"小胡，你为什么待我这么好？"

"朋友嘛！"胡雪岩回答道，"我看你好比虎落平阳，英雄末路，心里说不出的难过，一定要拉你一把，才睡得着觉。"

"唉！"王有龄终于忍不住了，两行热泪，牵连不断。

也正是胡雪岩的"义"，才能让左宗棠对他刮目相看。

做事无非是做人，有了相投之人，有了处处事事替你着想之人，你的事业便真正有了依托。胡雪岩一在左宗棠面前出现，左宗棠便发现自己做事有了一个可靠的帮手。此后，左宗棠的大业果然迅速实现，英名播扬。左宗棠对胡雪岩敬佩有加："胡雪岩，商贾中奇男子也。""人虽出于商贾，却有豪侠之概。"

自打胡雪岩押宝押赢了王有龄这一记，他对人与人之间的交情就看得更远。他周围的人也因为胡雪岩的例子摆在前边，明白了做人比做事重要。人是活的，事是死的，抓住了活人，不怕不能成事。

交情和义气是行商生财的资本。只要肯用心、多播种，必然会有收获。在商业上，如果缺了交情和义气，就犹如满盘的围棋子缺了一口气，摆得再多也是死棋。

很多时候，交情不是为了功利，不是为了直接的商业动机而有意为之的。可能是在十分无心的时候，你就做了让别人感激终身的一件事情。

日本商业界流传着这样两则故事。

某大公司为了扩大规模，在市镇某地段征地建房。所有的人都搬了，独有一位老太太很执拗，坚决不愿搬出居住了一辈子的小屋。公司经理三番五次上门，老太太都没答应他们的要求。最后公司无奈，只得通知她到公司签一份合同，以完成手续，证明公司与她无租借关系。

老太太穿着木屐，冒着小雨到了公司。一进公司门，秘书小姐就热情地帮她换上拖鞋，拿出干净的抹布帮她揩雨。

活了一辈子，老太太没有这样让人服侍过。所以等进了经理办公室，老太太已经改变了心思，答应迁出自己的小屋，让公司建房。

另外一件事，讲的是一个驻德国的日本公司。每次德国公司代表去日本考察，都是这个日本公司的秘书小姐代订机票。

时间一长，这位代表发现每次从德国去日本，自己的机票总是靠左侧窗户，而每次从日本回来，自己的机票则总是靠右侧窗户。

这位代表就问这位秘书小姐为什么是这样一个订票规律。秘书小姐嫣然一笑说："因为你每次去日本，富士山总在你的左侧，每次从日本回来，富士山总在你的右侧。我很乐意让你每次都能饱览我国名山的秀丽。"

这位代表非常感动，认为一个公司有这样一位秘书小姐，公司的管理必然不差。于是他说服了自己的公司，与日本公司开始了长期合作。

所以，交情的回报经常是悄无声息的。在你不经意中，原来认为很棘手的事情突然如水雾一般挥发了。可能到很久以后你才知道，是很久以前的一颗情义种子开花结果了。

助人要有助人的手段

轮回是否有，还真讲不清。因果的报应倒是链条不断，非待回答，业力不失。

回过头来，我们不妨看一看胡雪岩帮助人的手段。一次，胡雪岩在与太平军中已有反意而决心未定的跷脚长根玩儿赌。跷脚长根输了一万两银子。胡雪岩不想赢他这一万银子。他的赌技不精，对赌徒的心情却很了解。有时输钱是小事，输不起一口气。特别是跷脚长根此时的境况，不用打听，就可以猜想得到，势穷力蹙，已到了铤而走险的地步。一万两银子究竟不是小数目，一名兵勇的饷银是一两五钱到二两银子，他手下二千七百多人，如果改编为官军，发三个月的恩饷，还不到一万两银子，就这样一举手之间输掉了，替他想一想，心里也不是滋味！

有钱输倒还罢了，看样子是输不起的，一输他就更得动歪脑筋，等于逼他"上梁山"。胡雪岩这样闪电一般转念头，下手就极快。当大家还为跷脚长根错愕嗟叹之际，他已把两张牌抢到了手里。

场面上是胡雪岩占尽了优势，跷脚长根已经认输，将那一万银票推到了他面前，脸色自不免有些尴尬。其余的人则都将视线集中在胡雪岩的两张牌上，心急的人喊道："先翻一张！"

胡雪岩拇指在上，中指在下，慢慢摸着牌，感觉再迟钝的人也摸得出来，是张地牌。这张牌决不能翻，因为一翻就赢定了跷脚长根。

他决计不理旁人的怂恿关切，只管自己做作，摸到第二张牌，先是一怔，然后皱眉，继之以摇头，将两张牌，往未理的乱牌中一推……

谁都明白，这"一推"，便有了交情含在里边。所以，原来已经打定主意假降官府、暗劫军火的跷脚长根，现在幡然变计，愿意就抚。他认为胡雪岩讲江湖义气讲得"上路"，让他心服。胡雪岩的才干也使他能够信任，他相信胡雪岩有让他喝酒吃肉的本事。

胡雪岩问道："你要多少？万把银子我现成，再多也有，不过要隔个三两天。"

"够了，够了！两千银子抚恤，打发走路的十两银子一个，大概有三百多人，你借我五千银子好了。"

说着，他一瘸一拐地走到窗前，取出写局票用的笔砚，很吃力地写了一张借据，字迹歪歪斜斜，措辞却很得体："今借到胡雪岩兄名下纹银五千两整。彼此至好，无保无息，约期三个月还清。特立字据存照。"下面具名。

他在写借据的当儿，胡雪岩已去寻刘不才，准备好了银数，等会儿进来，跷脚长根递过那张借据，胡雪岩看都不看，就在蜡烛火上点燃烧掉："李七哥，我那个合伙做生意的朋友告诉我，我在丝上赚了一票。自己人有难同当，有福同享。"他将一叠银票递了过去，"你分一万两银子的红。"

这就是拿钱买交情了。不过胡雪岩口头来得，明明是你受惠于他的事，他要说得让人感到这是你应该得到的，非让你心里感到舒服不可。

跳出来分析，胡雪岩在跷脚长根身上所下功夫的酬劳大致如下：安抚了地方武装；侠义胆识的名声在江湖上播得更远；交了跷脚长根这个人；解了俞武成的围；军火生意平安进行，从此后厚利无比；避免了火拼，以后的路子更好走了。

这样一想，这个交情放出去，真是大大地合算。其实细分析胡雪岩的每一笔交情，只要放出，必是多方好处。回过头想一想，我们自己每次有了交情于别人，别人又何尝不是加倍地奉还呢？

怪不得胡雪岩专门培养了刘不才这种吃赌俱全的人才，专陪阔少、达官、江湖头目。单是刘不才和庞三少爷的密切关系，胡雪岩就有了垄断上海市丝茧生意的便利。

胡雪岩的做法往往出人意表，比如他要收服嵇鹤龄，让他帮王有龄平息新城之乱，所用的手法就非常人所想。

先是探明嵇鹤龄当铺里的衣物，把它们赎出来。然后穿了官服，直趋嵇家临时设的灵堂拜祭。总要想办法见面，见了面后，总有帽子给对方戴，有足够的蜜灌对方喝，不愁对方不松口。

松了口就好办。嵇鹤龄家里的经济，胡雪岩安排好了，他的续弦也已经帮他考虑了，孩子也已经找人照看了，一切苦衷都替他考虑到了，至于他以后做官的本钱，一时的用度，也都预先替他考虑好了。这就好比梁王"遣使者，黄金千斤，车百乘，往聘孟尝君"。

正是被胡雪岩情义所打动的嵇鹤龄，在和胡雪岩成为至交后，给他讲了许多"为君市义"的故事，表明如何动起一念心，要比其他任何手段都更能调动有识之士，其最终结果比其他任何力量都要大。

战国时有一位孟尝君，养了很多门客。其实一开头他也是赶时髦，并不特别知道门客的重要。但是这些门客不断帮助他出谋划策，出生入死，他才慢慢明白了养人、助人与用人的重要性。

比如一个叫冯谖的，很有才气，但相貌一般。他刚来时，孟尝君并不特别在意他，于是他就开始教育孟尝君了。

有一段时间，孟尝君刚一出门，便听到有人在高唱："长铗归来兮食无鱼！"孟尝君就很不高兴，心想，这样唱好像我不让你吃似的，因为孟尝君并不缺这个，就派人给他改善了伙食。

过了一段，孟尝君出门，迎面又碰见了这个人，正在高唱："长铗归去兮行无车。"孟尝君越发不高兴了，心想，管你饱就是了，还有这么多额外要求。不过他又一想，不能让别人觉得我不义，于是就给他配了车。

有一次孟尝君出告示问门下，谁懂会计，能帮他到薛地收债。冯谖署名说："我能。"孟尝君很是奇怪，就问："这一位是谁呀？"身边的人说："就是唱'长铗归来兮食无鱼'的那一位。"孟尝君想起来了，笑道："此人真的有这本事吗？我一直没有能够用他，倒真有些对不住他了。"就邀请了冯谖来见，说："我忙于政事，得罪了先生。先生不以为忤，愿意去薛地帮我收债吗？"冯谖说："愿意。"

于是冯谖就打点行装，各种契券装了满满一车，前来辞行。冯谖问："收完了债，买点儿什么回来？"

孟尝君说："看我家什么最缺就买什么吧。"

冯谖到了薛地，派官吏召来应当还债的人，都来验对债券。验对吻合后，冯谖说是奉了孟尝君的命令，这一部分债务，因为年代久远，都交还欠债人，不再讨要，并且当场烧毁债券，欠债人齐呼万岁。

冯谖驾车回齐，大清早就求见。孟尝君奇怪他为什么这么快回来，还以为冯谖真的有奇术收完债务呢。于是就问："债务收完了吗？买些什么回来了？"冯谖说："你说过'看我家最缺什么就买什么'。我在想，君子宫中什么没有？要说缺，最缺少和需要的就是'义'，所以我就给你买了'义'回来。"孟尝君问："怎么样买'义'呢？"冯谖回答说："我假借你的命令，把债务给免掉了。我烧了债券，百姓都很感激你，齐呼万岁。你的英名很快就会播扬很远。这就是我给你买的'义'。"

孟尝君开头想不通，认为冯谖乱弹琴，略显不快。不久有许多身怀奇术之人来投孟尝君门下。他们听说孟尝君很仁义，能把老百姓多年欠下的老账都免掉，跟着孟尝君干一定没错。孟尝君这时才感到高兴。

后来孟尝君使秦，被秦国扣留，眼看就有杀头危险。这时他的门客不惜冒险，装作狗混进宫中，盗来通行护符。可是一行人到了潼关，已是晚上，关门已经紧闭，到第二天早上鸡叫才能出关。孟尝君一行人十分着急，因为他们知道，秦国必然察觉他们逃走，追兵也一定在后边紧赶过来。于是门客就跑到关门附近，装作鸡叫。守关的士兵一听鸡叫，就开了关门，孟尝君一行匆忙逃走。追兵赶到时，孟尝君一行已经出了秦国国界，追兵已无权逮捕他们。

有了这件事，孟尝君才明白冯谖为他买"义"的意义所在。从此后孟尝君对冯谖也就刮目相看了。

假如你是一个善于用心结识人、抬举人、帮助人的人，你就有条件联络人、调动人、使用人。别人见你有这份能力，又有这份感情在，也就愿意帮助你、抬举你、传播你的声名。

有些人对人刻薄、苛刻，甚至不愿意把人当人。结果他在强者面前抬不起头，在弱者面前又趾高气扬，颐指气使。可是时间一长，强者越发压制他，弱者越发反感、规避他，终落得孤单一人，处境堪忧。如若他能够磊落处世不畏强不欺弱，强者自然欣赏他，弱者自然尊重他，不论他到哪里，说上一句话也有人愿意听，有了一个想法也就有人愿意帮他实现。这样的劳心，才是真正有作用的劳心。回到胡雪岩的话上来，就是"花花轿儿人抬人"。或者说："交情和义气是资本。"只有靠了为人的这些资本，才能赚回一个辉煌的人生。

第十一章

商人四德：仁、智、勇、强

胡雪岩

仁：要有所为，有所不为

仁是取舍，是有所为，有所不为。

一个初涉商场的人，手头只要有了一小笔钱，总免不了有不少旁逸之想。无非是想一桩生意勾出另一桩生意，相信自己会连环火爆。

其实人的精力总是有限的，做了这一件，就没有心思去顾另一件。不过人的贪欲确实无限，俗称"人心不足蛇吞象"，也实属正常。

成为一个合格的商人，需要时间磨炼。到有一天他发现收发由心了，才证明他处理的生意范围是适度的。

首先，必须把自己的本业看好。胡雪岩的本业就是钱庄，熟门熟路，钱庄经营好了，才好说分身去干别的。然后是典当和药店。这两样事业，一时都无利可图，完全是为了公益。开典当是为了穷人，开药店则利人又利己。

其次，让别人来照应，自己只需要在边上指点一下。或者像药店，只要选拔好了档子，规定了宗旨，立下了规矩，大可只建设不问事，让它自己发展。

这就需要用人。用人得法，生意照样可以繁盛兴隆地多面铺开。不过，自己要退到后边来，不管那么多琐碎的事。

胡雪岩信奉"仕以取予"，强调了商人做事时的能力限度和面对这种情况时的基本态度。认识到限度是智的表现，好比苏格拉底所说的"认识你自己"是智的表现。自称无所不知的人未免自大，所以不智。高人要面对的是实际的功利，无所不知的态度在商业实践中只能吃瘪。所以有取予，知不足，只有明智商人才能做到。

面对这种限度而定取舍，是仁的表现。好多时候，舍弃和退却颇不容易。尤其是在中国，人人把面子看得十分重要，一牵涉到面子问题，就宁可自己吃大亏也不愿退却。所谓"死要面子活受罪"，一旦变成具体的商事活动，吃亏的只能是死要面子的这一方。

胡雪岩虽然在幼时接受的教育不多，但观察行情甚精。按照他的总结就是："世上随便什么事，都有两面。这一面占了便宜，那一面吃亏。做生意更是如此。买卖双方，一进一出，天生是敌对的。有时候买进便宜，有时候卖出便宜。涨到差不多了，卖出，跌到差不多了，买进。它就是两面占便宜。"

胡雪岩认为世上无论什么事，都有两面。在现实生活中，免不了在这一面占便宜，在另一面吃亏。但是在胡雪岩看来，这个"亏"要看你怎么看。如果是胡雪岩，他会认为现实中吃的亏都是便宜，因为你顺便放给别人一个人情，这人情总是有机会可以收回的。

智：熟谙人性，通权达变

智即权变，也就是观察市场，通权时变。这是一个商人的基本要求。而胡雪岩的商业智慧还有两个与众不同的特点。第一是把"智"运用到"义"上，以攻心为上，以此把握商情；第二是把"智"化解为"眼光"，以此评判生意。

胡雪岩体人情，通人性。他对人情的体察到了十分细微的地步。

他虽因资助王有龄而丢了饭碗，落魄了。却决不去找老关系的麻烦，宁可屈尊去吃门板饭。一旦发达了，他又精挑细选礼品，把老同事们服侍得服服帖帖。这些人个个觉得，胡雪岩这人有难了不会找熟人麻烦，有福了会和大家一起享。

这是人情的智慧。胡雪岩知道人心厌恶啰唆，有人添麻烦总是件不快的事；反过来，人本性中又总爱小便宜，能满足他这一小小本性，他就会喜不自胜。

这个入微体贴、周到的关于人性的知识运用起来了，做出来的行为就入了

"义"。

比如，和松江漕帮的尤五商谈"民折官办"的事情时，揣知尤五卖米隐衷。胡雪岩就捕捉到了这一心理，并且拿话挑明了，告诉尤五，有什么难处，胡雪岩自然会帮，否则还不如不买这批粮食。

难处被人讲明了，并且帮着落实了解决办法，这就是为人打算的举动，显出是朋友了。因此，关于人性的体察，又化作了与"义"有关的举动。

这种"智"，算不算商业智慧？应该算，而且应该是上乘。因为这种智慧是边拆边用，边用边结，最后上升为"义"，又借"义"为以后的商业往来打开了路子。新的机会由于受这种"义""智"的鼓励，是越滚越多，越扩越大。等于每一次都为未知的下次增加了取胜的机会。它和单纯的商业市场大为不同。

如若拿营兵罗尚全存银一万一千两的例子来做比较。按一般的市场操作规则，只需点明银两，立折为凭即了。或者按现代银行储蓄法则来做，发现此人行踪可疑，身份与银两出入太大，先把来人稳住了，找到警察来盘问清楚再说。

胡雪岩却人未打交道，已经义名在外。罗尚全是听了自己的表亲杨书办讲述胡雪岩的侠义之举后做出判断的：姓胡的这人靠得住。

这个判断正是胡雪岩关于人性智慧运用后，化"智"入"义"的结果。

有了胡雪岩的一贯表现，罗尚全就有信心上门存银了。

存银却不要折，也不要息，显见得别有隐曲。换一个人不见得会处理，胡雪岩却借故要和他摆一碗。

这一摆就有了时间缓冲，胡雪岩又算对了。酒酣饭饱，罗尚全把自己的故事全倒给了胡雪岩听。

罗尚全年轻时嗜赌，结果亲家老召他入堂，告诉他，如果他愿意退婚，原债不算，另外奉送他一千五百两银子。罗受此刺激，撕了婚约，投军攒钱，用尽了各种手段，发誓要把这笔欠款还清。

胡雪岩的商业头脑又活动开了，向罗尚全表示，罗的这笔钱，以三年为期，三年后来提，一万五千两足银。

利息是给得高了点儿，不过，首先，这又是一个化"智"入"义"的机会。有了自己的这一表示，成例放在那里，经罗尚全回去那么一宣传，恐怕短期内的存款，单是罗尚全这一号当兵的，累加起来也会不下十万。其次，利息高低，全看你对存款如何运用。头寸足了，生意大了，区区利息，实在算不上什么。

胡雪岩的商业智慧，是以智养智。

还有一点，胡雪岩不但用他对人情的通透了解结义，化"智"入"义"，而且善攻心，化智为利，化智为势。

比如，对抚台黄宗汉的贪吃贪索，那是毫无"义"字可言的。但是胡雪岩照塞不误。先是从上海往他老家汇去了两万，后是从杭州往北京帮他汇到户部一万。

前一笔化为黄宗汉对王有龄的提拔，从海运局转为署理湖州府。

后一笔化为对嵇鹤龄的补缺，允许由嵇代王有龄在海运局的原差使。

两个差使各管一摊官银，只要自己人在，不愁官银不从阜康过，阜康的头寸和实力更不在话下。

嵇鹤龄曾戏称宁可拿钱塞狗洞，也不肯白出孝敬费；王有龄也对抚台大人的暗示置若罔闻，落得抚台大人把脸一沉，端茶送客。

胡雪岩只是听，听出门道了，就适逢其时地派人把事情办了。

这就是胡雪岩攻人心的智慧，即便它是人性的负面，表现出来是恶劣的，也要顺着对它去做。因为这是在做生意，不是在做判官。做生意要的是畅通无阻，要的是取势获利。

胡雪岩商业智慧的第二点是化"智"为"眼光"。

在上述罗尚全存银一例中便看出胡雪岩的眼光来。普遍地讲，化"智"入"义"均是眼光。就是说，胡雪岩人在做眼前的生意，思虑却是放在将来。所以他不做一锤子买卖。

胡雪岩的眼光还有另外一种："做生意精明，十三档算盘，盘进盘出，丝毫不漏，这算不得什么！顶要紧的是眼光。生意做得越大，眼光越要了得。做大生意的眼光，一定要看大局。你的眼光看得到一省，就能做一省的生意；看得到天下，就能做天下的生意；看得到外国，就能做外国的生意。"

这是大处显示商业智慧。

胡雪岩的商业智慧，有这两点与众不同，也就注定了胡雪岩走上与官府合作，受朋友拥戴的道路。尤其是化"智"入"义"这一点,把侠义之心渗入到商业活动中,把握了人性中的最为复杂的方面,使得胡雪岩有了"东南大侠"的尊誉。假定一个商人工于算计,斤斤计较,按现代资本主义眼光看,符合商人的一般标准,但其智慧是冷苛型的,做出的事也必平庸无奇,总没有胡雪岩的义智型来得光彩照人。

勇:敢于担当,勇于决断

勇就是决断。对广大商人来说,关键时刻,往往一念之差,出入甚大。所以,是否敢拍板定夺,决定着一笔生意的成败。尤其是大部分资金积压于一处时,一旦调度不当,常遭倾家荡产之灾。商人多虑,若不能佐以多勇,犹豫辗转,且不说劳心劳力,贻误时机,单是这种工作方式,也会让雇员、合作者甚为担心。商人的勇毅不存,商业上开拓的锐气就会折杀,局面也就可能经常徘徊不前。

不过任何一个商人都知道,勇建立在对商事各方面情况的缜密了解上。胡雪岩为了做丝茧生意,就得从丝的生产知识入手准备起。季节到了,人手齐了,资金足了,地方有了,还需要了解市面。

了解市面是让徒弟陈世龙去办的。透过尤五的口气,兼以陈世龙从茶馆里听来的消息,胡雪岩知道,小刀会在八月要起事了。起事了会带来什么反应?该怎么应对?这就需要胡雪岩做出决断。

当然,如果有进一步的消息,或者另有路道,胡雪岩的决断还可重新考虑。小刀会起事前专做丝生意,估计不会有太大风险。只是,假定小刀会闹成了,上海要有好一阵乱,外边的丝很难运进。知道了这种情况,事先囤丝,大批吃进,是一笔好生意。但是囤丝又有囤丝的风险。假定市面不出半月又平静了,囤丝也就意义不大,这就又需要下决断了。因为商人不可能知道与下决断相关的所有信息,所以就有风险。在最后时刻,只能根据大致的情势估算。至于估计是否准确，情况会不会按估计的方向发展，这都是一个待卜之数。正因为是未知待卜的，才需要商人勇毅果敢的品性。

胡雪岩这次做出的判断是：大量买丝，囤往租界，必赚！高价亦不惜。他的辅助理由是：洋人暗中支持小刀会，政府必然要想个法子治一治洋人，最好的法子就是禁止和洋人通商。所以过不了三个月，洋人有可能有钱而买不到丝，丝价会大涨。

局势果然按他的估计发展了。两江督抚上书朝廷，力主禁商而惩罚洋人。清廷也回复答应这么做。

这是胡雪岩自立门户以来第一笔大宗生意。为了这笔生意，他调集了几十万银款，其中多半是钱业同行拆借的。大家都相信胡雪岩有了断。

幸好，结局甚为圆满。"勇"和"智"结合，"智"和"义"结合，"义"和胡雪岩的处世手法结合，再加上胡雪岩从官场、从洋场、从江湖得来的消息也都千真万确，没有纰漏，这一决断变成了现钱。

商人的日思夜想无非是希望市场能沿着自己预想的方向发展，希望预测的一切都能被证明是正确的，希望各种意外越少越好。

勇是什么？勇是厚利，勇是机会。白圭之所以把它列为商人四德之一，就是因为勇一头连接了智，一头连接了风险。它处在"人知"的边缘，需要勇的时候，即因对此事的发展不能确知。完全地知道事情的发展不需要勇。比如，钻入一个已被各种现代化设备修配好了的大溶洞，不需要勇，至多需要胆，来承受高度黑暗的刺激。但要踏入一个荒野中的山洞却需要勇，因为不能预知里面的情况，或许有猛兽，或许没有；或许有蛇，或许没有；或许有岔道，或许没有；或许有陷阱，或许没有……

因为是通向未知，所以就可能有机会，有厚利，不过同时也可能什么也没有，只有无尽的灾难。

藩司麟桂来向胡雪岩借贷的时候，胡雪岩就处在这样一种状况中：胡雪岩对麟桂所知甚少，他人很实，不过，正因为如此，他捞的钱也少，临走还得靠借贷弥补亏空，而且一借就是两万两银子。人走了，力不及本省地面，即便他给好处，也不知好处该从哪里给起，况且胡雪岩刚刚开业，包括同业庆贺开业送来的堆花加起来也不过四万现银。

这里边也不纯是商业利益，还有人情在，借走了款，将来不给倒还不至于；但是他要长期拖欠，依着胡雪岩的脾气，真不能让人跑到门下天天逼债。

为难，真的为难！

胡雪岩是心中暗暗叫苦，主意却也慢慢在打。可以把王有龄赴任后的官款算进去，可以把私蓄算进去……看来，只要保证期限，借去不会有妨。麟桂要的也只是一时周转，只是他派来的人不够精明，讲出的话让胡雪岩猜不出自己会冒多大风险。

对着风险，要的也就是一个勇字，解了麟桂的急，麟桂自然感激。不日捎话过来，他到江苏接任藩司，知恩图报，答应各省解往江南大营的协饷由阜康到上海开分号妥为办理。

就是说，不用垫本钱，只为这二万两银子的借款，阜康就可稳稳当当把分号开到上海！

这是胡雪岩生意发展史上颇为得意的一件事。借了这个机会，阜康在同治到光绪初年，成为全国规模最大的钱庄。

强：坚守困境，永不退却

强就是有所守，讲的是商人的心理素质。眼看苦日子快熬到头了，好日子快来了，心理上却支撑不住，垮了，这就是"不能有所守"。反过来，不论眼下的局势如何变化不定，守定了自己的宗旨，事情才会有个好的了断。

在这一点上，胡雪岩是绝对不输分的。他选人的一条重要标准，就是看这个人是否有耐性，是否能克制自己。有时他甚至故意创造一些不利条件去考验所选用的人。比如，阿巧的弟弟，一来就让他上堂子找人，一试胆量，二试抵制群粉诱惑的能力。一关过后，又给足银子，让他去送信，试探他能否拿着钱又不乱花，而且讲实话。

商业上的忍耐坚守更为沉重。

胡雪岩第一次联络庞二少爷，垄断上海丝市，以求外商屈服，获得一个较高价格。但是，外商极为狡猾，到了年底，一分丝不收。表面上是国内丝满，暂不需要，实际上盯紧了胡雪岩，要逼他降价。

辛辛苦苦做成的局面，胡雪岩是绝对不会轻易放弃的。但是，要想不向洋商退却，就得垫头寸。有能力给他帮助的，就是庞二。不过，庞二未必一定肯帮助。胡雪岩下定了决心，与其向洋人低头，不如在自己人面前丢脸。他派了刘不才专和庞二交涉。

难熬的日子！庞二如果开不出头寸，胡雪岩的钱庄就有可能发生挤兑，开业不久就有可能重新关门。胡雪岩急白了头发。

这种时候，自然是守的时候。心急如火，都要装作若无其事，静悄悄地等待结果。还得接待人，还得处理日常事务。没有消息前，一切都是未定之数。对于商人来说，除了含在口里的和拿在手里的，一切都是假的。

商业上的这种等待一个接一个，一次接一次。决定着整个大局的，性命攸关的却只有那么几次。等着了全盘皆赢，等不着全盘皆输。

所以要等，要静心。心越静，心跳的声音就越响，神经的紧张在反衬下就越发剧烈，人受的折磨也就越大。胡雪岩这次受的就是这种折磨。好多人都被类似的折磨弄垮了。胡雪岩挺过来了。庞二答应拨头寸，虽有一半儿是死账，不过只要是胡雪岩去要，总可以要过来。

和洋人做丝生意就需要这样用心守出来，虽苦不堪言，收获却是双份儿。第一，赢得了厚利；第二，更重要的是，打垮了洋人，显示了联手的力量。

这种强的品质，面临绝境心不死，在四德中最难具备和实践。白圭强调这一点，是因为，如果不具备这一点，前面的一切辛苦都有可能是徒劳、白费。

胡雪岩是至死不退却。他的这种可贵的商人品性，也没有辱没左宗棠的评语："商贾中奇男子也。"

综白圭商业四德，胡雪岩唯在"取予"一节上晚年略有失，其余则一生践行，成就了一番轰轰烈烈的事业。

第十二章

欲得天下财富,必得天下人心

胡雪岩

胡雪岩笼络人心秘诀一：烧冷灶

烧冷灶可分为两种情形。一种情况是结交一些暂时穷困潦倒，将来可能发迹的人物。这好比灶尚未烧，还是冷的，而我独助一把火，出人意料。这是一种"雪中送炭"的做法，就算别无所图，仅从行义角度来考虑，也是十分值得嘉许的。

胡雪岩资助王有龄正是这种情况。照胡雪岩的话说就是："我看你好比虎落平阳，英雄末路，心里有说不出的难过，一定要拉你一把，才睡得着觉。"另一处的记述讲得更明白。胡雪岩对王有龄说："吾尝读相人书，君骨法当贵，吾为东君收某五百金在此，请以畀子。"

当然，胡雪岩这个冷灶烧得很冒风险，因为胡雪岩事实上是挪用了东家的钱来帮助王有龄。所以王有龄担心自己一旦用钱，会连累胡雪岩。胡雪岩的回答十分着实："子毋然，吾自有说。吾无家只一命，即索去无益于彼，而坐失五百金无着，彼必不为。请放心持去，得意速还，毋相忘也。"要钱没有，要命一条。既然做出这种打算，就能看出胡雪岩主意已定，这个忙是非帮不可了。

这种烧冷灶的做法，在中国传统中颇为流行。孟尝君食客三千，这些有志、有智、有奇技的人多半家境贫困，闻有以资财相济者便群聚而来，一朝有了机会，多以死报答。旧社会上海滩上的黄金荣，便识蒋介石于患难之时。他不但代蒋了结了数千元债务，还资助蒋一笔旅费，使蒋得以投奔广州。杜月笙交戴笠也是如此。戴从小是个无赖，靠摆赌摊骗钱度日，为警察所追捕，后来混到上海，也是在流氓群中做些无本"生意"。其时，杜月笙已跨进黄金荣的大门，与戴一见面，就认为戴是个"人才"，倾心结纳，不久就结为兄弟。后来戴仕途遇阻，一度陷入一文不名的困境，就去求杜帮忙。那时，杜月笙已是首屈一指的上海名人了，居然顾念旧情，一次给了他五十元。用完了，杜又给他五十元。对杜的"慧眼识英雄"，戴念念不忘。在他后来炙手可热，杀人不眨眼的时候，不时对部下提起往事，称道杜"古道热肠"，是他生平知己之一。每次去沪，必和这位盟兄亲密聚首，共商"党国大计"。

烧冷灶的另一种情形是结交下台政客，失意文人。譬如灶已烧过，变冷了，他人投以白眼，独我报以青睐。宝森因为政绩平庸，被当时的四川巡抚丁宝桢以"才堪大用"的奏折，借朝廷之手体面地把他请出了四川。宝森闲居在京，每日呼朋唤友，饮酒、品茶、泡赌场，表面上很是悠闲，心中其实甚感落寞。胡雪岩就特意拜访，劝说他到上海一游，费用全部由胡雪岩包了。宝森因为旗人身份限制，在京玩得实在不过瘾，就随了胡雪岩去游上海、逛杭州，猜拳狎妓，游山玩水，甚是痛快。遂把胡雪岩视为密友，以后每遇大事，必自告奋勇，代胡雪岩在京里周旋。

胡雪岩也极力收容和拉拢一些失意的官僚文人充当谋士，许乃钊为其一。胡雪岩对他执礼甚恭，专门去函，盛赞他的政绩政声，然后历诉浙江民众疾苦，以及当时面临的各种窘境，表现出虚心求教的样子。许乃钊为其所感，忠心耿耿为其服务而不自觉。当然，胡雪岩也少不了暗中给许乃钊打打牙祭，让许有知遇之感。又比如落魄文人裘丰言，胡雪岩遇节必送礼金，使裘丰言十分感激。

当然，"烧冷灶"也不是逢灶便烧，而是放出眼光，择其有资望者，或将来必有起用之日者，殷勤接纳，时相探望，慰其寂寥，解其困难，使彼心中感动，当你是"雪中送炭"的君子。有朝一日，"冷灶"变热，政客上台，烧灶者便能如愿以偿，先前的投资，便可大获厚利了。

其实，烧了冷灶，能得到日后必可飞黄腾达之人，这固然是烧灶最希望看到的结局。不过，像胡雪岩这种计谋韬略甚为深远的人，也不尽指望这些人日后发达，而是出于这样的目的：以低廉的代价换得失意者对自己的吹捧。刘不才嗜赌，连自己祖传的药堂也搭了进去，胡雪岩专门拿钱把他重新打扮过了，只让他一天到晚陪阔少达官赌博。刘不才见胡雪岩出手豪阔，待己又甚诚，所以逢人便大讲胡雪岩，无形中就把胡雪岩的名声传到了四面八方。

历史上有这种眼光的人很多。抗战时期在香港，杜月笙供给吴佩孚的秘书杨云史人参、药品和家用，死后为其营葬。有门人说杨云史已经是一个过气之人，待他这么好又有什么意义。杜月笙曾这样自我表白："人总是爱捧的，因而也同情捧人的人。我对于这些衰病失意老人何尝有什么报尝的希望，但是将来得到的将比我目前付出的这点东西多得多。"

胡雪岩笼络人心秘诀二：趋热门

笼络人心的第二种手段是"趋热门"。对于胡雪岩来说，"冷灶"不可不烧，"热门"尤须要走。因为走热门更加近便，可更快奏效。

"趋热门"的第一条是要舍得花钱。比如，胡雪岩一听说某某官员来看他，就从抽屉里抽出银票，袖着去会客。视来人的声望、地位，多则奉赠万两，少则三五千两。对不劳而获的东西人都有一种欲望。给他一个惊喜，回过头他就会觉得这个人不错。给了这些人好印象，无论以后说什么话、做什么事就非常方便了。

当时何桂清任江苏学政。胡雪岩听说浙江巡抚黄宗汉有去意，就抛开繁忙的生意，置办了一船土特产，带着美妾阿巧专程去苏州拜访何桂清，劝说他进京活动，调往浙江任职。何桂清被胡雪岩的分析所打动，就同意早日动作。胡雪岩则乘机进献了一万五千两银子，作为何桂清各处打点活动的费用。

为了自己一派的人再掌高位，胡雪岩不仅出主意、出钱，而且投其所好，忍痛把自己的爱妾转赠何桂清。日后何桂清以两江总督衔署苏淞杭地区，胡雪岩凭借其关系出谋献策，为自己也挣得大量经营上的便利。

趋热门不但要舍得花钱，而且要花的是时候，花的是地方。"花一文钱要能收到十文钱的效果，才是花钱能手。"历年各地有灾荒，胡雪岩都踊跃捐赠赈济。山东大水灾，胡雪岩一次就捐出了二十万两银子。不但捐钱，而且捐粮食，捐棉衣，捐药品。胡雪岩知道，天灾人祸的时候，每多捐一分钱就多救一条人命。饥民自然饮水思源，感恩戴德，官府也会因为援救及时，对他另眼相看。

浙江收复后，胡雪岩谒见左宗棠，报告他已经采置粮食万石，运抵杭州。左宗棠告诉胡雪岩，战火初息，官府财库亏空，恐怕采购粮食的费用一时不能兑现，需要拖欠。胡雪岩听后，马上表示，购粮所垫的十万两银子，全属报效，不用官府还。这一着使左宗棠大为吃惊，继而感动和佩服，在上奏的折子中称胡雪岩"实属深明大义不可多得之员"，语多褒扬，恳请朝廷"破格优奖"。可见胡雪岩趋热门手段之高超。

趋热门还需要预先探听贵客嗜好，以投其所好。好古玩者则送以古书画；好宝物者则投以珠宝重器；有阿芙蓉癖，则奉赠上好烟土等等。胡雪岩进京，为借洋债打关节，探明户部尚书宝鋆平生甚好古书画，就以三万两银子购得吴道子真迹，捡了时候送到宝鋆府上。宝鋆得此物，辗转把玩甚为喜欢，等再上朝时就变了口风，不再反对借洋款了。

胡雪岩笼络人心秘诀三：捧场面

笼络人心的第三种手段是捧场面，或者可以称之为"拍马屁"。善于广为结交各种人物的胡雪岩，精于捧人艺术。其高超之处在于，捧人捧得不着痕迹，使被捧的人非常高兴。

左宗棠外放两江总督,中途要在上海停留。胡雪岩提前安排古应春回去活动,联络洋人。在左宗棠抵达上海时,上海英、法两租界的工部局,以及各国驻沪海军,都以很隆重的礼节致敬。经过租界时,租界派出巡捕站岗,列队前导,尤其是出吴淞口阅兵时,黄浦江的各国兵舰,都升起大清朝的黄龙旗,鸣放二百响礼炮,声彻云霄,震动了整个上海,大家都知道左宗棠到上海来了。

左宗棠不用去问是谁替他挣了这个面子,反而觉得如此受人看重,是因为自己功高盖世。

事实上,左宗棠平生一大癖好,就是喜欢听人恭维。胡雪岩平生一大本领,也正在于捧人手法高超。二人结交,真所谓"棋逢对手,将遇良材"。下边是筹借洋款过程中的一段故事。

商量筹借洋款时,胡雪岩带来了泰来洋行和汇丰洋行的代表。款子是代理泰来的,但是还需要汇丰出面。左宗棠不解,就问这里边有什么讲究。胡雪岩很会说话:"汇丰是洋商的领袖,要它出面,款子调度起来才容易。这好比刘钦差、杨制台筹饷筹不动,只要大人登高一呼,马上万山响应,是一样的道理。"

话经胡雪岩这么一说,左宗棠感到很是受用,接下来谈到借款的数目和利息时,就爽快起来。胡雪岩深知左宗棠的脾性,所以左宗棠问到"要不要海关出票"时,胡雪岩响亮地回答:"不要!"

原来,洋人借款,为了商业利益,总是要想办法降低风险,避免出现拖欠还款的现象。由于当时中国海关掌握在外国人手中,所以一般借款,总要中国方面出具海关税票,保证借款能如期归还。这回因为是和"胡财神"打交道,信誉好了,自然不必担心出现问题,所以海关是否出票一节上,也就没有勉强。

虽然是看在"胡财神"的面子上,胡雪岩却不这么讲。左宗棠问:"是否只要陕甘出票就可以了?"胡雪岩回答:"是。只凭'陕甘总督部堂'的关防就足够了。"

这一回答使左宗棠连连点头,表示满意,不免感慨:"唉!陕甘总督的关防,总算也值钱了！"

"事在人为，"胡雪岩接过他的话头说："陕西、甘肃是最穷、最苦、最偏僻的省份。除了俄国以外，哪怕是久住中国的外国人，也不晓得陕、甘在哪里。如今不同了，都晓得陕甘有位左爵爷，洋人敬重大人的威名，是以陕甘总督的关防，比直隶两江还管用。"

这样讲还不过瘾，又说起古应春问洋人，如果李鸿章要借洋款，他们要不要直隶总督衙门的印票。回答是："还要关票。"

听得这一句，左宗棠笑逐颜开。他一直自认勋业过于李鸿章，如今连办洋务都凌驾于其上了。这份得意，自是非同小可。

胡雪岩这么一捧，左宗棠只觉得自己犹若丈八金刚，奇伟无比。

胡雪岩善捧，而且很有分寸。捧起人来，跌宕起伏，让人觉得面面俱到，不偏不袒，似乎全是公道话，听的人却又甚觉受用。

下面是胡雪岩初见左宗棠时，拿李鸿章和左宗棠比较的一段对话。

"大人栽培，光墉自然感激，不过，有句不识抬举的话，好比骨鲠在喉，吐出来请大人不要动气。"

"言重，言重。"左宗棠一迭连声地说，"尽管请说。"

"我报效这批米，绝不是为朝廷褒奖。光墉是生意人，只会做事，不会做官。"

"好一个只会做事，不会做官！"这一句话说到左宗棠的心坎上，他拍着炕几，大声地说。赞赏之意，溢于言表。

"我在想，大人也是只晓得做事，从不把功名富贵放在心上的人，"胡雪岩说，"照我看，跟现在有一位大人物，性情正好相反。"

因前一段话，恭维得恰到好处，对于后面一句话，左宗棠自然特感关切，探身说道："请教！"

"大人跟江苏李中函正好相反。李中函会做官，大人会做事。"胡雪岩又说："大人也不是不会做官，只不过不屑于做官而已。"

"啊，痛快，痛快！"左宗棠仰着脸，摇着头说，一副遇见了知音的神情。

胡雪岩见好就收，不再奉上高帽子，反而谦虚一句："我是信口胡说，在大人面前放肆。"

"老兄,"左宗棠正色说道,"你不要妄自菲薄,在我看,满朝朱紫贵,及得上老兄识见的,实在不多。"

"雪岩兄,"左宗棠说,"你这几年一直在上海,李少荃的作为,必然深知,你倒拿我跟他比一比看。"

"这,"胡雪岩问道,"比哪一方面?"

"比比我们的成就。"

"是!"胡雪岩想了一下答道,"李中函克复苏州,当然是一大功,不过,因人成事,比不上大人孤军奋战,来得难能可贵。"

"这,总算是一句公道话。"左宗棠说。

一唱三叹,到了击节相和的地步,自然见出胡雪岩捧场面的艺术来。

胡雪岩处事受人欢迎,无非得力于他那条永远遵循不渝的原则:"花花轿儿人抬人。"这一原则成就了胡雪岩。捧场面正是在践行这一原则,只要捧得到家,没有人不满心欢喜。

胡雪岩笼络人心秘诀四:行贿赂

笼络人的第四种手段是行贿赂。胡雪岩在经营事业的过程中,如果遇到障碍,就常常用行贿的手段打通关节,解决难题。

依胡雪岩的看法,做官犹如行商,别人总是要有利可图才肯替你办事。不过,做官有一个面子问题在那里摆着,所以如果有什么开销,做官的不便自己开口,全靠你识趣,提他一个头,他才肯把话交代下来。

浙抚黄宗汉是这方面老手。每次有事要交代王有龄办时,就有种种暗示在里边。听了王有龄回来转述后,胡雪岩自是心领神会,就赶快回钱庄把黄宗汉所要的钱款,依照他的暗示,如数拨划出去。

有一次胡雪岩去了上海,赶上王有龄求见巡抚,拜托他给平息新城民变有功的嵇鹤龄委以实缺。谈到一半，黄宗汉把话题扯开，谈到了胡雪岩新办的阜康钱庄来，忽然就来了一句："我有一万两银子，过两天拜托阜康帮我汇到京里。"王有龄不明就里，诚恳地回话说："大人只要交代下来，马上照办。"

黄宗汉谈话至此，把脸一沉，便端茶送客了。一连半月，给嵇鹤龄委实缺的一事没有了下文。王有龄甚是奇怪，等胡雪岩回来，就一一细讲了，最后对胡雪岩说："照理说，这委缺的事不至于拖这么久啊！"胡雪岩自觉好笑，告诉他不用着急。回到钱庄后，胡雪岩马上派人汇划了一万两银子到京，又封了二百两银子和一封信，派手下人送到巡抚门房。

一切办妥后，胡雪岩告诉王有龄："你再去见一见巡抚，看有什么交代。"巡抚召见后，谈话甚短，几句话后，就把王有龄所托之事如言办妥了。

这就见出胡雪岩的善解人意。胡雪岩不仅对黄宗汉如是，而且对藩司、粮道，无论亲疏，历来也都是先行此礼，后议公事，所以办起来无不顺利。后来胡雪岩生意做大了，每次出门，必是先购置好整船的特产土仪，到处打点。

行贿赂是我们社会中明令禁止的违法行为，但在腐朽的封建社会却是最为简便易行的打通关节的方式。遇到大宗生意，行贿便犹如开绿灯，所到之处无不畅通无阻。

胡雪岩笼络人心秘诀五：讲义气

笼络人心手段之五是讲义气。义气不是空谈，首先表现在肯花钱上。钱不仅要花出去，而且要花得无声无息，给人的感觉是受惠一方应得的。比如，出银一千资助阿珠一家，找的借口却是，因为需要阿珠的父亲出面，帮助胡雪岩做丝生意，所以是阿珠家在帮胡雪岩。这个理由听起来合情合理，而且阿珠一家也确实受了感动，跑前跑后，尽己所能，为胡雪岩照看丝生意。

第十二章 欲得天下财富，必得天下人心

胡雪岩资助嵇鹤龄，可以说是最有戏剧性的一节。

嵇鹤龄本是捐班候补，因为有名士脾气，对一般的人和事都看不上眼，所以长期没有补到实缺，家境也很不成样子。

此时正赶上新城民变。嵇鹤龄对平息民变自有一套看法，但是也仅限于堂上大放高论，并不愿亲自前往。

胡雪岩得知他新近丧妻，就借了一套官服，硬闯入堂去吊丧。目的无非是激出嵇鹤龄，以便鼓动他前去新城帮忙。

吊丧前，胡雪岩已经做了不少工作。他把嵇鹤龄典当出去的物品全部赎回，给他封了两千两银子的银票，还私下做了筹划，要替嵇鹤龄续弦。

开初，嵇鹤龄感到胡雪岩行为唐突，十分不悦。随后发现胡雪岩颇有战国策士遗风，又听说他和江湖帮会人物关系甚笃，也就不免改变看法，答应只身去新城，设法平息民变。

民变是平息了，论功行赏时，督抚却出了难题，暗示嵇鹤龄要交一万两银子，方得委缺。

嵇鹤龄本来就一贫如洗，加上名士脾气一发，这委缺的事就只好放下了。

胡雪岩从外地回来，听说了这一过节，就安慰嵇鹤龄，说这事必有结果，要他耐心等待。

三天后，补缺的委托下来了，嵇鹤龄自然十分高兴。高兴之余，不胜惶惑，不知是什么力量，让督抚忽然改变了主意。

胡雪岩当然也前来道贺，并且从怀中又掏出四千五百两银票，要嵇鹤龄留着，以备上任和成家之用。

在胡雪岩看来，嵇鹤龄既然答应了自己，甘愿冒着生命危险前去新城安抚民变，自己就不能事过忘人，不能食言。

后来嵇鹤龄也猜出了大概，明白是胡雪岩花钱帮他打通了关节，就对胡雪岩说："雪岩兄，我也不问你，反正我心里明白。"

这是义气之举的一种。

胡雪岩讲义气还有另外一种，就是在赌场上故意输给对方，以博取对方的好感。比如，派刘不才和庞二赌博，就叮嘱刘不才一定要放开手脚去输。其实胡

雪岩嘱咐这话的时候，自己手头的款项并不宽裕，但是胡雪岩特别善于故作镇静，因为这是放交情出去，只要庞二玩儿得高兴，就不愁和他联合对付洋人的事谈不成。

还有前文提到的与帮会小头目跷脚长根赌博时，胡雪岩故意把自己已经胜券在握的牌推进牌堆认输，并慷慨出资，使跷脚长根心服口服地与自己合作。

胡雪岩笼络人的手段，除了上述几条外，还有很多，如广施恩惠、赠人美妾等，我们已在其他章节里讲到。

第十三章

胡雪岩

用天下人之智,赚天下之财

第十三章　用天下人之智，赚天下之财

人的最大本事就是用人

事业鼎盛时，胡雪岩的钱庄遍设杭州、宁波、上海、武汉、北京等地，典当行也开了二十多家。此外，胡雪岩自身还要兼理丝茧、军火生意。这时候，手下分号的用人自然成了头号问题。

对于用人这一点，胡雪岩很得意，也很自负。他陆陆续续所用的人，基本上都特点鲜明，能上台面，也都有所作为。这些人对胡雪岩形成乾隆、嘉庆年间扬州盐商全盛时期都比不上的局面起了很大作用。胡雪岩能识人，更能用人。他有一套自己的选人观、用人观。

他培养的第一个副手是阜康开业时的第一任档手刘庆生。

第一关是考验耐性。胡雪岩把他请来，一坐下便海阔天空，滔滔不绝，空话说了一个钟头，但刘庆生毫无愠色。

第二关是考本行。胡雪岩是此中好手，借谈话做考问，出的题目都很难。刘庆生俱照实回答，大都不错。问及钱庄同业时，刘庆生把全城四十几家大小同业商号一口气报了出来，不假思索，足显本事。

属于专业性的考察完了，只要觉得此人理想，准备收用，必仔细叩问家中情况，把全家开销全部包算。"我送你二百两银子一年，年底另有花红。"

《慎节斋文存·胡光墉篇》云："知人善任，所用号友，皆少年、明干，精于会计。每得一人，必询其家食指若干，需用几何，先以一岁度支畀之，俾解外内顾忧。以是，人莫不为之尽力。"

第一个特点已经显示出来。用人先要解除人的后顾之忧。大凡人们做起事业缩手缩脚，瞻前顾后，无非是妻室、儿女、父老双亲摆在那里，免不了先替他们考虑。搞政治的人惯用这一点来束缚人，防治人。商业上许多老板也是利用这一点作筹码，让店员尽心工作而不起二心。胡雪岩弃防人、治人之术不用，只是采用激励的方式。先要把人的担子减轻了，这样一来，店员一则心思能专，能把全部精力投入到工作中，二则会产生感恩心理，忠诚能激发创造性。

在胡雪岩那个时代，儒家传统和佛教轮回观念以一种强烈的信念形式绝对地影响着人们，知恩必报的观念根深蒂固。师傅打人、骂人、教训人，不仅不能抱怨，尚要知师德，报师恩。师傅如果像胡雪岩一样扶持手下的人，则更应感恩而全身以报。

况且，"衣食父母"，能供衣食者恩似父母。父母生身，提供衣食者养身，后者不亚于父母的生身之恩。胡雪岩"所用号友，皆少年、明干、精于会计"，就是说，所用之人都是伙计出身，从底层擢拔上来的。在中国的封建社会，老百姓只要家中稍有恒产，就不会舍土地、舍农而就工、就商。即便是家中只有三亩薄田，做父母的也会勤苦耕作，想办法供孩子入塾读书，以圆代代人"朝为田舍郎，暮登天子堂"的夙愿。像胡雪岩这种刚开蒙几天便不得不去当学徒的，定是家中连三亩薄田也保不住。徽州多商，本来就是地瘠田少逼出来的。

这样的一批人在外边混，饭碗端的是别人的，一不小心就会摔破，深味"衣食父母"含量之重，如果能在人格表层上同老板保持着平等关系，只需这种表层不受大伤害，内心总是充满感激的。

两点合到一块儿，胡雪岩在那时的用人方法所产生的实际功效，就不用再讲了。

用人要品行至上

对于少年人，胡雪岩会在见面之初交代他们几件事，让他们单独去办理。

一是为了考察，二是为了磨炼。

考察刘庆生，先是看他手脚是否放得开，手面是宽还是窄。因为刘庆生本来是个伙计，原先一个月不到二两银子的收入，现在一下子每月可有十几两银子的进项，很有可能一下子适应不了，舍不得花。舍不得花就是手面不阔，有可能是个好伙计，本分的都能干好，但却做不来大生意。

结果甚幸，刘庆生有二百两银子在手，先包了一座小院子，作为起坐联络的地方。胡雪岩知道他做事是放得开手的，最后一层顾虑便消失了。

还需加以磨炼的一点是去除年轻人的骄躁气，增加他们的定力。这一点不需多用言语指教，而是就事观照，自己用克制冷静的态度做表率。年轻人只要是聪明有心的，自然会看在眼里，和自身的表现相比较。遇事无论好坏，都要沉着，不轻易形诸于外。

刘庆生自然渐渐发觉了自己和先生在处事上的差异，不免惭愧，也就警心自励了。

胡雪岩还要帮年轻人树立威信。所以有了抚台黄宗汉的汇票时，他专门派刘庆生去划汇。一般来说，抚台是天字第一号主顾，有这样的大主顾在手，同行对刘庆生自然会刮目相看。办理几次，身份、资望在别人眼里自然会大为不同。

刘庆生受了胡雪岩的影响，知道做生意眼光极为重要。要看得远，想得深。尤其是做大生意，更需要放眼天下，替官府着想，把市面平静了，生意才会越做越大，越做越好。到了放手让刘庆生自己拿主意的时候，他的心思安定了，一切也都豁然贯通了。刚发行的官票，信用未卜，别人不愿要，阜康愿意要，而且是主动要。不但要，还要讲出一番道理来。道理就是："首先，信用是我们大家做出来的；其次，官票信用好了，对我们每个钱庄都有利。"

胡雪岩使用陈世龙和刘不才，是两个相似的例子。若以社会一般标准，这二人都嗜赌，搞得家业不继，家境困顿，家庭黯淡。是以在人们眼中，二者是"败家子"，人人都有"恨铁不成钢"之憾。

胡雪岩却连眉头都不皱一下，把他们二人的长处都调动了起来。陈世龙年轻、有耐性，不妨做自己丝生意方面的帮手，将来还可让他学外语，直接和洋人打交道。刘不才堪称"赌圣"，投其所好，让他接待阔少、达官和江湖朋友，只要是赌,刘不才可以自如地控制场面。在胡雪岩来说,只要你能自如地控制场面,我就可以拿钱供你赌。不过需要你输的时候一定不要心疼。该输的时候,要大把大把往外送钱。而且要做得自然,一切显得顺理成章,不露破绽。

杭州光复后,胡雪岩寒夜拥衾,听着那自远而近"笃、笃、当,笃、笃、当"的梆锣之声,有着空谷足音般的愉悦和感激。杭州城什么都变过了,只有这个更夫没有变,每夜打更,从没间断过一次。

顺着这番感慨往下想,胡雪岩就发现了打更人的可用之处:他尽忠职守,就连杭州城这么大的灾难和饥馑也都捱过来而没失职。世界上有许多差使,是用不着才干的,人人能做,只看是不是肯做,是不是一本正经去做。肯做并一本正经坚持下去的,就是个了不起的人。像这位更夫,如果让他去巡守仓库,便可让人放心得下。

胡雪岩对人的意志力有着特别的敏感。使用陈世龙之初,胡雪岩就先给了他五十两银子。陈世龙银子拿在手,自是技痒,带着银子到赌场泡了几个钟点儿。不过还是忍耐下来,没下赌注,因为誓言在先,犯了誓言就前功尽弃,也没脸再见胡先生。不能赌也甚以为憾,买了二斤酒,咕咕嘟嘟喝了,蒙被大睡。

对于人才品行上的最大要求,用胡雪岩的讲法就是"不可拆烂污"。这本来是生意上做搭档的基本准则。意思是既然在一条船上共生死,如果有人做手脚,坏声誉,那这船就没法行驶了。

再大的摊子也是大家挣下来的,创业艰难毁业易。后来胡雪岩生意有漏,问题也正出在自己的档手身上。

做大事要敢用有本事的人

做事的手面,反映的是人的气量。这就好比大家闺秀显示出气度、涵养,而小家碧玉显示出娇媚、可爱。能收能放,调度自如的一个人,可以让他负起

第十三章 用天下人之智，赚天下之财

方面之任；锱铢必较，算计精确的人，宜司明细账目，不适于跑外场。像周少棠那样，登高一呼，应者云集的人才，恐怕方面之任也还太亏了他，须得罗织入幕，引为上宾。"弄个舒舒服服的大地方，养班吃闲饭的人，三年不做事，不要紧，做一件事就值得养他三年。"

这一番用人的道理，是胡雪岩听从了嵇鹤龄的劝言，才逐渐牢固树立起来的。

胡雪岩知道人手重要，是在他再逢王有龄，有机会开阜康，汇协饷的时候。那时王有龄有事总得他去出个主意，而他又有私立门户来干的意思。"钱是有了，但要事情办得顺利，还得有人。如果是光开家钱庄，自己下手，一天到晚盯在店里，一时找不着好帮手也无碍。而现在的情形，自己在各方面调度，不能为日常的店面生意绊住身子，这就一定要找个能干而且靠得住的人做档手。"

这是用人动机之初，用人也要用在时候。

待他生意开始做大，连朋友们也替他着急："有句话我早想跟你说了，依你现在的局面，着实要好好用几个人。牡丹虽好，尚须绿叶扶持。光靠你一个人，就是有三头六臂，到底也有分身不过来的时候。"

"我说句很老实的话，你读书少，不知道怎么把场面拉开来。有钱没有用，要有人。自己不懂不要紧，只要敬重懂的人；用的人没本事不妨，只要肯用人这个名声传出去，自会有本事好的人，投到门下。"

胡雪岩"光棍抹布心"，一点就透。他自己也情知人手不够的苦恼，生意的苍线一条一条接上，应付这些生意的人却很少，好比有饭吃不下，实在是可惜。

生意逼着胡雪岩去用人，越是本事大的人，越要人照应。皇帝要太监，老爷要跟班儿，只有叫花子不要人照应。这个比方虽不大恰当，不过做生意一定要伙计。

依胡雪岩的心思，自己是眼睛盯着天下，要做天下生意的人，将来的市面，要撑得奇大无比，没有人照应，赤手空拳，天大的本事也无用。

用人到了顺手时，胡雪岩对用人大有领悟，原来一个人最大的本事就是能用人。用人先要识人，眼光、手腕两样俱全，才智之士，乐于为己所用，此人的成就便不得了了。

除了直接投奔胡雪岩，在其门下行走的档手、伙计，胡雪岩还很注重利用

各种特点的社会朋友。

比如,尤五,地方漕帮头目,和此人关系好了,生意上的来往多受关照,一路畅通无阻。又如,古应春,汇丰银行在华的高级协理,通过他,可以和洋人顺利接洽借洋款、购军火的生意。

再把三人各自的优势拿出来,就可做出一番好看的市面来。

智者、勇者、贪者、愚者,一个不能少

商业活动千头万绪,每一项工作都需要有合适人才承担。在挑选人员时,注重的应是其能力能否胜任该项工作,而不是与此无关的其他什么标准。用人的目的是"成事",用后能"成事"就是用得其人。因此,能力或者说"才"应当是第一位的。中国人的传统,往往太强调"德",有时还过于看重资历、背景、学历、对上级的服从等,其结果常常使平庸之辈占据要津,尸位素餐、毫无建树。而一些才能之士却因为有这样或那样的欠缺而得不到重用,怀才不遇,长期受压抑。由压抑而生怨气,怨气生而离心离德。如果实行了这样的用人政策,商业活动的前景必然衰败。

事实上,德才兼备的人才自然是最为理想的人选,而事情往往如鱼和熊掌,二者不可兼得。有才之人未必尽德,有法之人未必有事。如果求全责备,就会选不到人才,事业也会因人才的匮乏而停滞。

况且,每个人的天资、秉性、爱好和特长是不同的。中国古代兵书将人分为"智者""勇者""贪者""愚者"四类。四种人都有自己的志向。"智者"追求建功立业;"勇者"向往实现凌云壮志;"贪者"谋求利禄;"愚者"不顾牺牲。社会就是由这些人组成的。他们在生活中发挥各自的作用,关键是能否驾驭他们为己所用。

才德不可兼具,行事特点又各不同,就需要"因其至情而用之"。《施氏

七书讲义》中说:"在人虽有不同之才,而在我则有因任之要。彼之智足以谋,吾则与之谋,彼既足尽其智,岂不足以立其功乎?彼之勇足以制敌,吾则使之应敌,彼既得以鼓其勇,岂不足以行其志乎?彼惟贪也,吾因而诱之以利,则彼必邀趋其利。彼惟愚也,吾因而用之以诚,则彼必不顾其死。"

胡雪岩在其商事活动中,四种人才皆常兼用。胡雪岩也深谙各种人才的脾性特点,适时地加以引导利用。

如果就胡雪岩自己的出身和经历来讲,胡雪岩最为欠缺的就是"智",也就是知高远、断正误的能力。也许有人会说,胡雪岩那么精明一个人,怎么会缺乏"智"?事实上,我们这里所说的"智",是"方以智、圆而神"中的"方智"。胡雪岩的精明能干,证明了他在"圆而神"方面有着过人的发挥,如果说他有智,也至多是"圆智"。圆智至多是处世的方法技巧,而不是对世事原则的广泛全面的认识。因为他是学徒出身,自小为生计而奔波,少有学习的机会,和社会接触的机会和层面也不深,所以他虽能体人情、重义气,但对规范的学识却一窍不通。不说与经世致用无关的纯粹学识了,就连与商业活动关联较紧的知识,比如官场制度、外文常识、西洋各国的基本概况,他都所知甚少。这种知识之"知"(即"智",即"方智")的欠缺,就影响了他的商业活动范围。

不过胡雪岩自知其不知,所以能尽力利用各种人才,以弥补自己在这一方面的欠缺。当代企业家牟其中的一些做法,与他颇为类似。牟其中深知自己学识范围有限,但是他能够广交朋友,搞商业的朋友,搞金融的朋友,搞教育的朋友,搞经济的朋友,搞军事的朋友,甚至专业到搞飞机、搞导弹的朋友,他都交。按照牟其中的说法,我自己虽然没有学到这些专业,但我交了学这些专业的朋友,我自己也就成了这一方面的专家。不必我自己去学,只需依靠我的这些朋友,我就可以在这些领域纵横驰骋。如此说来,有了这些朋友牟其中自己也就成了金融专家、教育专家、经济专家、飞机专家、导弹专家、桥梁专家、道理专家……正是假借各种专业方面的优势,牟其中才能用三年时间坐下来谈判,和化工、铁路、商贸、外交、军事诸方面人才打交道,完成了几十个亿的跨国易货,用中国的日用工业品,换回了俄罗斯的大型客机。

胡雪岩以一个学徒的出身,想要成就一番事业,对各方面知识的需要自然十分强烈。比如,做丝生意,需要有人懂得丝蚕的养护、收购、仓储等知识;要和洋人打交道,需要懂外交,懂外国规矩;要和官府打交道,需要深谙官场制度,礼仪用语。同是一纸官文,胡雪岩只能读出字面事情,换个人就可以读出轻重缓急,前后的差别足以影响一桩大宗生意。

所以胡雪岩和古应春一见如故。古应春是汇丰洋行在华从事经营活动的早期代理。在洋场混久了,对外国典章制度、工业农业等方面了如指掌,对于外国人的经商方式、行为特点也都熟透。胡雪岩能得此人之助,和洋人打交道就不至于盲人摸象,一叶障目了。胡雪岩自己不知道的事,古应春知道。借洋款时,多少钱的利息,什么时间还,以何种方式还,通过古应春,都可有个大致不差的判断。所以洋人就不大可能提出过于悬殊的条件,胡雪岩也不至于蒙着头吃亏。西洋诸国的国内生产情况变化,古应春有足够多的朋友,足够多的渠道,及时了解到各国经济起伏。有了这层了解,在西洋人硬撑着不收蚕茧时,胡雪岩已事先知道,西洋各国这一两年受灾,本土的蚕丝供应大减,除非他们自己愿意丝织厂关闭,否则他们必须接受胡雪岩这方面的条件,按胡雪岩开的价收购茧丝。正是由于胡雪岩有了古应春这样的好帮手,才能垄断中国上海洋场的丝业贸易长达二十几年而不衰。

在与何桂清打交道时,胡雪岩就发现,自己对官场上的事,仅至府县,省里的事能猜出几分,至于京官的各种缺分,他就茫然无知了。不知道京官的品秩就无法参与出谋献策,更不用讲借此谋取厚利了。有过这种抱憾的经历,胡雪岩就格外着意接近各种人物。比如饱读诗书的嵇鹤龄、宫中行走的小军机徐用仪、户部尚书的弟弟宝森等。和他们交往,胡雪岩了解了不少官场知识。这些官场知识,既包括死的知识,比如,官阶排列顺序,见面必守的规矩;也包括活的知识,比如,礼当某官执首而宫中实宠某人,由于各官性情不同而宫中有所调整等。对胡雪岩来说,需要的就是这些零碎的官场知识。左宗棠平定西北叛乱后调入军机处,曾商议再借洋款。时逢东宫太后崩,按规矩要停议。但是胡雪岩事先已经从徐用仪那里了解到,此次东宫仙逝,实属西宫下的毒手。既然如此,表面上的礼节固然要考虑到,稍有越矩之事也不会过于深究。这样看来,借款之事倒不必因为这个意外而停下来。况且,左宗棠收复西北,威震海内外，朝廷正不知以何作为酬谢，稍有擅专，自然也不至于引起龙颜不悦。有了这些了解，胡雪岩也就没有任何负担，一心一意地去办借款了。

至于解读官书，胡雪岩更是外行。而且分析官场荣衰，目的是要帮助自己下定做各种生意的决心。事属隐秘，就不便聘个文书帮忙。所以胡雪岩培养了几个亲密至好。一个是浙江道台德馨，一个是古应春，一个是尤七姐。有了内圈人物，而且是懂规矩、善揣测的内场人物，胡雪岩就很少失误，把他苦心经营所做成的官势、商势发挥得淋漓尽致。洋人帮助小刀会，引起两江督抚的震怒，胡雪岩提早得到消息，知道督抚联名上折，要朝廷关闭丝茶市场，惩戒洋人。消息知道得早，而且是从秘密渠道揣摸而得，就显得既准确又鲜为人知。凭着这一判断，胡雪岩第一次放胆屯丝，扳价不卖，直到洋人出高价求售，获利甚丰。胡雪岩通过这些朋友，把官场的消息化成了商场的利润，颇和国民党时期四大家族亲眷利用政策，在股市债券上买空卖空，牟取暴利类似。不过胡是凭朋友、凭本事，后者却是凭地位、凭后台。后来在胡雪岩生意失败，钱庄生意崩溃时，凭着尤七姐对官文的分析，胡雪岩知道事情尚有转机，所以才能有条不紊地着手收拾残局，为时人称道："在落魄之中，气概光明，曾未少贬抑。"我们不便假定在没有正确分析官方态度时胡雪岩可能的处理方式，但有一点可以肯定，因为有了预先估计，胡雪岩的行为更从容了。

在现代生活中，知识的掌握和对所掌握知识的运用常常不能两全。这不光是机遇问题，还因为人的注意力总是有限的。一个人一生能在一两个方面专精就已经很不错了。基于这种情况，就需要分工。既要有拥有专业知识的技术人员，又需要有调度各种专业人员使之得到合理利用的管理者。若按类型分，胡雪岩属于后者。

用古应春等，是用其智谋。"彼既足尽其智，岂不足以立其功乎？"而结交尤五、魏师爷、俞武松、跷脚长根等江湖之人，则是用其"勇"。

勇毅之人，多讲求一个"义"字。所以使用这样的人才，需要鼓起他们的侠义之心，让他们自己觉得事情非如此办不可。

在使用智谋之人时，胡雪岩最大的长处是善于听话。凡有智有谋之人，都喜欢别人向他请教，而他自己亦往往知无不言，言无不尽。胡雪岩会说话，更会听话。不管那人是如何的语言无味,他都能一本正经,两眼注视,仿佛听得极感兴趣似的。同时,他也真的是在听,紧要关头补充一两句,引申一两义,使得滔滔不绝者,有莫逆于心之快,自然觉得话题投机而成至交。

勇毅之人则更需要氛围。比如,对于尤五,胡雪岩想搬动他去和沙船帮讲和,以邀沙船帮出人护送粮米到杭州。这时单纯讲道理,恐怕并不能促使尤五下定决心。毕竟,和自己的对头讲和,是一件面上无光的事。但是,身负重担的胡雪岩在尤五面前屈膝一跪,情势就大为不同了。于公,整整一个杭州城的老百姓在盼着这救命粮,早一日运去粮食,就有可能多救活一人;于私,胡雪岩若以爷叔之尊向后生行大礼,事非危难决不至于如此。既然如此了,也见得人命关天,诚心天鉴。于情于理,尤五都没有了退路,只能应下这事,把面子抛开不提,非把事情办好不可。

好多时候,对于江湖之人,并不需要多发一言,情势只要明摆在那里,且无私心掺杂,江湖人感其诚,则赴汤蹈火亦在所不惜。魏师爷一听说胡雪岩运送军火有了困难,本来自己已经陷了进去,却爽快地答应自己退出抢劫军火的计划,并且愿意冒着几十年难兄难弟反目的危险,把这个忙帮到底。为什么?为的就是胡雪岩够朋友。这批军火生意做下来,替朋友们赚脚费的考虑多,替自己赢大利的考虑少。人家已经明摆着替兄弟们考虑了,自己当然不便只为分杯羹,去参与劫持。

胡雪岩的"因人致用"术不仅表现在对不同性格的人加以区别使用上,而且敢用有缺点之人,扬其所长,避其所短。

第十四章

胡雪岩

忍天下人不能忍，
做天下人不能做之事

第十四章 忍天下人不能忍,做天下人不能做之事

能忍耐,肯等待

胡雪岩的辉煌人生是从给别人端尿壶起步的。从胡雪岩的切身经验中可以总结出生存下去的第一要诀:人要有意志,要忍耐,要等待,要经得起反复和波折。

年轻人一听,可能会火冒三丈:什么忍耐、等待、意志,我倒霉透顶了,事事不顺遂,老天是有意和我作对,让我脸面往什么地方搁?

随后就有可能做出弃世的决定。

你要问他脸面重要,还是生存重要?他肯定会回答:脸面重要。人的面子都丢尽了,活着还有什么意思。

假定你再问他:暂且丢开脸面,以后还有机会把面子挣回来,又怎么样?

年轻人不习惯仔细考虑这些问题。他们只做横向比较,把当下的一切看作是唯一重要的。

胡雪岩是从纵深的形式看待生活。他有经验积累做积淀,所以以历史感作后盾,面向着过去而向将来负责。他知道,一时的荣辱固然重要,忍耐过后的硕果却有更厚实的回报。

拿中国古话讲,就是"小不忍则乱大谋"。比如韩信受胯下之辱,勾践忍尝胆之苦。假如他们把一时的荣辱看得过重,就不会有机会成就后来的大业。

信天翁是世上少有的最惨烈的动物之一。它们会因为丧失了伴侣撞壁而死。照目前的情形看,它们的数量在锐减,不久的将来,我们就只能从传说中听到这些奇特的行为了。

如果人类整个群体也以这种自毁模式去发展,恐怕不久我们这个世界连讲

这些故事的人也没有了。

外界物种间的竞争实际上十分残酷。如果我们不能同时训练出一套适应这种残酷的反应模式，我们就至多是一个壮烈的牺牲者。

世界本身又是最势利的。如果你只是壮烈地牺牲了，却没在壮烈之前给世界带来更多的东西，那你在人们记忆中的寿命就会非常短，比若惊鸿一瞥，转瞬即逝。

每一个为了面子而决绝于世者，最害怕看到的也正是这种局面。这种结果与他们潜意识中的愿望刚好相反。他们想以自己的行为告诉世界，他们是有价值的，不容忽视的；世界却以轻飘飘的口吻嘲问他们：你们都是谁呀？什么价值？嘲讽和遗忘的速度如此之快，以至于我们只得以"他们"这个笼统的字眼指代这一类人。

结论仍是回到胡雪岩以经验总结的生存第一要诀上：人要有意志，要忍耐，要等待，要经得起反复和波折。

胡雪岩既然能忍耐少年端尿壶的生活，也就能忍耐由于资助王有龄而失业的窘境。

失业的滋味并不好受。首先是名节上。钱庄老板震怒于胡雪岩的自作主张，给店里带来了经济风险，在店员中树起了一个恶例。为了防止其他伙计也有类似的举动，所以胡雪岩非走不可。这就把胡雪岩归入了不可信任的行列。

同行和熟人那里，也有人私下议论，绝不相信以胡雪岩的精明，会做出损己利人的事。所以对胡雪岩的交代不但不信，反而觉得大可从这种交代上怀疑开去。保不准是狂嫖滥赌，欠下一屁股债，现在没办法了，就挪用款项，反而编造出一个"英雄赠金"的故事来。

归在一起，就是不能用这种人了。不但原店不能用，而且同行都不能用。把从小学来的本事都废了，胡雪岩只能去做苦力，吃门板饭。

胡雪岩因此而生计窘迫，流落到上海后，每日以烧饼白开水充饥，最困难时只得把袍子当掉。

因为有恶名在外，大凡知道他的人都不肯用他。据说他一度求职无门，曾托人介绍他到妓院去扫地、挑水。

第十四章　忍天下人不能忍，做天下人不能做之事

胡雪岩深知人的本性，所以在自己落难时从没有打主意去找旧同事。

这是一段茫无尽头的苦日子。因为胡雪岩只是把钱赠予王有龄，但是王有龄是否能捐官成功，何时能捐官成功，他心里都没有底。

或许唯一有底的事是，他相信王有龄会发达，一旦发达了是不会忘掉他胡雪岩的。

不过连这一点也是他"自以为是"，因为他和王有龄并无深交。假如王有龄恰好是个背信弃义，没有良心的人，那王有龄即便发达，也和胡雪岩毫不相干。

这一场等待以喜剧结束。正如我们从前人记述中看到的那样，胡雪岩等到了王有龄加官晋爵。也因为有王有龄回来作证，胡雪岩洗去了"保不准是狂嫖滥赌"的恶名，借的债还了，胡雪岩成了王有龄的生死至交。

胡雪岩的忍耐和意志不但表现在艰难困境中，还表现在顺境处世上。

比如，和漕帮做生意，胡雪岩不但要力争把生意做成，还要力争让别人承认他做人也是很漂亮的。所以当漕帮领头尤五面露难色时，胡雪岩觉得，别人既然爽快地放交情给自己，自己这一面就不能知难而退，光顾自己事情办成了，不去帮助别人分担难处。如果是这样的话，交往就这一次，不会有第二回了。

考虑到这些，胡雪岩宁可自己多承担些责任，也一定要替对方打算。这样做，也许自己的担子重了些，但真正交了朋友。事情要从长远看，只要能有朋友，不愁没有好日子混。

和胡雪岩的处理方法比较起来，王有龄就显得有些小家子气。王有龄觉得，既然买了漕帮的粮，就有了现成的做生意的机会。与其把生意让给别人做，不如自己做，自己赚。

他把这种想法告诉了胡雪岩。胡雪岩十分严肃地告诫他："江湖上做事，说一句算一句。答应了松江漕帮的事，不能反悔，不然叫人看不起，以后就吃不开了。龄公，现在的日子是苦些，不过好日子慢慢会来的，总要我们沉住了气，耐心去维持朋友才是。"

胡雪岩的这层计较，自然是看得远了，不拿蝇头小利堵塞了心眼儿。所以我们说人的意志不仅要表现在能够忍受艰难困苦，而且要能够忍受平淡寂寞，把平平庸庸的生活都做好了，做活了，让维持顺境的因素变为化顺境为得意之

境的因素。如果是这样，一个人就能出乎其意、拔乎其萃。人们总是以为逆境才需要表现一个人的意志力，因而在顺境中往往散漫无节制，结果白白浪费了好多时光和机会，甚至面对顺境手足无措，做事失去了原则和方向。要知道人的意志力本来就是贯穿一生的。有了钱不知节用就会丧产，有了地位不知节制就会丧权，有了名气不知节制就会自毁名节。

比如，王有龄事事顺遂，好运一个接一个，顺利得让人不敢相信是真的。这时候如果得意忘形，就免不了诸事无稽，做出没有分寸的事体来。所以胡雪岩就劝王有龄："龄公，你千万要沉住气！今日之下如何，不要去管它，你心中想着今天我做了些什么，该做些什么就是了。"

他劝诫王有龄心要放稳了，要经得起好运和喜悦的冲击，不管运道如何变，把事情一件一件地做好，这个大原则不能变。

做人要经得起折磨

厄运来了是大折磨，经受不起，就会毁了自己；好运来了，也是大折磨，经受不起，会白白糟蹋了好运。有好多中了奖券一夜暴富的穷人，过不了几天就又一贫如洗，这就是经受不了好运的折磨。好运道来了，挡也挡不住，这是常有的事情。好运道是加诸于人的，全看承受的人是否有接受的能力。好运道放在做事气闲心稳、从容自在的人身上，他们会把好运再放大十倍百倍，放在手足无措、举止失度的人身上，他们会把降临到头上的好运眼睁睁放走。

在社会中，人们都会大致辨别出豪门世家和暴发户，就像在校园里，人们可以辨别出高年级学生和入校新生一样。其间的差别，唯在心理一端。由心而发，不同的心理素质，表诸于外，就有不同的特征。

当然，我们讲人的心理承受时，更多的时候是看一个人在逆境中的表现。因为在逆境中矛盾更集中，成败的抉择更为迫在眉睫，生死的较量、善恶的较量，伟大与渺小的较量更为关键。逆境犹如悲剧的高潮，剧情的进展集中在主人公身上，要由主人公的行为来凸显他的意志和品质。

胡雪岩可说逆境不多，而且每每都预先筹划准备好了。比如，在垄断上海丝茧市场，与洋人打商战时，洋人"杀年猪"，故意和胡雪岩较劲儿。胡雪岩自然不甘束手就擒，不愿让辛辛苦苦做成的垄断局面轻易被冲垮了，因而有了长达半月的煎熬，为拉头寸而派人回去联络。就是在这样的大局面下，胡雪岩也是早有所备，通过和庞二等协商联系，渡过了难关。

又比如，杭州光复后胡雪岩晋见左宗棠。左宗棠听人传言，对胡雪岩冷眼相向，并准备上折参革胡雪岩。面对这样的荣辱浮沉，胡雪岩仍是冷静观察，提前就想好了一套说法，让左宗棠不得不承认，胡雪岩潜出杭州城并非贪生怕死，而是为了千万饿殍待哺的浙江灾民。不仅道理在，而且有实际行动，胡雪岩晋见左宗棠之时，就已经采购好了大米万石，还有陆续后继。这就使左宗棠骡子脾气尽消，把胡雪岩奉为上宾，进而收为幕僚。

既要赢得下，也要输得起

胡雪岩唯一防不胜防的是他的整个钱业王国的崩溃，从钱庄挤兑开始，促成了胡雪岩整个事业的失败。那么，胡雪岩在这样一个大的失败面前，表现又是如何呢？

胡雪岩乘船去杭州，上岸伊始，就遇上了这么一个大变故，真是犹如晴天霹雳。胡雪岩明白，现在唯一于局面有益的，是要自己镇静。这就好比一条船，遇到了大风浪，如果船长先慌了手脚，必然会引起船员更大的慌乱，就会各顾自己，谁也不去设法拯救大船，结果只能是船毁人亡，无一幸免；反过来，只要船长镇静，能把整船的人组合起来，同心协力，就有可能逃出险境，化险为夷。

所以胡雪岩叫来杭州分号的钱庄档手，要他回店告诉伙计们，钱庄仍要继续营业，有他胡雪岩的其他生意做后盾，一切困境都会克服。

他又专程去拜访藩司德馨，向他征求善局方略。德馨和胡雪岩一向关系甚好，知道胡雪岩面对这种行将崩溃的局面，决不会像其他一些小商人那样一逃了之，所以心先宽了三分，答应帮助胡雪岩疏通浙江巡抚和京城里的都老爷。疏通的目的，无非是要这些人不必因事浮沉，乱发议论。最好的处理办法，是大家一起来支持胡雪岩，给胡雪岩时间，让他自己来弥补因挤兑而带来的损失。

有了官面上的这种信任，胡雪岩才能从容调度，挽救危业。

胡雪岩能在这样纷乱的气氛下有条有理地处理问题，也足显示出胡雪岩的气度。他仔细考虑了全局，知道人生做事，有输有赢，胜败乃兵家常事，关键是心理上不能输，要眼光放远，把事情看开。

照他自己的话说："我是一双空手起来的，到头来仍旧一双空手，不输啥！不但不输，吃过、喝过、阔过，都是赚头。只要我不死，照样一双空手再翻过来。"

这种眼光和心胸，在商人中有不少同其类者。与胡雪岩同期而稍后的徐润，就是这样一位经得起波折的人物。

徐润以买办起家。咸丰到同治年间，洪杨变起，上海租界人口由 500 人猛增到 14.2 万人，大量地主、富商逃离家乡，躲入租界，使得投资房地产成为十分有利可图的事业。

徐润从同治三年（1863年）到光绪九年（1883年），陆续购置地皮 6100 多亩，建筑 3200 多亩，所建筑的洋房、住宅、商店等，每年可收租金 12 万余两，房地产价值总额达 223 万余两。

也就是在 1883 年，和胡雪岩一样，因为遇到中法战争，法国兵舰驰抵吴淞口，上海富户纷纷提款离沪，全市钱庄信用崩溃。另一方面，胡雪岩阜康钱庄倒闭，致使其他钱业同行也都资金周转不灵，纷纷向徐润逼债。

徐润无奈，只好将自己的产业贱价出售，抵偿债务，一下子亏损了八九十万两。徐润遇到了一生最惨重的经商失败。

徐润遭此变故，并不灰心，曾自书一副对联解嘲："放宽肚皮装气，咬定牙根吃亏"，仍在寻找机会东山再起。

光绪十六年（1890年）以后，徐润变卖家中古董器玩，书籍字画，先母遗物和夫人珠宝等，共得银八九万两，继续投资于房地产业，先后在上海和天津购地3 000余亩。1900年八国联军侵华，在天津新划租界区，徐润购得的房地产也被外国人占去，使他再次蒙受很大损失。

在房地产经营方面，徐润数次受挫，并不顺利。但他不甘失败，屡挫屡起，充分体现出一个大商人所具有的心理韧性。

胡雪岩和徐润，同是近代著名的商人，在大变故、大挫折面前，两人的态度都很沉着。尤其是胡雪岩，失败的原因，一方面是李鸿章为代表的官僚势力不支持，拆后台；另一方面则是为了保护传统手工丝织业，为了蚕农的利益而和洋人斗法。失败后，胡雪岩态度光明磊落，欠谁的款还谁的钱，力所能及，决不拖欠，因而为时人称道，被认为是"杭铁头"的典型代表。

这种心理素质，在大事的比照面前，已经化为一种修养。它需要一个人长期的磨砺，才能真正获得。

曾国藩在其家书中，自叙经历，从中可以看出我们所说的心理素质和一个人所受磨砺的关系来：

"余平生吃数大堑，而癸丑六月不与焉。第一壬辰年发佾生，学台悬牌，责其文理之浅。第二庚戌年上日讲疏，内画一图甚陋，九卿中无人不冷笑而薄之。第三甲寅年岳州、靖港败后栖于高峰寺，为通省官绅所鄙夷。第四乙卯年九江败后赧颜入江西，又参抚臬；丙辰被困南昌，官绅人人笑之。吃此四堑，无地自容。故近虽忝窃大名，而不敢自诩为有本领，不敢自以为是。俯畏人言，仰畏天命，皆从磨炼后得来。"

胡雪岩处变不惊、遇喜不乱的心理素质，也正和曾国藩一样，是从长期的经历中积淀提升出来的。细考人的一生，真正的智力差别固然存在，而意志的差别对一个人事业的成败，为人形象的好坏所起的作用则更大。

第十五章

胡雪岩

在时势节点上纵横布局生意

胡雪岩时代之大势

如果我们撇开胡雪岩个人的经营谋划，先来看一看胡雪岩不得不处身其中的时代背景，或许更有助于我们了解胡雪岩此人所独有的创造能力。

因为胡雪岩的时代，客观地讲，是一个老朽的秩序突然断裂、世人忽然坠入一片混沌之中、茫然不知所措的时代。胡雪岩之特殊、之引人注目，就在于对混乱的时代有一个清醒的想法。他坚信帮助官府维持秩序，帮助官人做好守护秩序的工作是一个正确的选择。这一信念最终证明是正确的。

那么，混乱的秩序是怎么样的一种混乱呢？别的人做了一些什么呢？为什么相比较之下，胡雪岩的信念和手段是正确的呢？

我们先从历史角度做一纵看。

晚明时期，中国江南经济已经有了较大发展。自发的反对管制、要求更多商业自由权（包括自由择业、自由流动、减少赋税、减少关卡）的斗争已经出现。如果管理体制的王朝和官僚阶层能对这种斗争做出良好反应，对这种要求做一妥善之安排，一种较新的社会生存方式极有可能自然出现。

但正是在这个时候，清军挥师入关，整个社会的资本主义文明萌芽突然受到阻扼。北方游牧的生活方式，一下子打乱了南方的商业生活。

清朝初年一个有意思的现象就是圈地。圈地的目的不是用作放牧、养畜、交换，而是用作休闲、娱乐。这一现象一直延伸到清朝中叶。著名的皇家园林圆明园，皇家狩猎场承德就是其代表。

这种圈地是一种象征，象征着新兴的商业不可能有自己舒展的发展条件，一切都必须服务于一个新的帝国，而不是服务于一般市民。

上述现象，就是史学界公认的清军入关对中国经济的负面影响。

清军入关后中国经济近代化迅速被切断，为了加强其统治，清政府又祭起了中国封建时代的黄老之治，并不时佐以大棒。

但是商业的生机总是无孔不入的。只是这一时间中央集权也无孔不堵，所以所有的商人都必须面临同一个问题：如何保证自己赢利的活动不至于被这个官僚机器所堵。

要想保证自己的商业活动能正常地进行下去，有两种办法：一是时时提防，二是打通关节。

总的来讲，纯粹用第一种办法，其生意一定做不大。这就是我们所说集权干预和官僚腐败的坏处。因为所谓的提防，无非是提防能够管着你的人，一不要影响你做生意，二不要瓜分你的利润。集权干预体制却正好保证了几乎所有相关的当权者（哪怕最小的哨卡营官）都有权来干预你。

只有第二种办法，介入集权体制中，以一定的利润换取保护，保证你在一定范围内从事商业活动的自由——只有这种办法，才是集权时代唯一可能行得通的办法。

说它是可能，那是因为必须保证，一个商人以利润所换取的保护能够有效。

当然，我们会很明白，只要一个商人投靠的保护者管辖的范围、能力足够大，那么在其管辖半径内，商人的赢利活动就足够自由。

这一点事实上是经济学中的计算问题。不过也正好解释了为什么近代的大商人中，大部分都是官商、买办商人或两者兼而有之。

而同一时代的西方，因为近代商人自治运动的兴起和长期的斗争，已经使商人和权力掌握者、权力执行者的关系有了一个大致妥当的安排。当商人从事经营时，可以依据王国的法律保证其财产，其经营活动不受干扰。就是说，你身边的小哨官没有权利随便剥夺你财产，占你的便宜，损耗你的利润。

这是近代中国商人不得不面临的体制问题，不得不为之寻求的解决办法。

另一方面，清朝对工商业的阻扼严重影响了经济发展和国家实力的增长。整个帝国处于农业耕作、自给自足状态，因为没有战事，国家的开支仅限于皇宫、官僚和镇压叛乱，而且大部分官僚的开支也不用由中央政府划拨，而是在其任内由当地老百姓的上贡和赋税直接抽取，所以国家并没有掌握足够的实力。

相形之下，西方近代的发展已经使国家以一种崭新的面目出现。

首先，他们通过发展，有了相对有效的法律体系，基本划定了各行业之间的权利与义务，使得商业活动可以除法律外基本不受其他干扰。

其次，商业的发展使其国家有了相对稳定的赋税收入，国家也开始有意进行国防、教育建设，整个国家有了雄厚的财政实力。

最后，国家只推行西方国家之间的相互尊重。当西方的商人入侵到非西方的未发展地区时，西方政府一向采取强硬的武力姿态保证他们的商人能有效地在该地区从事商业活动。对于一个不懂法律和平等为何物，也没有能力去维护自己应有权力的民族，西方从来都毫不客气地以大棒换利润。

自十八世纪中后期起，从英国开始，各西方主要国家纷纷进行了工业革命，钢铁、机器制造、军械、纺织等工业迅速发展。

进入十九世纪，轮船业已下水，蒸汽火车已经出现。从二十年代到四十年代，短短二十年的时期，这两样东西已经取代了所有传统的水陆交通运输工具，成为西方争霸世界的两件利器。

西方发展之迅速，与清王朝之缓慢自给的经济情况形成鲜明对比。

不过西方漂洋过海，初来中国时，他们并不是一下子就以一种赤裸裸的姿态出现的。

首先在贸易上，中国的丝、茶、瓷器深受西方人欢迎，成为中国与西洋贸易的大宗货物。西方商人大获其利，因而对公平贸易并无异议。

至于国与国之间的贸易顺逆差问题，一开始时并不突出。西方既然喜欢中国的货物，也就不在意付出那一点钱来购买。

只是随着交往的增多，西方商人逐步发觉中国是个比较好的商品倾销市场，尤其是东印度公司的鸦片。当西方商人满载货物回国，又空着船来中国时，他们总觉得这种空闲是不合适的，于是就开始挟带鸦片。

一开始，这种挟带是少量的。随后，中国商人也发现这种商品很容易脱手。而且，许多地方官吏也逐渐喜欢上了这种商品，他们自然也就很容易为从事这种贸易的中国商人提供方便。

很快，这样的贸易扩展至全国。清朝的银两迅速外流，清朝的官吏和军队也都染上了这种能够让人陶醉的毒品。整个国家陷于鸦片的烟雾之中。

当清朝政府听从大臣的劝告，正视到这种商品的危险时，他们就派出官吏，对此采取严厉的措施。

这就是林则徐主持的著名的虎门销烟的由来。

到了这个时代，西方人对中国的国家实力和官僚机制、国家体制都有了了解。根据他们的经验，只要用武力相威吓，清朝政府就必然放弃强硬的禁烟政策。

事实证明他们的判断是正确的。当轮船开近帝国的港口，炮轰帝国的城市时，西方人受到的抵抗是轻微的。清兵此时还在使用大刀和长矛，土制的大炮只能瞄准静物轰击，而且也架不住西洋大炮的进攻。所有这一切，对于船坚炮利的西方人来讲，都是那么微不足道。当帝国的信使五百里加快，日夜兼程地传递消息时，洋人坐着轮船，和他们几乎同时由帝国的南方到达北方。

这样的实力悬殊，使得清帝国受尽侮辱，不得不答应西方的各项要求，开放港口，并使鸦片贸易合法化。

中西之间的这种接触，只能进一步暴露清帝国的弱点。一开始帝国目视"夷人""性如牛羊"，后来却发现西方人手持神物，无可抵御。再往后，西方人已经可大胆地进入帝国的首都，让帝国的皇帝闻风丧胆，落荒而逃。西方人不但可以抢掠，而且可以烧杀，对此清帝国却毫无办法，既无力还击，也不能抗议。

与此同时，帝国内部也发生了变乱。

太平天国运动，从其后来实行的政策来看，仍是不折不扣的封建农民起义。但是由于它已经置身于一个东西冲击的大背景下，所以其起事和过程都显得有些特殊。那就是，它祭起了西方的旗子，却又行农民起义之要求。结果它两边都没有讨好，注定成为一个不了之局。

作为起义领袖的洪秀全，家庭中农，略有几亩薄田。年轻时不甚得志，屡试不第。这一影响可能很大，因为他后来的行为稍显异常，流露出欲望太强、志向破灭后不能自持的轻度变态心理。这一点本身其实也没有什么，大多数人都有可能经历这个时期，随后平平安安地过去。但是这时洪秀全遇到了几个非常虔诚和热心的传教士。在听了传教士的几次宣讲，阅读了几本他们的小册子后，他忽然认为自己开悟，领略到了上帝的真谛。

于是洪秀全回到广东老家，组织了几位志同道合者，创立了拜上帝会，并且砸毁了中国人的偶像——孔子——的塑像。随后他的几位跟随者在两广活动，借传教之名，秘密收罗会众。

洪秀全的经历非常特殊。他自认是上帝之子。这一点绝非基督教所愿意承认的。而且为了真实起见，他还乐意接受中国民间都普遍相信的方式——显灵。而正是后一点，差一点害了他。

洪秀全起事后，大举北上，起先颇有直捣黄龙府之势。随后在攻下武昌后，改变主意，挥师东进，沿长江漂流而下，夺取了六朝古都金陵。

洪秀全起事对中国近代社会发展有很大影响。这一影响不是表现在经济方面和制度方面，而是表现在人力资源方面。洪秀全的太平天国对社会经济和整个社会的制度的架构毫无建树。但是，太平天国的突起，整个清帝国的全部注意力都转移到了这一方面。为拯大厦于将倾，应时事之激而出现了一批风云人物。这批人物的典型代表就是曾国藩、左宗棠、李鸿章。他们的共同特点是：旧有的性命空谈已不实用，必须以新眼光、新手段解决整个社会的困顿，以维持一个民族在内困（太平天国起义）外扰（洋人攘扰）之时的最基本的秩序。其目的，直接是为了朝廷，间接是为了民生。

洪秀全的困难一开始尚不明显。但随后，曾国藩以护孔教的名义征伐，逐渐使所有的地方知识分子意识到太平天国所奉行的东西，是一个与五千年传统所决然不同的异教。

地主知识分子的这种意识，事实上把洪秀全置于一种不利地位。历来的农民起义，凡最终成事者，必须有地主知识分子的参与。因为单纯的农民没有对国家建制的认识，也就不可能最终完成一个新国家的建设。地主知识分子不参与，洪秀全的农民起义就只有陷入无序状态。

另外一种不利是在洪秀全集团内部。洪秀全接受了基督教的教义，严格以基督教的等级制度治军。整个军队不许结婚，不许男女同营，一旦发现通奸者，必处以极刑。而洪秀全自己，一进入天京，就以封建帝王之制，搜罗天下美女，供己享用。为了表示宽容，他还允许按官阶与妻。管理者的这种特权和兵士阶层的受压迫，反差甚大，最终导致下层对天王的怀疑和不满。

同样是在天国内部，洪秀全本来为了显示自己是上帝的儿子，就默许了东王杨秀清以上帝显灵的方式迷惑众人。但是到了后来，杨秀清不仅自己不再相信上帝这种骗人的鬼话，而且公开向洪秀全的地位发起挑战。其结果，天京内部发生大的变乱，洪秀全的上帝说受到了怀疑。影响所及，整个天国的运动从此进入了下坡阶段。

到了天国后期，洪秀全又面临另一种尴尬。各西方国家与清政府再次签订条约后，东南各省成了其势力范围。为了防止东南各省被洪秀全割踞，构成对西方国家列强利益的危害，各西方国家纷纷与清政府合作，出兵出枪，镇压太平天国。同为上帝的子民，却相互厮杀。这一措手不及，使洪秀全的教义再次受到冲击。西方国家的参与，也使太平天国面临一个强劲的敌手。常州失守，太平天国的将领就曾经轻蔑地对李鸿章说："要不是戈登洋枪队参与，你休想从我手中夺下常州。"西方参与对太平天国的威胁可见一斑。

以上所述，是胡雪岩所处时代大的形势。影响所及，整个国家一直处于内困外患的夹击中。胡雪岩因为身处沿海，上海又是近代洋人之集散地，所以这种夹击，从一开始就感受得十分强烈，而且其事业的各个方面，也无不与这些夹击的处理有关。平定内敌和抵抗外患，最显赫的人物都是在这时涌现的，也都是在这时进入了胡雪岩的视野。胡雪岩之所以能成功，就是因为他理解了这个大背景，在这两个灾难的巨轮间辗转，帮助这些伟人消灭了这两只灾难巨轮的世纪传人。并因为这些伟人的势力所及，扩展了自己的商业活动空间。

回过头来看一看胡雪岩所处的地域。

胡雪岩老家是安徽绩溪。绩溪属徽州管辖。自古以来，徽州因为地瘠人多，不得不向外迁移，以商养农，所以徽州以商业著名。明清以来，淮扬商业，尤其是盐业发达。而淮扬商人的主体，就是迁移出来的徽州人。

徽州人经营最多的是钱业和当铺。而其他各业，凡可赢利的，徽州人也从来不吝参与。

胡雪岩因为祖上经营沙船事业，小有成就，所以全家就从绩溪老家迁到了杭州。后来沙船失利，破了产，胡雪岩一家经济陷于困顿中。

但是杭州的地理位置非常优越。"上有天堂，下有苏杭"，这既指它的风景，也指它的物产。杭州背靠杭嘉湖地区，自古农田肥沃，丝蚕业发达。而向南向西，整个山区的茶叶，是我国近代以来著名的对外供应地。

杭州以北，是新近发展起来的上海和历史同样悠久的苏、扬、常及太湖地区。自两晋以来，整个上述地区就成为我国著名的产粮区。宋以来，又是我国文化最发达的地区。明朝末年，正是以这一带丝织业的发展为核心，出现了近代的资本主义商业的萌芽。

由于商业的需求，这一带的地产转卖、钱业汇兑等制度性建设发展迅速，整个地区的商业气氛非常浓厚。封建时代重农抑商。而这一带虽然受大的背景影响，商人的地位仍然不是特别高，但是人们对商业的看法却远比北方人的看法要客观、中肯。

呼风唤雨，驾驭时局

上述特殊的时事变化，并非所有人都能看得很准，也并非所有人都能有一合适的对策。至于驾轻就熟，运筹帷幄，就更没有几个人能够做得到。

我们说胡雪岩特异独出，就是因为胡雪岩对时事有特殊之敏感，其应对也正合了时势之理，从而能为他的商业活动开一新的领域。

这里倒不是说胡雪岩有异于常人的眼光，事先就有了一个特殊的筹划。和当时所有的中国人一样，胡雪岩对各种纷乱局势的认识也是逐步渐进的。当他刚接触洋人时，他心目中的洋人同样非常神秘、新奇。

但是随着交往的增多，他逐渐领悟到洋人也不过利之所趋，所以只可使由之，不可放纵之。最后发展到互惠互利，其间的过程都是一步一步变化的。

但胡雪岩的确有高人之处，就是对整个时事有先人一步的了解和把握，所以能先于别人筹划出应对措施。有了这一先机，胡雪岩就能开风气，占地利，享天时，逐一己之利。

因此，当我们说胡雪岩对时事有一特殊驾驭时，我们的意思正是，胡雪岩因为占了先机，故能够先人一着，从容应对。一旦和纷乱时事中茫然无措的人们相比照，胡雪岩的优势便显现出来。

清朝发展到道光、咸丰年间，旧的格局突然受到震荡。洋人的坚船利炮，让一个至尊无上的帝国突然大吃苦头，随之而来引起长达十几年的内乱。

这一突然变故，在封建官僚阶层引起分化。面对西方的冲击，官僚阶层起初均采取强硬措施，一致要维护帝国之尊严。随后，由于与西方接触层次的不同，引起了看法上的分歧。有一部分人看到了西方在势力上的强大，主张对外一律以安抚为主，务使处处讨好，让洋人找不到生事的借口。这一想法虽然可行，但却可怜可悲。因为欲加之罪，何患无辞。以为一味地安抚就可笼络住洋人，这只是主观愿望。当然这些人用心良苦，不愿以鸡蛋碰石头，避免一般平民受大损伤。

另一部分人坚持以理持家，对洋人采取强势态度。认为一个国家断不可有退缩怯让之心，以免洋人得寸进尺。这一派人以气节胜。但在实际事情上仍然难以行通，因为中西实力差别太大，凡逢交战，吃亏的尽是老百姓。

这两路人都是站在帝国的立场上看洋人，所以可以说都是带有"偏见"的做法。

还有一部分人，因为和洋人打交道日多，逐渐与洋人和为一家。一方面借着洋人讨一己私利，一方面借着洋人为中国做上一点好事。这一部分人就是早期的通事、买办商人以及与洋人交涉较多的沿海地区官僚。

对于洋人的不同理解，必然产生政治见解上的不同。与胡雪岩有关的，在早期，薛焕、何桂清、王有龄见解接近。他们利用洋人的态度与曾国藩等对洋人的反感态度相对，形成两派在许多问题上的摩擦。利用洋人，这是薛、何、王的态度；表示担忧和反对，这是曾国藩的态度。胡雪岩因为投身王有龄门下，自己也深知洋人之船坚炮利，所以一直是薛、何、王立场的策划者、参与者，也是受惠者。

到了中期，曾国藩、左宗棠观点开始变化。左宗棠由开始的不理解到理解和欣赏,进而积极地要开风气之先。胡雪岩因依附左宗棠,洋人观得以有了依托。但这时由于对洋人势力之分析、见解不同及集团和个人的利益所在,左宗棠和李鸿章之间产生分歧,并且最终使胡雪岩成为牺牲品。

对于洋人下层百姓的反应大多是被动的。真正与洋人打交道者,均是从谋私财入手的,因而对大局影响不大。值得注意的是一些下层的代表,在经过长期的打交道后,逐渐形成了一支稳固的力量,为中西交流起到了桥梁作用。

使清廷旧格局转变的另一冲击力量是太平天国运动。不过,由于太平天国信奉变了种的基督教,自身的封闭过强,因而其感召基本上限于下层之老百姓。大多数的地主知识分子,既未感到清朝政府有何特别需要变动之处,也感受不到太平天国运动的感召力量。

相反,由于曾国藩等一批优秀分子应激而出,地主知识分子阶层很快就聚拢于其周围,最终形成一支维系旧制的中坚力量。

太平天国运动对下层商人来讲,影响较大。因为商人的本性在逐利而不在建制,所以太平军一起,许多商人便趁了乱世,进行自己为所欲为的经营活动。

以上是旧格局受到冲击后不同层次人物的一般反应。

手眼通天,打通官场

胡雪岩的反应与一般商人不同,可做如下之分析,以见其对时事把握的特殊之处。

清廷旧制既受冲击,朝廷自身惶惑,一般老百姓更是不解。胡雪岩从商业经验出发,认为一个社会要想存在,必然需要一个秩序的核心。这一核心起作用与否,全看我们一般人的态度。假如我们投注力量,加以维护,那么这个核心必然是有效的,它必然能生发出一种秩序,使我们每一个人受益。假如我们人人自危，对这个核心也采取瓦解之态度，那么这个核心必然无效，社会也自然而然堕入一种无序状态。而一个无序的社会，对任何人都是不利的。如果说有利，也只是对江洋大盗，对野心家，对流贼无赖有利。

基于这一认识，当洪杨之乱来时，胡雪岩并不认为这是一个可以乘机捞一把的好机会。在他看来，趁着浑水摸鱼，只是因为鱼是混乱的，才让人侥幸有所获。倒过来想，胡雪岩认为首先应该替官府维持秩序，秩序建立起来了，你自己也有一个从事商业的好环境，官府感谢，也会给你提供诸多便利。

故而胡雪岩提出，他的当务之急是帮助官府打"长毛"，而不是今天从"长毛"那里捞一把，明天从官府那里捞一把。因为这样的话，你在两面都面临信任危机，"长毛"怀疑你与官府有勾结，官府怀疑你替"长毛"着想。商业最重要的是信用，信用丢了，生意就做不大。因为老主顾知道你并不敢保证自己是一心为他的，所以他可以和你打一两次交道，但是绝对不会三次四次地长久下去。那你就只好不断地换主顾。这样就无异于你每一次要重新搭房建屋，成本大大提高，积累的机会就大大减少。

出于同样考虑，当清政府发行官钞时，胡雪岩做出了与钱业同行不同的选择。同行们都认为，洪杨变乱在眼前，政府是否可信大成问题。如果今天我接了这官钞，明天没有人要，兑换不出去，那就烂在手上，白白损失。胡雪岩的看法不同。按他的分析，朝廷毕竟大势还在，尽管朝廷遇到了许多麻烦，但社会要想运转，还非得靠现在这个朝廷不可。况且朝廷的信用是大家做出来的，人人出来维护，信用自然就好。所以别人不理这官钞，胡雪岩却要接。不但自己接，还动员别人接，并且以自己的信用作保证。

替了官府打"长毛"，这既是一种风险，也是一种投资。投进去的是眼光。胡雪岩这种看法，符合商业的一般原则。任何一个商业都要求稳定。商人可以面临纷乱的局面不顾生死去求取利润，但这种纷乱局面却不是商人的愿望。任何一个商人都希望在一种平静的气氛下进行风险最小的投资，以求得利润最大。除非发生特殊变故，使得混乱比平安更能减少成本。更何况当时的清廷，基本结构健在，所受的只是猛然一击，但却并非致命一击。

基于这种考虑，胡雪岩一直紧紧依靠官府。从王有龄始，运漕粮、办团练、收厘金、购军火，到薛焕、何桂清，筹划中外联合剿杀太平军，最后，还说动左宗棠，设置上海转运局，帮助他西北平叛成功。由于帮助官府有功，胡雪岩得以使自己的生意从南方做到北方，从钱庄做到药品，从杭州做到外国。官府承认了胡雪岩的选择和功绩，也为胡雪岩提供了他从事商业所必须具有的自由选择权。假如没有官府的层层放任和保护，在这样的一个封建帝国，胡雪岩必然处处受滞阻，他的商业投入也必然过大。而且由于投入过大和损耗太大，他的商业也不可能形成这么大的一个规模。

用"红顶"为生意撑起保护伞

对于清廷旧制，胡雪岩还有另外一层看法。许多商人只是畏惧官府，没有想到驾驭官府。胡雪岩一开初倒也不会有驾驭官府之想。但是在他所帮助的王有龄升官之后，他逐渐发现自己借王有龄获得的便利甚多。首先是资金周转便利，因为有了官府之流转金作依托；其次发现官府的好多事自己可以以商业活动完成，既减少了官僚办事的低效，自己也赚取了利润；最后是自己借了官府之名，能做到许多以商人身份很难涉足之事。

所以后来胡雪岩对于利用旧制有了信心。一开头他并不愿捐官，认为生意人和做官的人在一起别扭。后来想法变了，既然官府与生意有千丝万缕的联系，那就不妨捐官，涉入官场。这样做其实也是以最小投入，完成最大产出。

胡雪岩在人们心目中，其最大特点就是"官商"，也就是人们说的"红顶商人"。这"红顶"很具象征意义，因为它是朝廷赏发的。戴上它，意味着胡雪岩受到了皇帝的恩宠。事实上，它意味着皇帝肯定了胡雪岩所从事的商业活动的合法性。既然皇帝是至高无上的，皇帝所保护的人自然也不应受到掣肘。换一层讲，皇帝的至高无上也保证了被保护人的信誉。所以王公大臣才能很放心地把大把银子存入阜康钱庄。

胡雪岩一面获得了信用,另一方面也清扫了政府在封建时代无所不在的对商人的干预,所以才能让他如同一个真正的商人那样去从事商业活动。

对于洪杨之乱,胡雪岩的应对又有不同。

前边讲到,有许多商人,洪杨乱起,他们抱了投机的心理,想乘机捞上一把。所以他们就没一条准则、一条理念,只知一时的利润。这样做无异于自毁信用。到头来,"长毛"也不信任他了,因为他是依顺官府的,官府也不信任他了,因为他曾暗通"长毛"。

胡雪岩的原则很明确,"长毛"的口号不得人心,总是长久不了的。所以必须帮助官府打"长毛",以维持一个大秩序。

不过胡雪岩对于因为洪杨乱起而纷扰不安的一般人却有另一层同情的看法。

在胡雪岩看来,"长毛"起事,有好多老百姓都是被迫卷入这场纷乱中。比如周八俊,不堪别人的欺负犯了事,只得投靠了"长毛"。又比如蒋营官,"长毛"打到了家门口,男耕女织的平安日子过不下去了,只好投了军,出来与"长毛"作战。

他们都是不得已而卷入。所以他们对大时局并无太多看法。他们只希望老老实实在其中一边做事。人只要勤勉,不论在哪一边总是会越过越好的。

就是投奔了"长毛"做了小头目的,或者因为"长毛"压过来了,投顺了"长毛"的富户,也大都有难言之隐,不得不这样。你可以说他们糊涂。不过大凡老百姓,有几个是不糊涂的。他们又不是有所图。只是东风来了,他们不得不往西倒,西风来了,他们又不得不往东倒。

有了这种同情的认识,胡雪岩对他们也就不那么苛刻。尤其是在遇到像周八俊这样的人存银子时,他能以同情的心对待,愿意以自己的商业活动,给他们一个再生之希望。

当然也可以说胡雪岩这里边有商业的动机在。不过,如果不是有这种同情的了解,胡雪岩就不会看得那么深,他对这些人手头的银子就会避之唯恐不及。因为很显然,这些人是与"长毛"有染的。

但是胡雪岩不这么看。与"长毛"有染,没错。不过要看是什么原因,什么姿态。这些人都是些老实的小民。你不吸收他的存款,他就不得不把它们给"长毛"用,或者被无理的官差劫掠走。这样于秩序无益,反倒有害。

而且这还牵涉到对商人和官府的关系如何看。是商人也都得从官府的角度看问题,还是商人有商人的原则,官府有官府的目标。假如商人都从官府角度看,效果会好吗?肯定不好。因为士农工商,各有各的位置,各遵从各的原则。乱了位置,变换了原则,就是乱名。而"名不正则言不顺,言不顺则事不遂"。

照胡雪岩的看法,就是商人对客户讲信用,官府对朝廷讲良心。商人只管自己是否说了话算数,是对自己的服务对象——客户——来讲的。官府只管自己做事是否对得起朝廷。两者对象不同,原则不同,假如各行其是,各司其职,整个社会便井然有序。否则就只会增加混乱,而于事无补。

胡雪岩这是超前一层的想法。因为封建社会是各业不分,各业的职业原则也没有并列与独立。士处于社会最核心层,一旦做官,便有了凌驾于农工商之上的特权。这个时候,他便会经常以他的特权来强制要求其他阶层。社会表面上有了秩序,但这种秩序是一种纵的服从性的秩序,而不是一种横的平等平衡性的秩序。农工商业在这种秩序下必然陷于上述的管制中,不能有一个客观的地位。商人在这种秩序下,也就极为费力,极为提心吊胆。

各业分工意味着各业遵从原则的相互独立。各业在一更抽象的原则之下平安相处,相安无事。若依这种原则,官府就无权干预商人的正常活动。上述吸纳存款也就有了一个客观的依据和保证。

胡雪岩的这种思路,保证了他对所有可能不受官府严格控制的私人财产的吸纳。文煜愿意存款于阜康,除了上述的信用好以外,就是看中了胡雪岩在经营钱庄时,坚持钱庄只管吸款,不问款项来源的原则。款项来源的正当与否是款项持有人和官府间的事。在现代,是财产持有人和法院间的事,而不是财产持有人和银行之间的事。胡雪岩之过人之处,就在于不是怕官府,以致不敢按自己的思路经营,而是理清思路,放手去做。

用心栽花，培育官场势力

拿饭碗换银票资助王有龄，这件事开始做就怀有取势的意图在。

按陈云笑的记述就是：

"一日有钱肆伙友胡光墉见王子而异其相,谓之曰：君非庸人,胡落拓至此？王以先人宦贫对。胡问有官乎,曰曾捐盐课大使,无力入都。问需几何。曰五百金。胡曰明日至某肆谈。翌日王至,胡已先在。谓王曰：吾尝读相人书,君骨法当大贵,吾为东君收某五百金在此，请以畀子，速入都图之。"

胡雪岩是看了"君骨法当贵"这一点才冒了折损名节、丢失饭碗的危险鼎力相助。所以王有龄谋职成功，回杭任官后，胡雪岩不无得意："还是我的眼光不错，看你到了脱困交运的当儿，果然不错。"在王有龄这一面，是"天助自助之人"。自己是个有出息、有前途的人，别人就有信心来帮助你，知道钱不会白花。在胡雪岩，就颇有隋唐侠义之风了。

这颇有些像他同时代的四川巡抚吴棠。

吴棠初在江苏地面做知县。一日有人来报说吴棠的一位世交故去，送丧的船就泊在城外运河上。吴棠就派差役送去二百两银子，并约改日有闲了，前去吊唁。

差役的回话颇多矛盾，细问才知道是送错了。吴棠大为光火，立命差役追回这二百两银子。

身边的书办却提醒他，送出去的礼再要回来，于知县情面上有碍，不若落个顺水人情。吴棠听后称是，第二日还专门去了那船上。

原来，被错送了二百两银子的船上也是一家送丧的，而且是两位满洲姐妹。因为家道中落，社会上的人势利，才害得两位女子亲自护柩北上，一路上孤苦伶仃，从无人上船问寒问暖。没想到在这里却遇到了父亲的故友旧交。

吴棠也不说破，上船吊唁了一番，又执父辈礼节与两姐妹叙了一番，然后起轿回衙了。

在吴棠，这番礼节也就敷衍过去了。

第十五章 在时势节点上纵横布局生意

不曾想山不转水转，多年以后，两姊妹中的姐姐成了慈禧太后，并且垂帘听政，管理社稷宗庙了。

慈禧太后并没有忘记当年的知县，在朝堂中多有垂询。大臣聪明，就借了机会上折美叙吴棠。吴棠官职一升再升，要不是才具平庸，太后巴不得让他入阁拜相。

吴棠最后做了四川巡抚，美味口腹，蜀都锦绣，快乐一世而终老成都。

不过拿吴棠和胡雪岩比，也多有不妥。吴棠是顺水人情，胡雪岩是拿了饭碗性命乃至名节，冒了风险做的。所以吴棠是"无心插柳"，胡雪岩是"有心栽花。"

而且花也开了，两人的结果又有了相似。吴棠有了慈禧做靠山，官做得很安稳，一辈子平平安安，没有人敢弹劾他，有点儿小错，大家也都一笑了之。这是有势在那里摆着。

胡雪岩借了王有龄，"以子母术游贯要间，以聚敛进。"王在粮台积功保知府，旋补杭州府，升道台，陈枲开藩，不数载即放浙江巡抚。时胡亦保牧会，即命接管粮台，胡亦得大发舒，钱肆与粮台互相挹注。这也是有势在那里。只要靠山不倒，胡雪岩的生意就会越做越好。而且胡雪岩的靠山是凭了本事培养起来的，这一点谁也无异议。所以，胡雪岩的势是"做"出来的。

胡雪岩称对王有龄的借重是取官势。

官势有官势的好处。一任地方官，钱粮调度，生杀予夺尽在自己掌握中。只要不做出无可收拾的烂事，伸缩余地甚大。官势最大的缺点是不稳。肥缺人人想占，瘠缺也不能没人，所以朝廷总是常有调动换任。所以，取官势需要看政声政情，不断去做。

比如，浙江巡抚黄宗汉露出口风要动一动了，就得考虑一下浙抚的位置谁来接替最为合适。为自己的取势计，当然是自己人来接替最为合适。王有龄从自己的官仕前途考虑，也觉得自己人来了最理想。最为理想的，便是由何桂清来接任。

胡雪岩在做势上是毫不含糊的，就专门去了一趟苏州，游说何桂清早日进京活动。至于费用，可以由胡雪岩放款（其实也就是代垫了）。

何桂清年少得意，在情、色上免不了看不开，居然迷上了胡雪岩的宠姬阿巧。

这就要看胡雪岩的气度了。

对于阿巧,胡雪岩自相遇之日,便有"西南北东,永远相随无别离"的属意。现在要做"断臂赠腕"的举动,这个决心委实难下。

高阳先生把胡雪岩的这番反复描述得细腻动人。

酒吃到六分,胡雪岩不想再喝,叫了两碗"双浇面",一碗是焖得稀烂的大肉面,一碗是熏鱼面,两下对换,有鱼有肉,吃得酒足饭饱,花不到五钱银子,胡雪岩深为满意。

"钱不在多,只要会用。"他说,"吃得像今天这么舒服的日子,我还不多。"

"这是因为胡大老爷晓得我做东,没有好东西吃,心里先就有打算了,所以说好。"

"这就叫知足常乐,"胡雪岩说,"凡事能够退一步想,就没有烦恼了。"

这天晚上他再想阿巧的去留,就是持着这种态度。譬如不曾遇见她,譬如她香消玉殒了,譬如她为豪客所夺,这样每自譬一次,就将阿巧看得淡了些,最后终于下了决心,自己说一声:"君子成人之美!"然后叹口气,蒙头大睡。

这一口气叹得!多少英雄意气,也都消磨进去了。莫名的怅惘失落,无非是为了事业前程。代价太大了。

回报自然也大。有了胡雪岩这种豪迈之举,不愁在江湖上没有朋友。

胡雪岩在官势上做到极顶,是遇到左宗棠。不过,和左宗棠这样光明磊落的封疆重臣在一起,需要的并不是小恩小惠,而是辅佐他成就大业的才能。如果是个庸才,左宗棠以他的骡子脾气,吹灰之力就可把你攻倒。如果是个人才,左宗棠自会奉若上宾。有记载说:

"咸丰五年,杭州失守,王公殉难。继者为左中丞宗棠。胡以前抚信任,为忌者所谮。左公闻之而未察,姑试以事,命筹米十万石,限十日,毋违军令。胡曰:大兵待饷,十日奈枵腹何?左公曰:能更早乎?胡曰:此事筹已久,若待公言,已无及矣。现虽无款,某熟某米商,如急需,十万石三日可至。左公大喜,知其能。命总办粮台如做,而益加委任。"

有了左宗棠这样的疆臣看重,胡雪岩所谓的官势就已做成。所谓势利,就是以势取利。初有王有龄的海运局差使,借重海运银两做生意,后王升巡抚,得一省之利为己调度。现在左宗棠金戈铁马，花十年之力平定西北叛乱，胡雪岩借的势也就大了。清廷倚重左宗棠，要靠他来收复叶赫那拉氏的故土，保住大清的风脉元气，免不了要言听计从。

左宗棠得朝廷之势，也就是胡雪岩得朝廷之势。十数年间，转运输将，购置子弹，筹借洋款，拨饷运粮，无一不要胡雪岩经手。以此种大势，求什一之利，胡雪岩的势力如日中天，财富也从原来的数十万转至数百万近数千万。回头再看胡雪岩的赠金赠妻，才见得胡雪岩为事业所下的功夫极深，也见得利势不分，自有其道理。

急功近利是商人的通弊。如何能吃小亏而耐一时之难，获取一条无尽财富滚滚来的巨利之源，应该是商人所必须思考的问题。

所谓"书中自有黄金屋，书中自有颜如玉"，商业活动和读书的道理一样，急功近利的做法，根本别想获有黄金屋、颜如玉。"先不必求利，要取势。"胡雪岩看出利势不分家，就有了他的取势行为。官势的成功给他带来了厚利，"光有官势还不够，商场的势力我也要。这两样要到了，还不够，还要洋场的势力。"

这就典型地道出了胡雪岩在商业上的总体谋略。这个谋略的核心是取势，犹若修水库蓄水，犹如修铁道运输。开头看起来成本大，回收慢。然而，一旦水库、铁路修好了，建成了，由此而获得的利益却是稳而源长的。

对于胡雪岩来说，他做生意的本来手法就是要放眼光，放胆量。他不屑于因蝇头小利而障住了身手，他看得远，所以心思做得深。

天下大势他很了解。首先是洪杨之乱，由此而引起整个社会的人口大流动，财富大变迁，非一时可以安顿。其次是海禁大开，眼看着洋枪洋炮挟着西方产品滚滚流入中国市场。中国和西方有巨大的差距，也非一时可以弥补。

不但了解大势，而且独具主见。一般人因洪扬之乱而惶惶，忙于逃命的、乘机捞一把的都有。胡雪岩看准了，长毛是不会持久的，官军早晚要把他们打败。既然形势是这样，浑水摸鱼、两面三刀、投机取巧，都不是地道的作为。最好的做法，就是帮官军打胜仗。只要能帮官军打胜仗的生意，我都做，哪怕亏本也做。要晓得这不是亏本，是放资本下去，只要官军打了胜仗，时势一太平，什么生意不好做？到那时候，你是出过力的，公家自会报答你，做生意处处方便。

你想想看，这还有个不发达的？

了解大势了，就好取势。势在官军这边，自然要帮官军。只有昏头黑脑的那些人，才不计社会大的走势，单为眼前可图的几笔小小生意而断了大的前程。

在官场上，胡雪岩通过资助王有龄、黄宗汉、麟桂、何桂清、左宗棠等人，通过为他们出谋献策，出力出资，把他们的功名与利益和自己紧紧联结在一起，从而达到"此人须臾不可离"或者说"天下一日不可无胡雪岩"的效果，这样就取得了官势。

王有龄、何桂清等的升迁和享乐离不开胡雪岩；左宗棠平定叛乱，建立万世功名也离不开胡雪岩。

胡雪岩知道他们需要什么，所以也就能抓住他们。抓住了这些人，也就抓住了他们做官而自然形成的官势。有这些靠山在，运粮拨饷，筹款购枪，无一不可堂而皇之地去做。这些人也正眼巴巴地等着你的这些东西，又何愁不能从中渔利？

同样，撇开社会和政治的原则，单从商人牟利的角度看，即使是最发达的现代资本主义国家，也处处可见官与商结合的事例，或者说，商业与政治势力结合与运用的事例。

比如，美国石油大亨哈默，曾被誉为"红色资本家"。"红色"即官（势），"资本家"即商（利）。

又比如，现在有好多半官方基金社"慈善"机构，国外资本家趋之若鹜。大批资金的涌入都是有条件的，需要接受基金的机构代他们疏通某些关系。这需要疏通的便是官（事），目的还是为了商。只是现代社会做法越来越隐蔽，给人一种在商言商，商政不干的表象。不过，这假象着实瞒不住每一位能一手通"官"者。只要有官势可取的地方，便有商人在行动。单就商业自身的利益来讲，没有什么不正常的。

胡雪岩长袖善舞，层层投靠，左右逢源，把人们看得目瞪口呆。

事实上，在官场上的所为，只是胡雪岩取势活计的一部分。光有官势，并不能使胡雪岩的商业活动达到完善的境地。

在胡雪岩看来，只要是有利于自己商业谋利的势，他都要争取，都要去做。比如，漕帮为代表的江湖势力，比如，商场势力和洋场势力。

第十五章　在时势节点上纵横布局生意

互为利用，结交江湖势力

江湖势力的争取以结识尤五为开始。

王有龄初到海运局，便遇到了漕粮北运的任务。粮运关涉地方官的声望，所以督抚黄宗汉催逼甚紧，前一年为此还逼死了藩司曹寿。

按照胡雪岩的主意，这个任务说紧也很紧，说不紧也不紧。办法是有的，只需换一换脑筋，不要死盯着漕船，催他们运粮，这样做出力不讨好。改换一下办法，采取"民折官办"，带钱直接去上海买粮交差，反正催的是粮，只要目的达到就可以了。

通过关系，胡雪岩找到了松江漕帮管事的漕运袁。漕帮势力大不如前了，但是地方运输安全诸方面，还非得漕帮帮忙不可。这是一股闲置的、有待利用的势力。运用得好，自己生意做得顺遂，处处受人抬举；忽视了这股势力，一不小心就会受阻。而且各省漕帮互相通气，有了漕帮里的关系，对王有龄海运局完成各项差使也不无裨益。一旦有个风吹草动，王有龄也不至于受捉弄，损害名声。所以和尤五打交道，不但处处留心照顾到松江漕帮的利益，而且尽己所能放交情给尤五。加上胡雪岩一向做事一板一眼，说话分寸特别留意，给尤五的印象是，此人落门槛，值得信任。

有了这个印象，"民折官办"购粮一事办得很顺利，尤五也把他尊为门外兄长，凡事请教。

后来表明，尤五这股江湖势力给胡雪岩提供了很大方便。胡雪岩在王有龄在任时做了多批军火生意。在负责上海采运局时，又为左宗棠源源不断地输送新式枪支弹药。假定没有尤五提供的各种方便和保护，就根本无法做成。

胡雪岩很注意培植漕帮势力，和他们共同做生意，给他们提供固定的运送官粮物资的机会，组织船队等，只要有利益，就不会忘掉漕帮。胡雪岩有一个固定不变的宗旨，就是："花花轿儿人抬人。"我尊崇你，你自然也抬举我。势的做成就是这样。

江湖势力在晚清渐趋衰落，主要是因为各种社会经济因素变化引起的。比如，洪门和漕帮，当年借重的是连接南北的运输河道。河道一旦冲淤堵塞，财路一步步衰微，江湖势力也就一步步减退。又比如，镖局，当年押银护款，呼啸南北，哪一个钱庄不需要借重镖师？后来银票兴起了，划汇制度也形成了，镖师就逐渐由有人尊敬到无人借重，势力就自然江河日下。

不过，即使大不如前，江湖势力也还一直以各种形式重新组合，发挥着自己的作用。比如，国民党时期上海的青红帮，连蒋介石都曾投帖门下，借重他们以求在上海滩立足。

所以，在胡雪岩生活的时代，江湖势力仍是影响社会生活的一支重要力量。胡雪岩把这支力量组织起来，和自己在官场的势力，古应春在洋场的势力结合起来，做出了花团锦绣的市面来。

有钱大家赚，做大商场势力

商场势力的做成，同样显示了胡雪岩在商业谋略上的与众不同。

假如说官场势力的借重是胡雪岩在无意中做成，然后逐渐意识到的话，那么商场势力的做成就显得更有预谋和计划。

这个特点突出表现在垄断上海滩的生意，达到与洋人抗衡，以垄断优势求得商业主动权上。

胡雪岩打的是一场名副其实的商战。

第一阶段，胡雪岩尚未投入做丝生意，就有了与洋人抗衡的准备。

按他的话说就是，做生意就怕心不齐。跟洋鬼子做生意，也要像茧行收茧一样，就是这个价钱，愿意就愿意，不愿意就拉倒。这么一来，洋鬼子非服帖不可。

而且办法也有了，就是想办法把洋庄都抓在手里，联络同行，让他们跟着自己走。

至于想脱货求现的，有两个办法。第一，你要卖给洋鬼子，不如卖给我。

第二,你如果不肯卖给我,也不要卖给洋鬼子。要用多少款子,拿货色来抵押,包他将来能赚得比现在多。

凡事就是起头难,有人领头,大家就跟着来了。

具体的做法因时而转变。第一批丝运往上海时,适逢小刀会肇事,胡雪岩通过官场渠道了解到,两江督抚上书朝廷,因洋人帮助小刀会,建议对洋人实行贸易封锁,教训洋人。只要官府出面封锁,上海的丝就可能抢手,所以这时候只需按兵不动,待时机成熟再行脱手,自然可以卖上好价钱。要想做到这一点,就必须能控制上海丝生意的绝对多数。和庞二的联手促成了在丝生意上获得优势。

庞二是南浔丝行世家,控制着上海丝生意的一半。胡雪岩派玩儿技甚精的刘不才专和庞二联络感情。

起初,庞二有些犹豫。因为他觉得胡雪岩中途暴发,根底未必雄厚。随后,胡雪岩在几件事的处理上都显示出了能急朋友所急的义气,而且在利益问题上态度很坚决,显然不是为了几个小钱而奔波。在丝生意上联手,主要是为了团结自己人,一致对外。有生意大家做,有利益大家论,不能自己互相拆台,好处给了洋人。

庞二也是很有担待的人,认准了你是朋友,就完全信任你。所以他委托胡雪岩全权处理他自己囤在上海的丝。

胡雪岩赢得了丝业里百分之七十强,又得庞二的倾力相助,做成了商业上的绝对优势,加上官场消息灵通,第一场丝茧战胜利了。

第二阶段,胡雪岩手上掌握的资金已从几十万到了几百万,开始为左宗棠采办军粮、军火。

西方先进的丝织机已经开始进入中国,洋人也开始在上海等地开设丝织厂。胡雪岩为了中小蚕农的利益,利用手中资金优势,大量收购茧丝囤积。洋人搬动总税务司赫德前来游说,希望胡雪岩与他们合作,利益均分。

胡雪岩审时度势,认为禁止丝茧运到上海,这件事不会太长久的,搞下去两败俱伤,洋人自然受窘,上海的市面也要萧条。所以,自己这方面应该从中转圜,把彼此不睦的原因拿掉,叫官场相信洋人,洋人相信官场,这样子才能把上海弄热闹起来。

但是得有条件，首先在价格上需要与中国这面的丝业同行商量，经允许方得使用，其次，洋人须答应暂不在华开设机器厂。

和中国丝业同行商量，其实就是胡雪岩和他自己商量。因为胡雪岩做势既成，在商场上就有了绝对发言权。有了发言权，就不难实现他因势取利的目的。

可以说，在第二阶段，胡雪岩所希望的商场势力已经完全形成。这种局面的形成，和他在官场的势力配合甚紧，因为加征蚕捐，禁止洋商自由收购等，都需要官面上配合。尤其是左宗棠外放两江总督，胡雪岩更觉如鱼得水。江湖势力方面，像郁四等人，本身的势力都集中在丝蚕生产区，银钱的调度，收购垄断的形成，诸事顺遂。因为他们不止行商，而且有庞大的帮会组织作后盾，虽无欺诈行为，但威慑力量隐然存在，不能不服。

在胡雪岩的其他生意方面，商势促成了经营这一点也很突出。比如钱庄，从杭州发展到宁波、上海、武汉、北京，在同治、光绪年间已经位居江南诸钱业同行之首，与北方的山西帮票号遥相掎角，声名大振，信誉日上。又借官款为后盾，成为客户心中不倒的金字招牌。

典当行的发展更为迅速，全国已开设到二十九家。和阜康的钱业，"胡庆余堂"的药业一样，都成为胡雪岩在商场立足发展的巨大支柱。

胡雪岩在丝茧生意上和洋人打商战，时间持续了近二十年。其间，胡雪岩节节胜利，中国人扬眉吐气。到了中法战事一开，局面开始对胡雪岩不利。

主要原因出在上海市面的不景气上。学经济史的人都会记得，1883年，适值世界性经济危机，上海银根紧缩，市面上现银数量锐减，阜康等钱业面临窘境。这个紧要关口，左宗棠和李鸿章的矛盾公开化了。左宗棠主张对法宣战，李鸿章明里敷衍不表态，暗中示意门下加紧行动，打击左宗棠势力。

胡雪岩早就成为左宗棠的左右臂膀，筹饷购械，无不立办。胡、左关系恰犹盛宣怀和李鸿章的关系。所以胡雪岩成了首当其冲的打击对象。

适逢上海市面大坏，盛宣怀就和上海道邵友濂密商，到期的海关税拖延不转拨，让胡雪岩自己承担洋款到期偿还的负担。同时派人四处行动，挤兑阜康，提取现款。

胡雪岩跟洋人打商战，就跟打仗一样。论虚实，讲攻守，洋商联合在一起，千方百计进攻，胡雪岩孤军应战，唯有苦撑应变。这情形就如同围城，洋商大军压境，吃亏的是劳师远征，利于速战。被围的胡雪岩，利在以逸待劳，只要内部安定，能够坚守，等围城的敌军师劳无功，军心涣散开始撤退时，开城追击，可以大获全胜。

现在内部起讧，后院失火，胡雪岩阵法大乱，花二十年心血做成的势，顷刻瘫泄。上千万银款押在丝茧上，商势既然不存，整个大厦也就颓然坍塌。

胡雪岩最为痛心的倒不是自己生意的败坏，而是痛心生意败坏的原因。不是自己和洋人较量不下去了，而是自己人在那里使坏。就像两个大力士在那里较劲儿，不是一个以力制服了另一个，而是有人在旁边用树枝挠痒痒，痒不自禁，败退下来了。

所以，问题与胡雪岩的取势理论无关。

边打边拉，营构洋场势力

胡雪岩借重的另一个势力就是洋人。按胡雪岩自己的说法，他的成功得力于两个局势的大转变。第一个是洪杨之乱，第二个是漕海禁大开。

两者共同形成一个纷纷攘攘的乱世。而胡雪岩是典型的乱世英豪，善于应对乱世，把握方向，整顿秩序。

他对洋场的利用，也正得力于他这种能力。

在胡雪岩首次做丝茧生意时，就遇到了和洋人打交道的事情。并且遇见了洋买办古应春，二人一见如故，相约要用好洋场势力，做出一番市面来。

胡雪岩在洋场势力的确定，是他主管了左宗棠为西北平叛而特设的上海采运局。

上海采运局可管的事体甚多。牵涉和洋人打交道的，第一是筹借洋款，前后合计在一千六百万两以上；第二是购买轮船机器，用于由左宗棠一手建成的福州船政局；第三是购买各色最新的西式枪支弹药和炮械。

由于左宗棠平叛心坚，对胡雪岩的作用看得很重，凡洋务方面无不要胡雪岩出面接洽。这样一来，逐渐形成了胡雪岩的买办垄断地位。

洋人看到胡雪岩是大清疆臣左宗棠面前的红人，生意一做就是二十几年，所以也就格外巴结。这也促成了胡雪岩在洋场势力的形成。

势力一旦形成，别人就不易进入。就像自然保护区一样，在保护区内是保护的动物的天下，外类不得涉足。想涉入也是不大可能，因为洋人认准了胡雪岩，不大相信不相干的来头。所以江南制造总局曾有一位买办，满心欢喜地接了胡雪岩手中的一笔军火生意，却被洋人告之，枪支的底价早已开给了胡雪岩，不管谁来做都需要给胡雪岩留折扣。

综合胡雪岩经商生涯看，其突出特点就在他的取势理论。官场势力、商场势力、洋场势力和江湖势力他都要。他知道势和利是不分家的。有势就有利。因为势之所至，人们才马首是瞻，这就没有不获利的道理。另一方面，有势才有利。社会上各种资源散盖着，就像水白白流走一样。假若没有蓄积，没有成势，就无法形成一种力量，一种走向。蓄势的过程，就是积聚力量，形成规模，安排秩序，形成走向的过程。积聚力量和安排调度，正是一个有效的管理者的主要任务。

商人企业家在社会中起着十分重要的作用。人才闲置，把他们组织起来，充分利用；资源闲置，把它们挖掘出来，充分利用；信息闲置，把它们组合起来，充分利用。这本身就是一种创造的过程。明明是个无可救药的赌徒，胡雪岩却能够把他利用了，派他购丝、办货。明明是个落魄的文人，胡雪岩能把他鼓动起来，让他尽己所长，安定地方。

官场和江湖有嫌，洋人和官府有隙。胡雪岩却非要他们前嫌尽弃，沟壑尽平，大家携手来做生意，求利益。这种作为，一般人想不到，胡雪岩想到了；一般人做不到，胡雪岩做到了。所以人们称赞他神，称赞他奇。这种神奇，在胡雪岩身上所表现的，就是与众不同之想。

凡事总要超出别人一截，眼光总比别人放得远，所以才能在经商中，在商不言商，花出许多精力去做势。这和下围棋的道理一样。别人放一子，自己紧粘一子，必是笨伯。稍具常识的人都懂得要放手做势，从整体上营构自己的势力范围，然后抱犄角与敌逐。杜牧的《阿房宫赋》中说："五步一楼，十步一阁，廊腰缦回，檐牙高啄；各抱地势，钩心斗角。"其中所讲的势，与官场的势，商场的势，道理相通，唯有能够"抱势"，方可"钩心斗角"。

第十六章

风云再起，一代商圣悲凉离世

胡雪岩

山雨欲来风满楼

左宗棠平定西北,胡雪岩立了大功。论功行赏,在左宗棠的力保下,胡雪岩得以为正一品,戴上顶戴,成为赫赫有名的"红顶商人"。朝廷又赏他穿黄马褂,骑上马绕皇城转三圈儿。

因为左宗棠功高盖世,朝廷有意留他在京城,入阁拜相,与恭亲王等一起共持朝政。

不过左宗棠口无遮拦,心直口快,得罪了不少人。不久东宫太后慈安突然过世,左宗棠听说,匆匆忙忙上朝。一入守值房,见恭亲王等一班大员都已到来,正等着召见。问及东宫太后死因,说是突然生病,抢救不及而死。

左宗棠搓着手,在守值房来回走动,边走边说道:"怎么会呢,昨天中午上朝,还见她好端端的,晚上就暴病身亡,不可能!不可能!"

左宗棠是有口无心,旁边听着的大员们却替他捏了一把汗。

原来东西宫早有不和。咸丰帝逝时,替心慈面善的东宫太后慈安着想,给她留了一道手谕。手谕中说,西宫太后慈禧心狠手辣,先皇实在担心她早晚会乱了朝政,祸害宫廷,所以特留手谕一封。若遇非常情况,由东宫太后召集群臣宣读。见此手谕,则人人可得西宫太后而诛之。

西宫因为当时派人听了壁角,知道先皇给东宫留过一道手谕。不过她并不知道手谕上到底说的什么。十几年来,西宫一直为此惴惴不安,同时也非常嫉妒先皇对东宫的厚爱。但是她表面还是对东宫一片和气。东宫毕竟是妇人心肠,架不住慈禧的花招,就把先皇的手谕拿了出来,让慈禧看后,当面把它焚烧了。

并发誓从此后亲如姐妹，共同管理好朝政。

慈禧表面上感激慈安所为，暗地里却派人下了毒手。

满朝文武都知道慈安绝非暴病身亡，但是谁都噤若寒蝉，讳莫如深。唯独左宗棠不知就里，说了上边的话。

可是早有太监报了上去。慈禧知道左宗棠是个骡子脾气，有口无心，说话归说话，却绝无深意，但是老让这么一个没有遮拦的家伙留在朝中，早晚免不了会闯祸。于是就借了机会，外放左宗棠为两江总督。

左宗棠外放，最高兴的是胡雪岩。这时候胡雪岩正联合了丝商，要与洋人抗衡，不让洋人随意左右中国市场，占中国人的便宜。

胡雪岩想借两江总督之名，让左宗棠发布一纸文告，提高外商购买丝茧的捐税。

洋人托了海关总税务司英国人赫德，前去游说胡雪岩。

洋人提出，可以给胡雪岩每年八十万的佣金，让他代理收购。条件是价格上一定要替洋人做些考虑。

佣金数目相当可观，不过胡雪岩的心思已经不在这里。他希望洋人能根据需要，尽量加足价码。

胡雪岩知道，十年以来，丝茧的价格年年都在攀升。所以洋人要想收购，起码也不应低于前五年的平均价。

赫德知道胡雪岩的想法已定，更改的可能不是很大，就只好起身告退了。

胡雪岩见洋人被自己这么一卡，就着急上门了，心里甚是得意。

"应春，我看现在逼上一逼，洋人一定会依了咱们的要求。"

"你是说咱们今年的丝不卖？"古应春担心地问道。

"正是，等到明年，也该咱们卖个好价钱。"

"雪岩，"古应春提醒道，"按照惯例，到年关前，至少也得卖去七成，不然资金周转不灵呀。"

"没关系，应春，我算了算，钱庄这边，咱们几个大户的钱只要不取款，年关总还是可以过去的。"

"赶松不赶紧，但愿别遇到什么意外。"

老天保佑，这一个年关，总算平安过去。洋人依然扳价很紧。胡雪岩来了气，联合了几个内地缫丝厂，紧赶慢赶，把头年的剩茧处理了一大半。

洋人沉不住气了，频频派人打探胡雪岩的口风。胡雪岩回话很明确，除非答应了所提的条件，否则一根丝也甭想捞着。

一转眼又到了收丝茧季节，胡雪岩眼看着自己布下的计划已经快有结果，就又投进去一百多万两银子，把市面上的丝茧全部收回库里。巴望着这么熬上一熬，会有一个圆满结果。

南疆战事再起，埋下隐患

这时候却又起了波折，南方海疆战事又起。

战事的起因还得从太平军讲起。

太平天国后期，刘永福率领一支起义军驻扎在中越边境，起名"黑旗军"。太平军节节败退，刘永福坐守观望，朝廷见他们既不反抗官府，也不投顺官府，也就任其发展。

这支军队自己垦荒，自己筹粮。

当时法国人窥视越南，就在越南小朝廷内策反。越南国王派人向清廷求援。刘永福得到消息，就向官府联系，愿意代表官府前往帮助越南平定反叛。

朝廷起了歪心，心想黑旗军出征越南，胜了，就说是朝廷所派；败了，也正中朝廷下怀，可以不费吹灰之力，借刀杀人。

没想到越南内部的反叛镇压下去了，法国却出兵干预了。一直把黑旗军赶回了中越边境，再往前追，就是侵犯中国国土了。

这时朝廷才慌了手脚，忙从广东、广西抽调兵力，前去拦截法军。

越南朝廷在法国的唆使下发表声明，宣布脱离中国的保护。法国借机挑衅，扬言中国干预了法国的事务，要与中国一战。

朝廷内又分成了主战、主和两派。左宗棠力主作战,李鸿章表面作公正之论,其实谁都知道他是主和。不久主张作战的论调占了上风,于是朝廷又把这一重任交付了左宗棠,说外国人怕左宗棠,只要左宗棠亲往,洋人必败。

左宗棠匆忙把胡雪岩招到江宁,要他准备好四十万银两,让人马先开动了。

跟了左宗棠这么多年,胡雪岩从来没让左宗棠失望过,所以养成了左宗棠的这个脾气。

左宗棠见胡雪岩微露难色,便问:"有什么困难吗?"

要是胡雪岩答一声"是的,确实有困难",或许左宗棠会另做考虑。

不过胡雪岩总不想让老师失望,所以就答道:"请左大人放心,我会尽力想办法。"也是长年相沿养成的习惯,胡雪岩总想事事做得满意。可是很快他就发现,事事满意是不大现实的。

首先是各地钱庄的钱业,古应春早提醒他内有积弊,希望胡雪岩能下个决心整治一下。

胡雪岩倒不是没有决心。他总是觉得大家一起做搭档惯了,因为档手中饱了几万两银子,就轻易把他撤换掉,不是上策。

古应春问他怎么样才是上策,胡雪岩总是笑而不答。等事情一忙起来,这事也就忘了。

不承想漏子就从这里扯开。

屋漏偏逢连天雨

上海的档手老宓因为胡雪岩做出了一番花团锦簇的事业,煞是羡慕。于是就动了脑筋,私自抽了五十万两银子,与自己的表兄合伙做生意。事有凑巧,他这位表兄也是做沙船生意,也正好赶上一场大风浪,把五十万两银子全泡进了大海。

古应春早有察觉,所以才提醒胡雪岩警惕。胡雪岩拖到现在,急等用钱了,算过来算过去，也就是这里还勉强能挤出四十万来。

老宓的想法，五十万赔了，只要自己日后勤恳，总还能有一天替老板赚回这钱的。

要是按平常的算法，这个想法也不是不能实现的。现在胡雪岩突然张口要五十万，老宓一下子慌了手脚。只得推说其他钱庄拆借，一时凑不齐，需要延宕三五日才行。

延宕三五日倒也无不可。这时候屋漏偏逢有雨，坏事接二连三地赶来了。

左宗棠与李鸿章不合，由来已久。中法战事一开，李鸿章一门的人便动起了脑筋。

他们知道左宗棠这二十年来，行军作战，全靠了胡雪岩为他置备军械，筹措粮饷。没有胡雪岩，左宗棠就犹若没了左右膀。

现在战事一开，李鸿章力主议和，却碍着有个左宗棠在，便不愿多开口。

门下人早已心领神会，要攻倒左宗棠，须先攻倒胡雪岩。于是就存了心思，要找个机会，打胡雪岩一个闷棍。

这时李鸿章的门下盛宣怀正到了上海，见到上海道邵友濂，便向他密商此事。邵友濂说这不难，不过得挑个好机会。

好机会终于来了。胡雪岩经手的洋款，正好到了每年该还款的日子，数额为八十万两。

邵友濂却推说备江海关协饷未到，须再等二十天方可。

换了日子，胡雪岩会禀告左宗棠，让他出面，责令邵友濂不得延期就是。偏偏现在胡雪岩是在替左宗棠办事，不愿意让左帅觉着自己在向他诉苦。心里存了这个想法，胡雪岩只好自己另外找办法。不求人的法子只有一途，就是卖掉积存的蚕丝。其实胡雪岩已经在蚕丝上吃了一个大亏，只是他不知道而已。

就在左宗棠外放，胡雪岩为蚕农考虑，联合起来抵制洋商时，西方正经历一场经济危机，生产能力迅速下降。

洋人的代理商业在此前一年里知道了这个消息，所以他们才能沉得住气，挺了两年没有买一束丝。

国内当时交通和通信不发达，胡雪岩根本不知道这一消息。毫无疑问，胡雪岩吃的这个亏很大。

洋人见胡雪岩找上门来，说话就十分硬气。说买丝可以，但必须六折，否则一根不买。

两千万两的丝，六折就只能卖到八百万两，胡雪岩顿时如坠冰窖。

这时李鸿章的门人也已派人到市面上造谣，说胡雪岩已经破产，钱庄马上就要倒闭。

第二天一大早，阜康钱号门口就排起了提款的长队。钱庄的档手老宓无奈，只好硬着头皮开门，兑了大半天款子。到了下午三时，只好上板关门，上海的钱庄倒闭了。

钱庄倒闭，厄运降临

发生挤兑之时，胡雪岩正在回杭州的船上。他原打算回到杭州，用那里钱庄的余额，先交了到期的洋款。等他船刚靠岸，上海挤兑的消息便已经传来。

此时德馨任浙江藩司，德馨与胡雪岩一向友好。每年岁末，德馨回京省亲之时，胡雪岩必垫支足银，让他备用，以回京各处打点。

德馨听说上海阜康倒闭，便料定杭州阜康一定要发生挤兑。消息是傍晚传来的。德馨忙叫来了两名心腹。

"你们到库中提二万两银子，马上送到阜康。"

库府账户不知就里，也就匆匆忙忙付了。

第二天一大早，德馨便叫来了杭州知县，一同坐镇在阜康钱庄对面。他们把阜康钱庄档手老夏找来。

"老夏，上海的消息你也知道了。今天门口这帮人，都是得了信儿来提款的，你怎么办？"

老夏道："阜康规矩，凡客户提款，只要不是冒领，一律照付。"

第十六章　风云再起，一代商圣悲凉离世

德馨和知县两人都很满意。

"不过本藩司今天做主，"德馨对老夏道，"上海阜康银号挤兑事出有因，不可轻信谣传。待一会儿，凡存款在一千两以内的，如数照付。数额较大的，随后保证付清。"

老夏为今天的场面已经焦急了一夜，闻此稍稍一振，拜过了藩司和县令，就回到钱庄照应去了。

官府派来了衙役，在阜康门前维持秩序。德馨又与县令商量，命人写了文告，张贴在阜康门前。文告中说，胡雪岩实力雄厚，讲求信誉，这是杭州人都早已知道的。现在上海发生挤兑，实属事出有因。杭州市民有在阜康存款的，官府出面，保证阜康会如数还清。今天阜康照旧开门，凡存款不足一千者，当场兑现。文告最后说，本官府既已承诺，一定兑现，如果有人不听劝告，造谣惑众，一有抓获，必定严惩。

胡雪岩是在这天黄昏下的船，闻听此消息，非常感激德馨。这种时刻，不宜直接造访德馨，于是就先上了轿，到阜康钱庄巡视了一番。

十几年来，杭州人对胡雪岩已经充满信心。见到胡雪岩巡视阜康钱庄的人，很快把消息传了出去。满城人都在议论，只要胡雪岩还能从容巡视阜康，阜康的信义就绝对还没有垮。

回到家中，刚刚坐定，便有人求见，说是德馨派来的。

来人说，德大人交代，请胡大人更深之后前去，德大人在家等着。

胡雪岩眼角一湿。多少年来，一帆风顺惯了，很少有危难之时，也就看不到危难之时朋友们的表现。今日德馨能有此番表示，也算是患难中出现的一个真朋友了。

更深之后，胡雪岩一袭轻轿，前边只有一盏小灯引路，飞也似的穿过黑漆漆的街道，到了德馨府上。

此番相见，感受大为不同。风云变幻，骤荣骤枯的事情，历史上并不少见。但是一个人一辈子能亲自遇上的时候不多。历史上的事，年代久了，细节也就慢慢隐去了，在人们头脑中只留下一个模糊的大概。当下自己的事，那种敏感也就清晰透明了。

胡雪岩非常感谢德馨的支持："多谢德兄关照，不然后果不堪设想。"

德馨谦逊道："我这也是为了公家。"

沉默了一阵，德馨问："你估计漏子有多大？"

漏子其实并不大，八十万两银子的洋款要还，再加上这三天的挤兑，二百万两银子也就打住了。

"我有一个如意算盘，请左大人出面，出禀朝廷，把你的丝以九折卖给官府。"德馨道。

"不说九折，就是七折，有了一千四百万两的现银，眼前的恐慌也就压下去了。"胡雪岩一边这么说，一边自己先摇了摇头，"不可能，朝里的那帮人，巴不得你速死，哪里还想到要帮你一把。"

德馨道："雪岩兄，我也明白你太要强，不然也不至于积了这么多丝茧。还不都是为了咱这小农？朝廷不帮你，连我心中也过意不去。"

胡雪岩心头一热："德兄，朝廷要都像你那么想就好了。人家外国人做生意，朝廷都是拼了命地帮。稍有不如意，就动枪动炮，逼着咱掏钱。不是我对朝廷不恭敬，咱这朝廷……"

德馨道："雪岩兄讲得极是，眼下困境，也该合齐了心度过去才是。我也明白有人在跟你作梗。不过，眼下你做何打算？"

眼下？眼下胡雪岩希望硬挺，把典当、钱庄扯平了，该还的都得还。

德馨突然道："雪岩兄，明天一早，请你把契据合同都送到藩司来。"

"查账？"胡雪岩心中想。不过以他和德馨的交情，明白德馨绝对不会是这种人。

"你就不必问是干什么了，反正你放心，我有多大的劲儿，就使多大的力，总要想办法帮你才是。"德馨这样对胡雪岩道。

胡雪岩眼泪差点儿就要流了出来。他强忍着把泪压了回去，头靠在椅背上，仰着脸，闭目思索了半个时辰。

两人断断续续聊了一个通宵，东方鱼肚白色时，胡雪岩告辞回了家，命人把这么多年来的公私契据合同都送了去。

第二天晚上有人把这几筐契据合同又送回来。领头的告诉胡雪岩："我们老爷讲了，所欠官府款项，官府已经验明无误，望胡大人照册交付，不得有误。"

原来德馨得了这几筐合同,命自己的几个幕僚彻夜工作,把其中的公款私款勾稽得一塌糊涂,然后盖上公章,说是为了防止私自涂改,衙门才专门检视。其实这么一勾一画,胡雪岩所欠公私款项减去了六成有余。

后来有人问德馨为什么要这么做。德馨回答说:"我怎么不知道应该向胡雪岩追要欠损。不过数目太大,如果胡雪岩一急之下自裁了,这两百多万两的欠款可是向何处去要呢?我这也不是袒护胡雪岩,也实在是从大局考虑才这么做的。"

胡雪岩的钱庄事业,一夜之间像抽了风似的,陷入一片恐慌之中。

由于胡雪岩是南方钱业之首,胡一倒闭,挤兑之风狂起,整个沪上钱业顿时瘫痪,时为中国近代史上非常著名的一次金融危机。

胡雪岩南方钱庄倒闭的消息传来,北京也形成了挤兑风潮。影响所及,连实力雄厚的山西票号也受到冲击。时人笔记中说:"前日之晡,忽天津电报言其南中有亏折,都人闻之,竞入取所寄者,一时无以应,夜半遂溃,劫攘一空。闻恭邸、文协揆等皆折阅百余万,亦有寒士得数百金托权子母为生命者,同归于尽。今日闻内城钱铺曰四大恒者,京师货殖之总会也,以阜康故亦被挤危甚。此亦都市之变故矣。"

又有笔记说:"以今日闻四恒号将闭,山西人所设汇局皆被挤危甚也。使诸胡尽闭,京师无富商大贾,内外货贝不通,劫奇将起,司农仰屋之筹益无可为矣。"

阜康倒闭时北京的情况,于此可见一斑。

左宗棠阜康唱名

胡雪岩破产的消息,早已有胡所派信使报告给了左宗棠。左上奏折请求缓期处理,朝廷答应了左的要求。左宗棠采纳胡雪岩的建议,电告各省号,命各省号同时关门,避免挤兑,然后各钱号统一结算,分别公私,一一打折结清。

也有人说，胡雪岩借了左宗棠的光，一下子少还了一百多万两。

胡雪岩钱业鼎盛之时，各省大员在阜康及分号私存的款项甚多。因为统一结算，大额存款必须到杭州去取。

约定之日，各省大员，有的派了委员，有的干脆亲自来杭，准备到阜康取款。

阜康钱庄开门，却找不到司账。众人纷纷扰扰，争着要把自己的钱赶紧兑现了。司账不在，好多账簿就对不上。店里的伙计忙得满头大汗。

忽然间门外车马喧腾，早有人报左宗棠大人到。

众人听说左宗棠亲临，个个都目瞪口呆，站成两排，垂手肃立。

左宗棠进门，刚才的纷乱气氛犹在。左便问何故如是，众人不敢应。倒是店里的伙计胆大，禀报左宗棠说，今天诸位大人前来取款，但司账找不到，有些账核对不清，所以混乱。

左宗棠听说全是各省大员私人存款，心里便犯了拗。他走到一个委员面前问："你们老爷的存款，你们总该有数吧。"

那委员战战兢兢道："是，左大人，小的心中有数。"

左宗棠道："那好，诸位听着，现在我按账簿叫人。叫着的到我这边来，报上你老爷的存款数，与账簿核对，两相无误的，马上兑现。"

左宗棠便亲自坐到案前，唱名叫人。

倒霉的是这帮地方大员。左宗棠手里拿着的账簿，恰好是德馨派人勾稽过的那些账本。所以上面的数额，远远比实际存款数额低。

有一委员说账簿不对，他们老爷的存款为八万。左宗棠眼一瞪："八万？你们老爷做官几年了？我做官三十几年了，手头也不过一万多银子。"

那委员一听不对味，这不是明摆着说我们老爷贪污吗？于是壮了胆儿道："回禀左大人，我们老爷这钱是祖上传下来的。"

左宗棠把桌子一拍："放屁！你们老爷在我任下，我对他根底儿了解得一清二楚。他父亲是个私塾先生，原先每月也不过五两聘银。怎么就养了这么一个混账儿子，从哪个地方继承下来这么一大笔钱。你这账先放下，让你老爷去见我，讲清楚了再来结银。"

其他在场的要员暗暗叫苦，今天怎么就撞上了左骡子，要问这银子从什么地方来，谁不知道做官的不容易，几个小钱儿都是从下边刮来的。

不领这钱吧，明摆着自己吃亏。要照左宗棠念出的数字来领吧，生生把人心疼死。为什么？因为刚才八万的现银，左宗棠念出来的是八千，五万银子的，念出来只有五千。在左宗棠面前又不敢辩驳，这要是当面一顶撞，非丢了头上的乌纱帽不可。

有些人只好硬了头皮，左宗棠问他存多少，他推说不记得了，账簿上写的多少就是多少。左宗棠居然毫无察觉，一一照账簿上所记数额念了下去。

左宗棠一生清廉，这是谁都知道的。直到他去世，手头仅有现银一万五千两。以统帅一方的大员，朝廷重臣之身份，出生入死几十年尚且只有这么些银子，左宗棠当然不会相信，一个小小的地方官，怎么可能在短短几年内，就会有十数二十万的银子。

左宗棠这么走了一趟，几百万的存款，只用了三十几万全部了结。左宗棠不知道，这里边有德馨的功劳。德馨为人圆滑，做事也很圆滑。改账簿，定地点，安排左宗棠的行期，都是他一手操办的。

那天晚上，他和胡雪岩闲聊，对自己的作为大感快意。胡雪岩虽不明左宗棠何以突然光临，对德馨涂改账簿还是知道的。他心里十分过意不去。

"德大人，今天的事，把这帮人搞得也太惨了点儿。我们做钱庄生意的，从来不欺骗户主。"

德馨朗声笑道："雪岩兄，你是不是担心别人怀疑是你做了手脚？"

胡雪岩道："谁做了手脚倒不关紧，大家伙都知道这是胡雪岩开的阜康钱庄。"

德馨敛住笑容："雪岩，你太认真了点儿。不过我保证，今天的事儿，他们绝不会怪你。不但不会怪你，连左大人也不会怪。为什么？因为是他们自己胆儿小，不敢力争。"

胡雪岩道："这不是利用了别人的短处？"

德馨道："我正是要用上一用他们的短处。你想一想，这一帮人里边，有几个的钱是从正途来的？话又倒过来说了，这帮人丢了银子，保住了官儿，还都算明智。他们一个比一个鬼精，都知道守住下蛋的鸡比守一个鸡蛋要划算。"

德馨又得意地道:"雪岩兄,我可是没想到我这一招会成功,也算是歪打正着了。"

胡雪岩道:"幸亏你没涂改那小户主的账。"

德馨道:"雪岩,那些小户主,你就是让我改,我也不会去做。我何尝不知道小储户的钱来得不容易。至于这帮做官的嘛,过几年他们还会翻回来。"

后来左宗棠终于还是对德馨的调处有所闻,对德馨之为人也就深有好感。他借了机会,密保德馨,称他"处事周到,才堪大用"。不久,德馨便擢升至江西巡抚。

最后的时光

胡雪岩倒台,冲击最大的是文煜。胡雪岩倒台的消息一传出,文煜便密电德馨,让他在杭州相机行事,代为照管他存在阜康钱庄的银子。

不曾想这消息走漏,给事中邓承修参了一本,说文煜在阜康银号所存的银子,总数居然达七十多万两。朝廷也觉数目太大,便下旨,令查明确数,究所从来,据实参处。

顺天府府尹周家楣奉谕确查。回奏说,七十多万两银子之说,查无实据。据查核,阜康号票根簿内有联号开列银四十六万两,第一号上注明"文宅"字样。不过有十万两已有人认领。认领人是前江西布政使文辉。文辉听说有人参劾文煜,便上折说自己有十万两由文煜经手存入阜康。既有了出处,这十万两便无追究之理。

不过其余三十万两只写着"文宅"字样,朝廷便下了谕旨,命令文煜回奏,讲明钱的出处。

文煜回奏说,他由道员升至督抚,历年以来,一直是在管理税务,历年廉俸累积,共有三十六万两,陆续交由阜康钱号存放。

朝廷回谕称:"所奏尚无掩饰,唯为数较多,著责令损银十万两,即由顺天府向该号商按照官款如数追出,以充公用。"

文煜以十万两追银归公了事,实在是侥幸。这要归于文煜平日为人好,遇事又极为冷静。所以除了言官弹劾外,别的人并不做附和之论,朝廷也觉着文煜坦白,给人以可以信赖的感觉。

在阜康钱号存银的,像文煜这样一人就存了几十万的,确实不多。所以文煜一事,特别引人注目。

也有存银不多,阜康钱庄倒闭,自己多事,倒了大霉的。

阜康倒闭之日,前驻藏帮办大臣锡缜,告病在身,心想阜康这一倒闭,自己存在那里的一万两银子,无论如何是取不出来了。

私人取不出来,官府追取却未必取不出来。

锡缜心想,与其白白搭了进去,不如把它捐给官府,也算捞个口碑。

于是他就上了一道奏折,说自己在阜康的一万两存银,愿意报捐八旗官学用款,请查追归公。

此时文煜一事已经安息,有人便认为锡缜是学了文煜的样,想给朝廷一个坦白的印象。

这种议论却也逃不过朝廷的耳目,闲谈之中便已经传进了宫中。朝廷便嫌这锡缜多事,而且明显是知道自己已经得不到这银子了,才拿出来卖个乖。

既已看破,所下谕旨就不客气,说"所奏殊属取巧,著将原折掷还"。

锡缜吃了个瘪,一下子老实了许多。

这事却由值事房传了出来,成为笑柄。

不承想锡缜的霉头还只是刚刚开始。言官给事中郑溥元,听到锡缜这个笑话,觉得锡缜一事不仅属取巧,而且还犯了禁例。原来清朝惯例,告病在家,没有销假的官员,一般都不能直接递送奏折,有了什么事,都需要就近由别人代奏。此例虽无明文,却也是执朝官员的常识。

而且锡缜原在户部。阎敬铭任户部尚书后,整顿吏治,查出了姚觐元等户部司员的不法前事,锡缜也有牵连,便将他们全部开销。

所以郑溥元参了一本,说锡缜以前在户部与姚觐元、董隽翰、启续等表里为奸、侵吞公款，家称巨富，请派员查号。同时又说锡缜告病在家，擅自递折，似与旧例不符，也请一同查号。

后边撇开锡缜之事，洋洋洒洒，大发议论，说明官员违反惯例，任意上奏之坏处。认为体制所关，牵涉到一朝政局之稳定，不可不防微杜渐，云云。

言官这么一劾，朝廷也就十分重视，第三日便下了谕旨。谕旨中说："锡缜久经告病开缺，已往之事，姑免深究。唯该给事中称其任意渎奏，实属咎无可详，锡缜著交部严加议处。至所称告病未经销假人员应否呈递奏折之处，著该部查明具奏。"

锡缜这下才知道自己一个念头转错，惹下了这么多祸害。慌忙之间，只好自己再掏了腰包，四处打点。

此时满城文武，早就把锡缜当成了大笑料，唯有礼部，仍有锡缜旧好，回奏说销假人员不能直接递奏，虽属惯例，却无明文，其他各部，竟没有一个替他圆场的。

最后朝廷下了一道谕旨，称："锡缜著照兵部议降四级调用，不准抵消。并折罚所兼世职半俸九年，免其降调世职。至告病人员，虽据量无不准递折明文，唯究于体制未合，嗣后凡告病未经销假者概不准自行递折奏事。"

人想投机，也得选个可以投机的时候。日子选得不对了，免不了自招霉头。

胡雪岩历三十余载，形成北票南庄之格局，于近代沪杭之经济民生，也算是影响至深。一朝倒闭，连个转折的余地也没有。不过胡雪岩在落魄中，气概光明，曾未少贬抑。能若胡雪岩这么璀璨一时的能有几人？

胡雪岩破产后，先前那些为了钱财嫁入胡家的美妾们，一改先前争先恐后献媚胡氏的嘴脸，温情顿失。胡雪岩遂遣散姬妾，只有罗四太太愿意相伴身边。一年后，即道光十一年（公元 1885 年）十一月，胡雪岩郁郁而终。

附录一　胡雪岩经营智慧

我们做生意一定要做得活络，移东补西不穿帮，就是本事。

所谓"调度"，"调"就是调动，"度"就是预算，预算什么时候款子进来，预先拿它调动一下，这样做生意，就比人家走在前面了。

做生意第一要市面平静，平静才会兴旺，我们做好事，就是求市面平静。"饥寒起盗心"，吃亏的还是有钱的人，所以做生意赚了钱要做好事。

做小生意迁就局势，做大生意先要帮公家把局势扭转过来。大局好转，我们的生意就自然有办法。

犯法的事，我们不能做，不过，朝廷的王法是有板有眼的东西，他怎么说，我们怎么做，这就是守法。他没有说，我们就可以照我们自己的意思做。

做生意怎么样的精明，十三档算盘，盘进盘出，丝毫不漏，这算不得什么！顶要紧的是眼光，生意做得越大，眼光越要放得远。做小生意的，譬如说，今年天气热得早，看样子这个夏天会很长，早早多买进些蒲扇摆在那里，这也是眼光。做大生意的眼光，一定要看大局，你的眼光看得到一省，就能做一省的生意；看得到天下，就能做天下的生意；看得到外国，就能做外国的生意。

老实说一句：做生意的守朝廷的法，做官的对朝廷有良心，一定天下太平。再说一句：只要做官的对朝廷讲良心，做生意的就不敢不守法。如果做官的对朝廷没有良心，要我们来对朝廷讲良心，未免迂腐。

凡事只要秉公办理，就一定会有退步。

我常在想，人生在世应该先求名，还是先求利？有一天跟朋友谈到这个疑问，他说：别的我不知道，做生意是要先求名，不然怎么叫"金字招牌"呢？这话大有道理，创出金字招牌，自然生意兴隆通四海，名归实至。

天下的饭，一个人是吃不完的，只有联络同行，让他们跟着自己走。

商场的势力，官场的势力，我都要。这两样要到了，还不够，还有洋场的势力。为啥我要洋场势力？就因为做官的势力达不到洋场，这就要靠我这样的人来穿针引线。所以有了官场的势力，再有洋场的势力，自然商场的势力就容易多了。

"用兵之妙，存乎一心！"做生意跟带兵打仗的道理是差不多的，除了看人行事，看事说话，随机应变之外，还要从变化中找出机会来，那才是一等一的本事。

官场、商场都一样！总而言之，"同行相妒"，彼此能够不妒，什么事都可以成功。

势利、势利，利与势是分不开的，有势就有利，所以现在先不必求利，要取势。

做大生意就要这样，帮官场的忙，就等于帮自己的忙。拿中国官场来说，如果真的断了洋商的生路，起码关税就要少收。所以禁制之举，也实在叫万不得已。如果有人出来从中调停，就此言归于好，不是办不到的事。

洋人的企图，无非想在中国做生意，而中国从朝廷到地方，有兴趣的只是稳定局势，其实两件事是可以合起来办的，要做生意，自然要求得市面平静，要求市面平静，当然先要在战事上取胜。

世上随便什么事，都有两面，这一面占了便宜，那一面就要吃亏。做生意更是如此，买卖双方，一进一出，天生是敌对的，有时候买进占便宜，有时候卖出占便宜，会做生意的人，就是要两面占它的便宜，涨到差不多了，卖出，跌到差不多了，买进，这就是两面占便宜。

凡事总要动脑筋。说到理财，到处都是财源。一句话，不管是做官的对老百姓，还是做生意的对主顾，你要人荷包里的钱，就要把人伺候得舒服，他才肯心甘情愿地掏腰包。

做生意有做生意的乐趣。做官有许多拘束，做生意发达了才快活！

你看了人再用，不要光看人家的面子。人用得不好，受害的是自己。

用人之道，不拘一格，能因时因地制宜，就是用人的诀窍。

有钱没有用，要有人。自己不懂不要紧，只要敬重懂的人；用的人没本事不妨，只要肯用人。名声传出去，自会有本事好的人，投到门下。

要弄个舒舒服服的大地方，养班吃闲饭的人，三年不做事，不要紧，做一件事就值得养他三年。

附录二　胡雪岩处事智慧

人家办不到的事我办得到，才算本事。

办大事最要紧的是拿主意！主意一拿定，要说出个道理来并不难。

"与其待时，不如乘势"，许多看起来难办的大事，居然顺顺利利地办成了，由于懂得乘势的缘故。

人要识潮流，不识潮流，落在人家后面，等你想到要赶上去时，已经来不及了。

担心有什么意外？凡事物极必反，乐极生悲？我是不大相信这一套的。有什么意外，都由于自己脑筋不够用的缘故。

我从不爱在人背后传话。无端生出是非，于人有损，于己无益，何苦来哉！

"不招人妒是庸才"，可以不招妒而自己做得招妒，那就太傻了。

乱世做事，不必讲资格例规，人才容易出头。

凡是有才气的人，都是喜欢做事的，不一定为自己打算。

有人说的无缘，其实是无因，彼此志趣不合，性情不投，哪里会做得成朋友？

捡起一把碎石子，一粒一粒抛向水里，看着涟漪一个个出现、扩大、消失。忽然觉得世间凡事都是如此，小小一件事，可以引起很大的烦恼，如果不理它，自然而然地也就忘记了。

凡事总要有个退步。即使出了事，也能够在台面上说得过去。我们的生意，不管是啥，都是这个宗旨，万一失手，有话好说。这样子，别人能够原谅你，你就还有从头来起的机会，虽败不倒。

"世事洞明皆学问"，光是死读书，做八股，由此飞黄腾达，倒不如一字不识，却懂人情世故的人。

时逢乱世，哪里都可以立功名，何必一定要从试场中去讨出身？越是乱世，机会越多。

凡事能够退一步想，就没有烦恼了。

穷了想富，富了想贵，人之常情。

女人总是女人！女人能干要看地方，男人本性上做不到的事，女人做得到。这才是真正能干。

人有男女，就好比天地有阴阳，万物有刚柔，如果女人跟男人一样，那就是只阳不阴，只刚不柔，还成什么世界？再说，一对夫妻，都是阳刚的性子，怎么合得拢套？

要看机缘，总要顺乎自然，不可强求。

"英雄难过美人关"，一等一的厉害角色，在这上头，往往手足无措，一筹莫展，这便又用得着"旁观者清"这句话了。

人，有的时候要冒险，有的时候要稳当。

有句老古话，叫作"同舟共济"，一条船上不管多少人，性命只有一条，要死大家死，要活大家活。遇到风浪，最怕自己人先乱，一个要往东，一个要往西，一个要回头，一个要照样向前，意见一多会乱，一乱就要翻船。所以大家一定要稳下来。

做事容易做人难！从今天起，我们有许多辛苦，不过也有很划算的事要做，做起来顺利不顺利，全看我们做人怎么样。

世界上有许多事，本来是用不着才干的，人人能做，只看你是不是肯做，是不是一本正经地去做？能够这样，就是个了不起的人。

中国人有句话，叫作"业精于勤，荒于嬉"，这个"勤"字照我讲，应该当作敬业的敬，反过来"嬉"字不做懒惰解释，要当作浮而不实的不敬来说。敬则专，专心一志，自然精益求精。人的精力到底有限，经手的事情太多，眼前来看，好像面面俱到，未出纰漏，其实是不是漏了许多好机会，谁也不得而知。

我说的闯，是遇到难关，壮起胆子来闯。越怕越误事，索性大胆去闯，反倒没事。

做事不能只讲感情，要讲是非利害。

附录二　胡雪岩处事智慧

救急容易救穷难。

我看人总是往好处去看的，我不大相信世界上有坏人。没有本事才做坏事，有本事一定会做好事。既然做坏事的人没有本事，也就不必去怕他们了。

男人是没良心的多，见一个，爱一个，爱一个，丢一个，女人不同，一颗心飘来飘去，等到一有着落，就像根绳子一样，捆得你紧紧的，再打上个死结，要解都解不开。

人以役物，不可为物所役，心爱之物固然要当心被窃，但为了怕被窃，不敢拿出来用，甚至时时忧虑，处处分心，这就是为物所役，倒不如无此一物。

哪个说"福无双至"？机会来起来，接二连三，推都推不开。

"把戏人人会变，各有巧妙不同"，巧妙就在如何不拆穿把戏上面。

有本事也还要有骨气。"恃才傲物"四个字，里面有好多学问，"傲"是傲他所看不起的人，如果明明比他高明不肯承认，眼睛长在额角上，目空一切，这样的人不是"傲"，而是"狂"，不但不值得佩服，而且要替他担心，因为狂下去就要疯了。

世俗都道得一个"缘"字，其实有因才有缘。

只要心定神闲，想得广、想得透，蹈暇乘隙，避重就轻，大事化小，小事化无，亦并不难。

戏法总是假的，偶尔变一两套可以，变多了就不值钱了，值钱的还是有真东西拿出来。

红运当头，做事千万要漂亮。

心诚则灵！"种瓜得瓜，种豆得豆"，因果不可不信。

无事不可生事，有事不可怕事。有事不可怕事者，是要沉得住气，气稳则心定，心定则神闲，死棋肚里才会出仙招。

世界上顶顶痛快的一件事，就是看到人家穷途末路，一钱逼死英雄汉，我有机会挥手斥金，喏，拿去用！够不够？

说到我的志向，与众不同，我喜欢钱多，越多越好！

附录三　胡雪岩做人智慧

生意失败，还可以重新来过，做人失败不但再无复起的机会，而且几十年的声名，付之东流。

我是一双空手起来的，到头来仍旧一双空手，不输啥！不但不输，吃过、用过、阔过，都是赚头。只要我不死，你看我照样一双空手再翻起来。

面子就是招牌，面子保得住，招牌就可以不倒，这是一句总诀。

什么事，一颗心假不了，有些人自以为聪明绝顶，人人都会上他的当，其实到头来原形毕露，自己毁了自己。一个人值不值钱，就看他自己说的话算不算数。

有些人够味道就在这种地方，明明帮你的忙，还要叫你心里舒坦。

靠山都是假的，"本事"跟"朋友"才是真的。有本事，有朋友，自然寻得着靠山。

做人总要讲宗旨，更要讲信用，说一句算一句。

钱是小事，难得的是他的这片心，这番力！交朋友交到这样，实在有些味道了。

一个人不怕一万，独怕万一。人心多险，一步错走不得。我平日做人，极为小心，不愿得罪人，但难免遭妒，有人暗中算计，亦未可知。

俗语道得好："在家靠父母，出外靠朋友"，我是在家依靠朋友，所以不能不为朋友着想。

一切都是假的，靠自己是真的，人缘也是靠自己，自己是个半吊子，哪里来的朋友？

既然是一家人，无话不可谈，如果你那里为难，何妨实说，大家商量。你们的难处就是我们的难处，不好只顾自己，不顾人家。

江湖上走走，不能做害好朋友的行当。

有才干的人，总是有脾气的，不过脾气不会在家里发，在家里像只老虎，在外头像只"煨灶猫"，这种是最没出息的人。

我别的长处没有，第一，自觉从未做过对不起朋友的事，第二，事情轻重出入，我极清楚。

仅有志向，不能识人、用人，此之谓"志大才疏"，像那样的人，生来就苦恼！

不得志的时候，自觉埋没英才，满腹牢骚，倘或机缘凑巧，大得其发，却又更坏！

"爬得高，跌得重"！他爬上去是靠机会，或者别的人有意把他捧了上去的，捧上了台，要能守得住，也不是件容易的事。这一跤摔下来，就不送命，也跌得鼻青脸肿。所以这种志大才疏的人，怎么样也是苦恼！

为人总要通情达理。三纲五常，总也要合道理，才有用处。我最讨厌那些伪道学，或者不明事理的说法，什么"君要臣死，不能不死；父要子亡，不得不亡！"你倒想想看，忠臣死了，哪个替皇帝办事？儿子死了，这一家断宗绝代，孝心又在哪里？

我做事是要"抢"的，可以十天半个月没事，有起事来，说做就做。

凡是我派出去办事的人，说句文绉绉的话：绝无后顾之忧。

一个人的力量到底有限，就算三头六臂，又办得了多少事？要成大事，全靠和衷共济，说起来我一无所有，有的只是朋友。要拿朋友的事当自己的事，朋友才会拿你的事当自己的事，没有朋友，就是有天大的本事，也还是没有办法。

江湖上最讲究漂亮，一句话就算定局。

江湖上做事，说一句算一句，答应了人家的事，不能反悔，不然叫人看不起，以后就吃不开了。

有本事还要有机会，机会就是运气。一个人要发达，也要本事，也要运气。李广不侯，是有本事没有运气，运气来了，没有本事，不过昙花一现，好景不长。

不要自恃脑筋快，手腕活，毫无顾忌地把场面拉开来，一个人的精力到底有限，有个顾不到，就会出漏洞，而漏洞会很快地越扯越大，等到发觉，往往已不可收拾。

一个人不能光靠运气，运气一时，总要自己上进。

人生在世，不为利，就为名。做生意也是一样，冒险值得不值得，就看你两样当中能不能占一样。

人生在世，吃饱穿暖，糊里糊涂过一生，到闭眼的那一刻，想想当初，说不定会懊悔到这世界上来一遭，这就没啥意思了。

人死留名，豹死留皮，总要做件别人做不到的事，生前死后，有人提起，翘一翘大拇指，说一声"某人有种"，这才是不辱没爹娘。

只要人心定了，就不会有风言风语，是是非非。

今日之果，昨日之因，莫想过去，只看将来。今日之下如何，不要去管它，你只想着今天我做了些什么，该做些什么就是了。

附录四　胡雪岩大事录

1823年（清道光三年），胡雪岩出生，小名顺官。其父名鹿泉，母金氏。胡雪岩在家中排行第一，有两弟。后来因父死家贫，入钱庄为徒，其间与王有龄结识。

1860年（咸丰十年），自开钱庄。3月，太平天国李秀成部入浙，胡雪岩向浙江按察使段光清请求练兵，并承担练兵费用的储兑业务。太平军第一次占领浙江杭州之时，胡雪岩受王有龄倚重，办理粮械、综理漕运事务。

1861年（咸丰十一年）5月初，太平军第四次入浙。同年11月，李秀成部围攻杭州，胡雪岩受王有龄委派，与湖州豪绅赵炳麟赴沪，从事采购粮米和军火等事务。同年12月，太平军第二次攻破杭州，王有龄自杀。

1862年（同治元年）2月，因饷道受阻杭州城破，胡雪岩溯江行抵江西，拜谒新任浙江巡抚左宗棠。左宗棠引军东进至衢州，因军粮匮乏，胡雪岩将事先囤积于此的20万石谷献给左军，赢得左宗棠器重，被誉为"一世豪杰"。后胡雪岩往来于上海、宁波等地，经办粮台转运、接济军需，与驻宁波的法籍军官组成中法混合的"常捷军"，共同镇压太平军。

1864年（同治三年）4月，左军在"常捷军"掩护下攻入杭州。胡雪岩协助左宗棠处理善后事宜；经理赈抚局，设立粥厂、难民局、善堂、义塾、医局。同年，胡雪岩位于杭州的元宝街花园宅第营建成功。

1865年（同治四年），左宗棠任闽浙总督，向同治皇帝上奏请求将胡雪岩由浙江调往福建获得批准。

1866年（同治五年），胡雪岩向左宗棠献议，向清廷奏请设立福州船政局并获准。筹办之初，胡雪岩与法人德克碑、日意格议定《船政事宜十条》，并一手经理出入款项和局务。1868年1月，福州船政局正式开工。

1867年（同治六年），胡雪岩担任上海转运局委员，负责购运西洋军火、转运东南协饷事务，协助左宗棠镇压捻军和回民起义。同年4月，胡雪岩为左宗棠借洋款120万两用作第一笔西征。

1868年（同治七年），胡雪岩为左宗棠借洋款100万两用作第二笔西征。

1872年（同治十一年）8月，胡雪岩捐运棉衣裤28000件于左宗棠西征军后路粮台。

1873年（同治十二年）5月，左宗棠上奏为胡雪岩的母亲胡金氏赏匾获准。

1874年（同治十三年），胡雪岩在杭州涌金门外（今南山路）购地10余亩营建"胡庆余堂"。

1875年（光绪元年），胡雪岩开始做丝生意。同年春，胡雪岩向英商怡和洋行和丽如洋行借洋款共计300万两，用作第三笔西征。

1876年（光绪二年），在左宗棠平定阿古柏之乱期间，胡雪岩担任西征军驻上海转运局委员，承担购运西洋军火、筹借洋款等事务。同年12月，左宗棠致信胡雪岩，要求速解洋枪、洋炮以抗敌，并商议借洋债500万两。

1877年（光绪三年）6月，胡雪岩向英商汇丰洋行借贷500万两用作第四笔西征。年底，胡雪岩从杭州回上海途中遭遇沉船事故。

1878年（光绪四年）春，胡庆余堂大井巷店正式落成营业。受左宗棠之托，胡雪岩在上海通过德商泰来洋行向德国购置纺织机器，并招聘外籍技术人员，筹办甘肃织呢总局。该局于1879年9月正式成立，此为中国第一家机制国货厂。9月，胡雪岩向华商乾泰公司和英商汇丰银行各借洋款175万两，用作第五次西征。

1880年（光绪六年）秋，胡雪岩为左宗棠购买开河机器并运抵西北泾源工地。

1881年（光绪七年），因甘肃、新疆财政拨款问题，应继任杨昌濬和刘锦棠的要求，在左宗棠的提议下，胡雪岩代借洋债400万两。同年5月，新丝上市，胡雪岩陆续斥资收购。

1882年（光绪八年）6月，胡雪岩与身为两江总督的左宗棠于上海采运局会晤。

1883年（光绪九年）5月，胡雪岩囤丝投资近2000万两。同年10月，于上海两次会晤左宗棠，会议内容大概是商议破产清账事宜。同年11月，在洋商联合拒收生丝、时局动荡、金融恐慌内忧外患之下，胡雪岩资金周转失灵。因担心丝货变质，开始被迫低价脱售。同年12月，胡雪岩在上海、北京、镇江、杭州、宁波以及湖南、湖北开设的阜康银号、钱庄全部破产。

1884年（光绪十年），清廷下谕革去胡雪岩江西候补道职衔，勒令清理阜康在各地方公私欠款。经左宗棠同意，胡家以卖价仅18万两与最大债权人文煜家签订买卖胡庆余堂契约。

1885年（光绪十一年）9月5日，左宗棠在福州病逝，胡雪岩失去靠山。同年12月6日，胡雪岩在杭州忧郁而死。不久，其母胡金氏也去世。户部尚书阎敬铭奏请，将胡雪岩拿交刑部以定罪，勒令胡氏家属悉数完缴欠款，同时将胡雪岩在原籍及各地的财产查封报部、变价备抵。同年底，杭州知府督同钱塘、仁和两县令查封胡家，得知胡雪岩早已死去，家属住房也已另租他人。

附录五　胡雪岩朋友圈

人是世界上最奇妙的东西。有横刀立马之勇者，有截断江流之强者，有羽扇纶巾之智者，有播示爱心之仁者。当然，也有唯唯诺诺之卑者，有随事浮沉之庸者，有鼠目寸光之懦者，有奉迎溜须之媚者。人世间众生，千姿百态，老天的造化，让我们得以饱览不同风貌之人物。

中国人一向以人为中心，参与社会的最大教派就是处理人际礼仪关系的儒家。中国人似乎天生就知道，人必须与人相亲、相爱、相助、相敬。虽然道家说人与人之间的至境是"相忘于江湖"，但中国人从来都视其为至境，不到一定境界不可滥用。

因为有了各色的人，于是便成就了千百的事。胡雪岩与各色人打交道，成就了繁荣昌盛之事业。这些人风貌格调各不相同，经历应对亦各有异，因此做此人物志，欲示众人以重点。

王有龄

王有龄是胡雪岩据以成事的首位官僚。而王有龄能北上求官，全得力于胡雪岩冒着丢失饭碗的危险鼎力相助。王有龄于人情世故不甚通透，全仰赖胡雪岩的指点。后来王有龄成为何桂清手下的一位理财能手，也与胡雪岩这位高参在侧不无关系。王有龄依靠胡雪岩而官运亨通,胡雪岩也依靠王有龄而得大发舒。

就在王有龄保知府后,何桂清来到浙江当巡抚。在浙期间,何桂清在王有龄、胡雪岩的谋划和参与下,督办团练,并派浙军去皖帮助江南大营作战,还每月向江南大营递解饷银六万两。何桂清升为两江总督后,派善于聚敛的王有龄至上海整理财政,控制江海关税收,在苏、淞、常、太三府一州之地,重征钱漕和苛捐杂税,每年竟征到漕粮一百余万石,捐税等七百余万两。王有龄遂得"长于理财"之名。

由于有何桂清的支持和个人的实际功绩在,王有龄在浙省的影响已远大于巡抚。1860年,太平军进逼杭州,王有龄率所训团练至,太平军不战而走。何桂清认为王有龄保杭有功,就上折请简派王有龄为浙江巡抚。时太平军攻下江南大营,常州、苏州相继陷落,随后太平军进逼嘉兴,杭州吃紧。王有龄率闽兵屯于北新关外,兵分两路夹击太平军,太平军乃退。

1861年,太平军李秀成大兵压境,杭州处于围困之中。年底,萧山、诸暨、绍兴都落入太平军中,杭州饷源断绝。此时王有龄所请小股援已无力冲毁大批的太平军队伍。而曾国藩与何桂清、王有龄集团有嫌,遂命左宗棠部勒马观变。太平军终于入城。王有龄服毒不死,乃自缢。李秀成知道后,为他备棺安葬。

曾国藩当时全面主政,奏言称:"有龄在浙,官绅不和,不能驭兵,以致偾事;仍以粮尽援绝,见危援命,大节无亏。"王有龄之为人过与不及之处,基本上可以从这里看出端倪。

何桂清

何桂清(1816—1862年),字根云,云南昆明人。道光十五年(1835年)进士,选庶吉士。散馆编修,历迁至内阁学士、侍郎。

咸丰二年(1852年),清政府在太平军打击下,库帑空虚。时何桂清任户部右侍郎兼管钱法赏事务,推行钞法,竭力为清政府筹措军饷。同年秋,何桂清督江苏学政,疏陈兵事,谥督抚之畏葸懦怯者,无所顾忌,为朝廷激赏。咸丰四年（1854年）夏，调仓场侍郎。九月，调任浙江巡抚。何桂清就职后，整顿全省军队，在杭州设协防局，并每月按时向江南大营递解协饷六万两，取得向荣的协助。

咸丰五年（1855年）春，清廷将皖南划归浙江巡抚管辖。何桂清奏请以某职江西巡抚张芾督办皖南团练、劝捐事宜，并派军进驻皖南，协助向荣作战。太平军击破江南大营后，大营的败兵蚁聚丹阳，何桂清以大量军用物资协助和春、张国梁重建江南大营。

咸丰六年（1856年）夏，太平军击溃江南大营。何桂清出任两江总督。在两江任内，他派善于聚敛的王有龄至上海整理财政，控制江海关税收。为讨好朝廷和左右江南大营的军事，他每年办漕一百万石，每月供给大营军饷四十余万两，大米一万数千石。江南大营因饷粮充裕，大量购进洋枪洋炮。

咸丰七年（1857年），清军攻陷镇江，何桂清以筹饷有功，晋封太子少保。他为一时的得势冲昏了头脑，在常州"征款筵宴""夺贾人妻为妾"，胡作非为。咸丰十年（1860年），太平军一举击破江南大营，乘胜东征。和春"以十二骑"败奔常州。太平军前锋衔尾而至，何桂清惊慌失措。粮台查文经、布政使薛焕等禀请何桂清退守苏州筹饷。5月21日，何桂清打死打伤跪请坚守常州的士绅数十人，率属逃窜。至苏州，江苏巡抚徐有壬"闭不纳"。遂借口赴沪商借洋兵助剿，遁逃上海。

太平军于6月2日攻取苏州，徐有壬穷蹙自杀。先前徐已奏参何桂清弃城逃窜，纵兵害民，"语甚激切"，清廷震怒："着即革职拿问。"何桂清的死党浙江巡抚王有龄、江苏巡抚薛焕奏请将何留营，力赎罪，遂得以滞留沪上，为薛焕出谋划策，"做燃灰之想"。

薛焕想攻陷苏州，为何桂清赎罪。于是遣人潜入苏州，策动叛变，阴谋未逞。在这之后，何桂清指点薛焕与苏、常士绅沆瀣一气，奏请借洋兵"助剿"。其时，虽然奏请严惩何桂清的呼声甚高，清廷也已严令将何锁拿解京，但何在其旧属的包庇下，仍徜徉沪上。

咸丰十一年（1861年），"北京政变"后，清廷重用曾国藩，令其节制苏、浙、皖、赣四省军事。长期以来，以曾国藩为首的湘系和何桂清集团存在着尖锐的权力斗争。咸丰二年后，虽然何桂清已被革职，但其旧属仍控制江、浙两省。因此，咸丰十一年底，当太平军猛攻杭州时，曾国藩却命令左宗棠部徘徊于皖赣边界，勒马观变。太平军攻克杭州，浙江巡抚王有龄穷蹙自缢。曾国藩迅速荐左宗棠为浙江巡抚，并于次年派李鸿章率领淮军到达上海，代替薛焕为江苏巡抚，随即将何桂清逮送北京。何桂清集团彻底解体。

何桂清被锁拿到京后，刑部拟斩监候，秋后处决。彭蕴年等十七人上奏竭力为何辩解。审讯时，何申辩退至苏州，是从司道之请，欲保饷源重地，并"引薛焕、查文经等四人禀牍为佐证"。清政府命曾国藩查核复议。曾国藩抓准时机，于同治二年（1862年）复奏说："疆吏以域守为大节，不宜以僚属之一言为进止；大臣以心迹定罪状，不必以公禀之有无为权衡。"何桂清遂被处决。

左宗棠

左宗棠（1812—1885），字季高，湖南湘阴人。少家境清寒，二十一岁中举，道光十八年（1838年）会试失败，遂绝意科场，留心农事。

道光二十九年（1849年）冬，林则徐自云南告老还乡，在长沙舟中曾约见左宗棠，促膝长谈。

太平军起事后，左宗棠曾两次入湖南巡抚幕府，先后服务于张亮基、骆秉章门下。咸丰十年（1860年），左由曾国藩保荐，以四品京堂襄办皖南军务。他招募人马，组成一支约五千人的"楚军"，赴江西与太平军作战。咸丰十一年（1861年）十一月，李秀成部攻袭杭州，浙江巡抚王有龄自缢身死，经曾国藩保荐，左宗棠接任浙抚。

同治元年（1862年），左宗棠以衢州为基地进攻浙西。在胡雪岩的建议下，他雇用中法混合军（"常捷军"）帮助剿平太平军，并称他们"忠义奋发"，"极肯出力"。四月，左宗棠任闽浙总督兼巡抚。

同治三年（1864年）二至七月，左军连陷杭州、湖州，十月，从杭州起程入闽。同治四年，各路清军在左的指挥下，于广东嘉应州绞杀了太平军全部。

同治五年（1866年）春，左宗棠由粤返闽，当时清廷正在考虑购雇轮船。左致函总理衙门："就局势而言，借不如雇，雇不如买，买不如自造。"为加强海防，改变"人操舟而我结筏""人跨骏而我骑驴"的局面，他建议先在福州创办造船厂。九月，他购买二百多亩地为厂营，聘请法国人日意格、得克碑为正副监，着手铁厂、船槽、船厂、学堂等工程，并向国外购置机器、轮机、大铁船槽，同时设立"求是堂艺局"（技术学校），以培养造船技术人才和海军军官。十月初三，左调任陕甘总督，受命镇压捻军和西北回民起义。他推荐原江西巡抚沈葆桢任"总理船政大臣"，胡雪岩任提调。

同治六年（1867年）春，左宗棠入陕。他采取"剿捻宜急，剿回宜缓"的方针，期以五年，剿平捻回起义。他采取强硬措施，先后收降了董福祥部，攻破了马化龙部。

同治十一年（1873年），他建立甘肃制造局，制造新式枪炮，并写信给采运局委员胡雪岩，嘱其在上海购置开矿、掘井、开河机器的同时，"留意访购"织呢机器，准备"以中华所产羊毛，就中华织成呢片，普销内地"。光绪五年（1879年），由德织呢技师石清勒末采购的机器四千箱装运来华，由招商局的轮船运到汉口，然后取道陆路运往兰州。光绪六年，织呢局正式开工，共有机器六十余架，锭子一千零八十个，投资白银一百万余两，成为我国第一个用机器生产的纺织厂。

同治十三年（1874年），左宗棠晋升为东阁大学士，并留督陕甘。

正当左宗棠剿灭捻回起义时，新疆局势日趋严重。同治三年（1864年），新疆库车、伊犁等地相继爆发反清叛乱，先后在天山南北建立了五个割据政权。中亚浩罕汗国军官阿古柏乘虚入侵南疆，并于同治六年（1867年）建立"哲得沙尔"国。同治十年，沙俄出兵强占伊犁。

李鸿章为代表的"放弃论"者打着加强"海防"的旗号，提出停兵撤饷，暂罢西征。左宗棠据理力争，指出"东则海防，西则塞防，二者并重"，先自撤藩篱，"则我退寸，而寇进尺，不独陇上堪忧，即北路科布多、乌里雅苏台等处恐亦未能然。"清廷接受左宗棠的意见，于光绪元年（1875年）任命他为"钦差大臣，督办新疆军务"。

用兵新疆，军饷竭蹶。经左宗棠一再催促，清政府决定从户部海关税中拨出二百万两,并令各省协饷,而其中大部分,同意左宗棠自筹外债解决。

左宗棠一面屯田,一面备战。"先北后南,缓进速战",于1876年收复乌鲁木齐,攻占玛纳斯城,结束了北疆之役。

1877年,左军攻下达坂城,随后进攻托克逊。阿古柏为部下所杀,"哲得沙尔"伪政权瓦解。

1877年底,清军发动秋季攻势,连下库尔勒、库车、阿克苏、乌什等城,最后于1878年初收复和阗。由于收复新疆的胜利,左宗棠被封为二等侯。

光绪五年(1879年),崇厚屈于压力和讹诈,擅自与俄订约,除割去大片领土外,还要赔偿五百万卢布。消息传来,左宗棠极为愤慨,自请出屯哈密,收复伊犁。光绪六年(1880年)四月,左宗棠率部"舆梓发肃州"。五月进抵哈密。沙俄也增兵伊犁,并派舰船来。清政府为避免冲突,于七月召左回京。光绪七年(1881年)一月,《中俄伊犁条约》在彼得堡签字,争回了部分权益。

左至北京,以大学士任军机大臣,总理衙门大臣。但其性格脾气颇为同僚所不容。他自己也以烦琐刻板的枢臣生活为苦。九月,出任两江总督,南洋通商大臣。

光绪九年(1883年),法国加紧侵略越南,并进逼中国。光绪十年(1884年)七月,法国舰队袭击马尾,福建水师和造船厂毁于一旦。清廷被迫宣战,并任命左为钦差大臣,督办福建军务。光绪十一年七月,左宗棠病逝于福州,在遗折中表示"迄未大伸挞伐,张我国威,遗恨平生,不能瞑目"。

蒋益澧

蒋益澧,字芗泉,湖南湘乡人。1853年随湘军王鑫部攻陷岳州,以功叙从九品。后归属罗泽南部下,随克黄梅、广信、义宁州等地,累擢知县。1855年,因随罗泽南回攻鄂南,陷武昌,超擢知府。

1858年,因连克柳州、广远,加布政使衔,署广西按察使。1859年实援按察使,寻迁布政使。不久,太平天国石镇吉部进逼桂林,蒋益澧以防堵不力被劾,降为道员。嗣后，蒋益澧求功心切，愈战愈凶，连败义军，得以陆续开复原职。

1862年，经浙江巡抚左宗棠奏请，蒋益澧调任浙江布政使，旋率所部入浙参加对太平军作战。1862—1864年，蒋益澧采取"剿抚兼施"政策，先后攻陷寿昌、汤坑、富阳、平湖、杭州、余杭等地，并招降了太平军忠王李秀成和侍王李世贤的部属蔡元隆、何绍辛等人，获云骑尉世职。

随后，蒋益澧又会同各路清军，在胡雪岩招募的常捷军（即中法混合军，亦称花头勇、花勇、坑勇）的配合下，力攻湖州地界各处的太平军，进而攻陷湖州城，"浙杭肃靖"。蒋益澧升为浙江藩司，在胡雪岩的协助下，善后安民，并为左宗棠人马筹粮筹饷，后奉命代左宗棠护理浙江巡抚。1866年擢升广东巡抚。

蒋益澧抚粤后，雷厉风行，裁免关税陋规，添增书院经费，设立义学，兴办善堂，颇有建树。但他久历戎行，不通官场陋习，加之恃功傲物，锋芒逼人，因而引起妒恨，后被人寻了不是，乘机弹劾，降二级调用，未及赴任，病逝。

蒋益澧在浙期间，胡雪岩左右逢源，对他敬护有加。兼之处事事胡雪岩办得都很周到，受到左宗棠的信赖，蒋益澧也一同沾光。所以蒋益澧与胡雪岩相处甚欢，无论是在浙省还是在粤省，都全力支持胡雪岩和左宗棠，成了他们的忠实盟友。

曾国藩

曾国藩之于胡雪岩的关系，书中已屡有所述。

曾国藩之于胡雪岩，犹若一巨大的磁石。不过胡雪岩命定与曾国藩不能接近，故而胡雪岩只能在曾国藩的阴影下，小心地避着他走，稍一不慎，即遭祸患。

下边只简述曾国藩之思想变化和活动大略，以验证上述论断。

曾国藩（1811—1872年），号涤生，湖南湘乡人。"少小从耕拾束薪"，卖菜篮于市街，多知民间疾苦事。

1838年中进士，选庶吉士。初时服膺姚鼐论学宗旨，致力辞章，一求以文证道。所以其一生诗文以立言为忌境，笔下滔稻，多叙名教，少见逸致。后从唐鉴讲求为学之方,信宋儒性理可以托身之命。说奉"程朱所谓属教、穷理、力行、成物"程序,常凛凛于"不为圣贤,便为邻兽"。苟苦守己,为日后为人立下了基调,后"好高邮王氏父子之论",粗得考据章法。

儒家讲求以学与治合一为本义。曾国藩为官京师十四年,不仅做学问中人。自其登第后,久有效法前贤,澄清天下之心。身经翰林院、詹事府、内阁,先后以侍郎管礼、兵、工、刑、吏五部,阅历甚广。

儒术之外,曾国藩于百家之论亦多有会心。每举老庄游心之虚静,墨翟治身之勤俭,管商齐民之严整,认为是周孔言中所无而意所必有之事,深信"理之足以见极者,各家未尝不切合也"。

1852年,曾国藩母丧,丁忧守制。其时太平军已入两湖,湘鄂震动。曾国藩奉旨帮为团练。选农夫壮健拙朴者操练,效明代戚继光束伍成法,尤重所谓将之以忠义之气;上下部属各自成营,而统领多为儒生,号为"湘勇"。每逢操演之日,常群集诸勇,教以孺子大意,纲常人伦。自谓"虽不敢云说法点顽石之头,亦诚欲以苦口滴杜鹃之血"。声气相求,呼喊汇聚患难中的地主知识分子。于是,"山野材泽之士感其诚,莫不往见,人人皆以曾公可与言事"。

1854年,曾国藩集合水陆湘勇二十营,一万七千人,作《讨粤匪檄》,大举东下。初时湘军连败,曾国藩几欲自裁。意气稍平之后,以打脱牙和血吞自解,补募兵勇,添造炮船,寄洗耻之心于再图自强。

7月,克岳州,8月,连下武昌、汉阳,获能战之名。朝旨加兵侍郎衔,命督师东下。

1855—1856年,与太平军胶战于赣鄂之间,客军羁寄,"一钱一粟,非苦心经营则不能得;一弁一勇,非苦口训诫则不能战"。心力交瘁,内争外逼,信仰和信念愈见张厉。至1856年秋,太平天国天京内变起,影响及于鄂赣,战场态势稍转。

1857年,曾国藩父丧,回乡守制一年又四个月。1858年,太平军东逼浙江,北结捻军,声势大震,后石达开入广西,上游兵势缓解,曾渐得长江中游事权。其筹规全局之疏力立"欲破金陵,必先驻兵于滁、和,而后可以去江宁之外屏,断芜湖之粮路。欲除滁、和,必先围安庆,以破陈逆之老巢兼庐州,以攻陈逆之必救"。是为随后几年攻下太平军之基本思路。

1860年,中国被迫与英法两国签订《北京条约》,列强既得长江流域种种利益,以太平天国割据东南为虑,有出兵相攻之意。曾国藩对西人助剿之议深致疑虑。

1862年,曾国荃屯扎雨花台,直逼金陵;左宗棠、李鸿章同年统兵入浙江、苏南。

1864年6月,金陵下。曾国藩已久识人世坎坷与宦场情态,私心有"芷热收声,引嫌谢事"之想。

不久,诏书促曾国藩赴山东剿捻,直隶、山东、河南三省皆归节制。自督师剿捻以来,所至不能见功,赴任年余,前后受攻。几度上奏折,请求开缺皆不得。

1868年,曾国藩晋武英殿大学士,调直隶总督。1870年,还调两江总督。

英法联军之役后,西人挟条约入长江。曾国藩于"轮船之速,洋炮之远,在英法则夸其所独有,在中华则震于所罕见"感受深切,日夜置于思量之中。湘军破安庆后,曾设安庆军械所,用汉人工艺仿做新式船炮。后逐渐知道西人利益,皆由机器制造,就派荣闳去洋采办,与李鸿章合力办上海机器局。后又知"洋人制器,出于算学,其中奥妙皆有图说可寻",奏立学馆以译西书。其间,设兵工学校于上海机器局,期于"将来不必需用外国机械及外国工程师"。同治十年,领衔奏请选派幼童出洋学习军政、船政、步算,制造诸书,以通其本源。近代中国官费留学自此开始。

同治初年,曾国藩言及刘丽川起事期间上海"洋人代收海关之税犹多还七十余万",叹为"彼虽商贾之间,而颇有君子之行",逐渐改变了历来视"外夷性同犬羊"的看法。在奏疏陈述中论及中外修约事务,认为"与外国交际,最重信义,尤贵果决。我所不可行者,宜与之始终坚执,百折不回;我所可行者,宣示以豁达大度,片言即定"。然而帝国主义一面显露其文明,遵守公约,讲求道理的一面,一面在贫弱的中国人面前不问是非,施用暴力。所以曾国藩晚年有感于"理""势"错乱,局中艰难,曾奏疏做论,认为:"中外交涉以来二十余年,好言势者,专以消弭为事,于立国之根基,民生之疾苦为之不问。虽不至遽形决裂,而上下仁安久,将疲恭而不可复振。好言理者,持攘夷之正论,蓄雪耻之忠谋，又多未能审量彼己，统筹全局，弋一己之虚名，而使国家受无穷之实累。自非理势并审，体用兼备，鲜克有济。"成其一生经验之总结。

1872年，曾国藩猝逝于两江总督任所。

日意格

日意格（1835—1886年），法国军官，曾就读于法国瑟堡海军预备学校和法国海军学院。后在炮兵部队服役，参加过与俄国争夺土耳其的克里木战争。因作战勇敢，被授予法国荣誉军团骑士称号。

咸丰六年（1856年），英法对华发动了第二次鸦片战争。日意格随法国舰队来华，参加了攻陷广州的战斗。随即，英法联军扶植了近代史上第一个地方傀儡政权，即广东伪巡抚衙门，并设立了管理广州事务的外国人联合委员会。日意格被派往该委员会任职，开始学习汉语。不久，担任了委员会的移民检查官。

咸丰十一年十月，日意格被任为浙海关（宁波）税务司。刚一上任，宁波即被太平军李世贤部攻克。日意格关闭浙海关，前往上海。

在上海，日意格作为翻译参与了建立"中外会防公局"的策划，介入镇压太平军天国的活动，同时结识了胡雪岩。

同治六年（1862年）春，日意格担任一支小炮队的指挥官，执行肃清上海周围百里以内的计划。四月，在奉贤与太平军作战时，腹部受创，返宁波养伤。

五月，日意格重开浙海关，同时向当地官府和法国海军基地司令建议，组织一支小规模的军队以清除宁波周围的太平军。

六月，与胡雪岩等联手，募集华勇几百人，组成"常捷军"，日意格任副班领。

"常捷军"参与了攻占余姚、奉化、上虞、绍兴等的战斗。攻上虞时，日意格受伤，回国一年。

第二年（1864年）春，日意格返华，前往湖州继续统率"常捷军"助剿太平军。于八月底攻占湖州。后又参与了攻打杭州的战斗。

太平天国运动失败后，日意格通过胡雪岩，与左宗棠会晤，提出法中在宁波合伙办造船厂。后左宗棠入闽，他又参与左宗棠酝酿的造船计划。

1866年7月，清廷批准于闽省开办造船厂。日意格应胡雪岩之邀，前往福州，同左宗棠择厂址于马尾，并酌定保约一件，条议十一款，合同规约十四条。日意格回沪，请法国领事画押担保。

1866—1867年，日意格趁回法国续假之机，竭力宣传船政计划有利于法国工商业，并向拿破仑三世和法国海军界求取支持，获得成功。

1867年10月，日意格回到马尾，被授为船政监督（法国人德克碑为副监）。任职期间，与胡雪岩同心协力，协助左宗棠、沈葆桢做了如下事务：一、筹建了一座近代化的船舶制造厂。二、负责招募海员，采购机器，设备和材料。三、造成近代舰船十五艘，兵舰十艘，商船五艘。四、开设船政前后学堂，培养造船、设计、驾驶、轮机四个专业的学生和艺徒三百余名。1868年，日意格还编辑了第一部法中工具书——《福州船政学校常用技术词典》，便利了中国学生学习技术。

1875年，日意格带领刘步蟾、林泰曾、陈季同、陈兆翱、魏翰等五名船政学生赴欧洲考察造船技术，次年5月返华。1877年，出任清朝留欧学生的监督，偕同留学生监督李风苞率领三十名船政学生和艺徒赴欧深造。

1886年，日意格病逝于法国戛纳。日意格在华期间的活动涉及晚清海关、工业、外交等领域，受过清政府加提督、赏头戴、穿黄马褂的特殊赏赐，著有《福州船政局及其成果》《1864年中国内战回忆》等书。